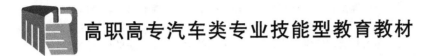

高职高专汽车类专业技能型教育教材

汽车车身覆盖件和结构件修复

朱升高　韩素芳　编著

机械工业出版社

本书紧密围绕现代汽车车身修复先进技术，较为详细地阐述了汽车车身板件与车身结构的维修技术、焊接技术等，包括铝合金车身以及碳纤维车身的维修方法，全面、系统地论述了车身材料成形技术的原理、事故车辆测量与矫正的维修方法，深入浅出地剖析了这个复杂的维修系统。本书首先讲述了汽车车身修复车间安全知识、车身维修基础、车身总体结构与损伤分析，然后全面地介绍了车身板件的维修、车身复合材料的维修、车身维修焊接、车身构件的更换与调整、车身结构测量与校正。在铝合金车身维修的学习项目中详细介绍了铝合金车身板件的整形技术、胶粘铆接技术和铝车身焊接技术，最后在不伤漆修复技术中详细地讲述了两种主流的不伤漆维修新技术。

本书较为全面地介绍了汽车钣金维修工作岗位中的主流技术与新技术，可作为职业院校及应用型本科汽车类专业的相关课程教材，也可作为社会相关机构进行技术培训、车辆维修的参考资料。

图书在版编目（CIP）数据

汽车车身覆盖件和结构件修复/朱升高，韩素芳编著. —北京：机械工业出版社，2021.6

高职高专汽车类专业技能型教育教材

ISBN 978-7-111-68334-6

Ⅰ.①汽… Ⅱ.①朱… ②韩… Ⅲ.①汽车-车体覆盖件-车辆修理-高等职业教育-教材 ②汽车-车体结构-车辆修理-高等职业教育-教材 Ⅳ.①U472.4

中国版本图书馆 CIP 数据核字（2021）第 100479 号

机械工业出版社（北京市百万庄大街22号　邮政编码100037）
策划编辑：赵海青　　责任编辑：赵海青　王　婕
责任校对：潘　蕊　　责任印制：单爱军
北京虎彩文化传播有限公司印刷
2021年8月第1版第1次印刷
184mm×260mm・13.75 印张・334 千字
0 001—1 500 册
标准书号：ISBN 978-7-111-68334-6
定价：59.90 元

电话服务　　　　　　　　　网络服务
客服电话：010-88361066　　机　工　官　网：www.cmpbook.com
　　　　　010-88379833　　机　工　官　博：weibo.com/cmp1952
　　　　　010-68326294　　金　书　网：www.golden-book.com
封底无防伪标均为盗版　　　机工教育服务网：www.cmpedu.com

序

汽车钣金维修工作是汽车维修工程中非常重要的基础工作,车辆在使用的过程中,碰撞事故几乎是不可以避免的,正确地对车身进行恢复与维修对车辆的正常使用非常重要。现代车身制造技术中使用了很多新技术和新材料,在维修中除了需要先进的维修理念与更为先进的维修设备外,还需要用正确的维修方法与技术。

现代汽车行业职业教育培养新技术人才很重要。对于高技术含量的车身维修来说,最先进的设备和设施与最新的维修方法和技术的合理化应用,是非常关键的。由于高素质专业人才的大量缺乏,汽车服务技术人员被列入紧缺人才培养计划之中。

传统的钣金人才培养方式是师傅带徒弟,适合一般的钣金作业。而对技术难度高,维修工艺相当复杂的现代汽车钣金维修专业,就不再适合。随着现代汽车车身制造技术的发展,车身工艺的要求与安全性也越来越高,对维修的要求也越来越高,维修工不仅要掌握车身修复必备的知识与技能,还要正确、高质、安全地执行一系列流程和标准。钣金人才的培养与企业用人要求高,技术熟练的汽车钣喷技师成为维修行业稀缺的资源,培养既有理论知识又有技术能力的汽车钣喷人才是当前的重要任务。

汽车钣喷人才培养的核心课程也是教育改革的核心内容。目前,由于该专业在全国职业院校开设与专业建设相对较少,专业性教材比较汽车机电技术教材明显不多、优秀的教材更少,人才培养遇到瓶颈。朱升高老师编写的钣喷教材突出了教学内容与教、学的融合度,突出了技能培养与现代汽车钣喷岗位同步要求。

依据岗位职业要求,突出职业技能,突出以学生为中心的培养模式。以"行动导向"为主导的教学方法,突出了德国"双元制"教学的精髓,教学模式符合认知规律和职业成长规律,深入浅出,循序渐进。本书中的项目与任务反映的是根据岗位工作任务分析确定的学习内容与工作任务,涵盖能够完成工作任务的整个过程;按照工作任务引领、工作过程导向的设计思想,秉承来源于企业,服务于教育的理念,以"教、学、做、知、行"为一体的设计模式,贴近企业、贴近岗位、实操性强,解决不同层次学生的实际需求。

本书的出版,对于钣喷专业教学水平的提升将起到积极和引导作用,对提高维修行业技术人员的水平,也会起到帮助与借鉴的作用,对深化职业教育改革与提高人才培养质量来说都会起到一个促进作用。

魏俊强

魏俊强,北京市汽车修理公司总工程师,北京理工大学车辆管理学院客座教授,获得过北京市十大能工巧匠、全国五一劳动奖章、首都楷模、全国劳动模范等荣誉称号。

前　　言

本书根据教育部关于"现代学徒制"职业教育改革标准与现代职业教育教学转型要求及多年积累的行业专业经验与钣喷职业教学经验编写。本书以高职教育为定位点，采用可操作性强、实用、适用的原则将知识结构优化，是一本满足高职、中职、社会从业人员学习参考的专业化实用教材，理论够用，深浅适度，通俗易懂。

本书以能力培养为本位，以理实一体化教学理念为教学主线，以情境导向、任务驱动为培养模式，用教学设计促进教学的互动，积极引导学生"做中做、学中做"，以学生为主体，触发学生学习的主动性，促进思维与综合能力的培养。

本书开发的最终目的是培养车身维修方面的应用型人才以及懂得钣喷维修技术的其他汽车相关岗位的复合型人才，使之系统地了解车身结构、修复方法、质量标准与工艺，掌握车身维修工具设备的使用和规范操作技能。目前，汽车钣喷方面人才的缺口很大，很多汽车维修企业甚至出现了无人可招的尴尬局面。学校的培养力度相对不足也造成了人才培养与行业实际需求严重脱节，从事其他岗位的人才真正懂得钣喷专业知识的就更少，这些都是目前亟待解决的问题。

现代汽车技术的发展日新月异，汽车车身结构的材料应用越来越复杂，在经济环保的技术发展背景要求下，使高强度钢、铝合金、复合增强塑料等轻型材料得到广泛应用，例如宝马 i 系列车身的制造采用了碳纤维材料，还有的采用钢铝混合结构车身、全铝合金车身制造技术等，高度复杂车身结构需要更安全的维修技术来修复，由此给现代车身结构修复工作提出了更高的要求。新的技术不断出现，维修要求越来越高，就需要维修人员学习更多的新知识。

懂得新技术、新工艺、新材料，具有质量意识、安全意识、环保节能意识，能按规范进行维修才能真正地保障车辆维修的质量。特别是事故车辆的维修，车辆修复后除了恢复外形之外，更重要的是恢复整车的使用性能，使之在维修后的性能上能达到安全使用的要求与原厂设计的工艺质量要求，懂得车辆维修知识与先进的维修理念和方法很重要，为达到客户的需求，会应用到更先进的设备，维修人员应当遵守维修的规范，严把质量关，以满足车身维修高标准、高质量的要求。

钣喷相对于汽车维修行业其他专业，是技术含量非常高、工艺要求非常严格的专业，对于管理岗位和前台业务、汽车保险等岗位工作人员来说，掌握和懂得汽车钣金知识显得极为重要。"汽车车身修复技术"课程是汽车工程维修、商务管理、金融、保险、二手车评估等所有汽车运用技术专业的必修课程，无论是作为钣喷专业教学还是作为其他专业的基础课程，都是必须开设的课程。

前　言

　　本书在德国双元制教学模式的框架下，结合中国国情，从实际应用出发，根据项目教学的要求，将车身钣金维修工作中的技能点设置为不同的项目，每一个项目分成若干项任务编写。开始设计规划的时候考虑了是否需要用工作页的方式来编写，但是工作页只是教学中辅助学习活动与训练施行的一种工具，会给自主学习与网络条件不足的环境下学习及课后自习直接增加了学习的难度。我们应当维护学生自我知识获取、自习的习惯与权益，因此保留了全书知识结构的完整性。至于教学中互动点的架构设计在本书中有一定的设计，但是教无定法，如果有需要在教学中设置更多的互动点，请各位教师根据自身需要做适当补充与调整，可以多设问题、多问，引导学生多思考，使学生敢于提出问题，在交流中解决疑问，增强师生之间、学生之间的学习沟通，促进专业技能与思维能力的养成。

　　本书共分10个学习项目、32个较为典型的学习任务，内容包括维修安全规范、汽车车身的认知、汽车材料应用、损坏分析、车身尺寸测量、车身钣金修理基本工艺、焊接工艺、损伤修复、零件的更换、测量校正等学习内容。车身知识的类型涉及钢质车身、铝合金车身、复合增强纤维车身、碳纤维车身等。本书用本行业一线岗位工作中先进的技术与理念编写而成，为学生进一步学习和掌握先进的车身维修技能夯实基础。

　　本书由扬州温馨网络科技有限公司组织编写，致力于打造精品教材，为汽车车身维修专业课程的完善贡献一份力量。由于水平有限，书中难免有不足之处，如有问题请广大读者谅解并欢迎批评和指正，使本书不断完善。本书在编写过程中，参考了一些专业技术文献和资料，在此向相关的作者表示衷心的感谢！

编　者

目　　录

序
前言
项目1　汽车车身修复车间安全知识 …… 1
　任务1　汽车车身修复车间事故隐患 …… 1
　任务2　车身修复车间安全操作须知 …… 2
　任务3　设备工具的检查与维护 …… 3
　任务4　车间事故的预防与处置 …… 5
　任务5　钣喷车间设备管理 …… 7
　思考题 …… 10
项目2　车身维修基础 …… 12
　任务1　汽车车身结构分类 …… 12
　　1. 汽车车身结构 …… 12
　　2. 汽车车身形状与驱动类型 …… 14
　任务2　车身常用材料及特点 …… 16
　任务3　汽车车身维修中常用的力学概念 …… 18
　任务4　车身特征及损伤因素 …… 22
　　1. 车身保护与车身设计特征 …… 22
　　2. 车身损伤因素 …… 22
　　3. 车身维修工作方案制定与要求 …… 24
　　4. 汽车车身维修方法 …… 25
　思考题 …… 26
项目3　车身总体结构和损伤分析 …… 28
　任务1　车身结构件组成 …… 28
　　1. 汽车车身的安全性设计 …… 28
　　2. 车身结构构造与组成 …… 29
　　3. 其他材料车身介绍 …… 39
　任务2　车身损伤分析 …… 41
　　1. 汽车车身防撞安全设计要求 …… 42
　　2. 车身的碰撞变形 …… 46
　　3. 撞击力和撞击面积之间的损伤关系 …… 47
　　4. 进行车身损伤特征诊断 …… 48
　　5. 车身损伤的检查方法 …… 51
　思考题 …… 53
项目4　车身板件的修理 …… 54
　任务1　使用锤击法对故障部位进行修复 …… 54
　　1. 损伤范围确认 …… 54
　　2. 维修前钢板损坏类型分析 …… 55
　　3. 手工修复常用工具使用方法 …… 56
　　4. 板件损坏部位的修复程序 …… 61
　　5. 缩火作业 …… 62
　　6. 车身损伤修复方法 …… 63
　任务2　使用介子整形机整形对故障部位进行修复 …… 64
　　1. 介子整形机介绍 …… 64
　　2. 使用介子整形机对车身整形的方法 …… 65
　　3. 介子整形机使用规范 …… 69
　任务3　使用补锡技术对故障部位进行修复 …… 71
　　1. 补锡介绍 …… 71
　　2. 补锡作业方法 …… 72
　　3. 补锡的缺陷与对策 …… 74
　任务4　使用快修技术对故障部位进行修复 …… 75
　　1. 车身外板件快速修复系统 …… 75
　　2. 车身外板件快速修复系统使用与维修方法 …… 76
　思考题 …… 80
项目5　车身复合材料维修 …… 81
　任务1　常用塑料与一般维修 …… 81
　　1. 热塑性塑料 …… 82
　　2. 热固性塑料 …… 82
　　3. 弹性体 …… 82
　　4. 车用塑料维修 …… 83
　任务2　纤维基塑料车身的维修 …… 88
　　1. 常用纤维材料维修方法 …… 88
　　2. 玻璃纤维面板部件更换方法与流程 …… 91
　　3. 对碰裂的玻璃纤维面板的修理 …… 93
　任务3　碳纤维电动汽车车身材料维修 …… 95
　　1. 碳纤维材料的基本属性 …… 95
　　2. 碳纤维车身的维修 …… 99
　　3. 电动/混动事故车辆安全评估说明 …… 101
　思考题 …… 103
项目6　车身维修焊接 …… 104
　任务1　了解焊接类型 …… 104

  1. 焊接技术简述 …………………… 104
  2. 汽车车身装焊连接类型 ………… 106
 任务2 车身维修焊接种类 ……………… 109
  1. 气体保护焊的焊接特性 ………… 110
  2. 气体保护焊的焊接方法 ………… 111
  3. 气体保护焊接设备的参数与调整 … 114
  4. 焊接准备与焊枪维护 …………… 116
 任务3 使用电阻点焊焊接更换的新件 … 122
  1. 电阻点焊的焊接特性 …………… 122
  2. 钢制车身点焊的焊接工艺要求与
    焊接方法 ………………………… 123
 思考题 ……………………………………… 127

项目7 车身构件的更换与调整 ………… 128
 任务1 车身损坏板件的更换 …………… 128
  1. 车身板件修换评估依据 ………… 128
  2. 车身上外部板件更换的要求 …… 129
  3. 车身结构件切割更换作业常用工具 … 132
  4. 结构性板件的分离与拆卸方法 … 135
  5. B柱与下门槛切割要点 ………… 135
  6. 结构性板件的分割与连接 ……… 137
  7. 胶接机理 ………………………… 138
  8. 维修案例：宝马5系前部减振器支
    承包更换 ………………………… 138
  9. 车身整体分割与连接注意事项 … 143
 任务2 车门维修 ………………………… 146
  1. 车门结构 ………………………… 146
  2. 车门故障检查 …………………… 146
 思考题 ……………………………………… 149

项目8 车身结构测量与校正 …………… 150
 任务1 使用校正仪对故障车进行
    尺寸测量 ………………………… 150
  1. 车身损伤测量的重要性 ………… 150
  2. 车身主要控制尺寸的测量 ……… 151
  3. 车身测量的基准 ………………… 152
  4. 车身测量方法 …………………… 155
  5. 通用测量系统 …………………… 158
  6. 机械臂电子测量系统 …………… 158
  7. 专用定位测量系统 ……………… 159
  8. 激光测量系统 …………………… 162
 任务2 使用校正仪对故障车进行拉伸 … 163

  1. 车身校正的作用 ………………… 163
  2. 车辆损伤修换的标准与鉴定 …… 166
  3. 车身变形的修复 ………………… 166
  4. 变形应力的消除 ………………… 169
  5. 车身校正台使用说明 …………… 169
 思考题 ……………………………………… 172

项目9 铝合金车身维修 ………………… 173
 任务1 铝合金车身维修特性 …………… 174
  1. 铝合金板材分类 ………………… 174
  2. 铝合金车身材料维修特性 ……… 175
 任务2 铝合金车身手工整形维修 ……… 178
  1. 铝合金车身手工整形维修工作要点 … 178
  2. 铝外板手工修复工艺流程 ……… 179
 任务3 铝车身介子整形机使用与铝板
    维修 ……………………………… 180
  1. 铝车身介子整形机使用要点 …… 180
  2. 使用铝车身介子整形机修复铝合金
    板面的工艺流程 ………………… 181
  3. 铝合金车身快修组合维修方法 … 184
 任务4 铝合金车身板件的焊接 ………… 185
  1. 铝合金车身焊接技术特征 ……… 185
  2. 铝焊机焊接操作 ………………… 187
  3. 铝合金焊接安全注意事项 ……… 188
  4. 铝合金车身局部更换与矫正 …… 188
 任务5 铝车身结构件胶粘铆接维修 …… 189
  1. 铝车身结构件胶粘铆接维修要点 … 189
  2. 粘接工艺 ………………………… 190
  3. 铆接工艺 ………………………… 192
  4. 宝马胶粘铆接修复方法与工艺流程 … 195
 思考题 ……………………………………… 198

项目10 不伤漆修复技术 ………………… 199
 任务1 使用粘接拉拔法对凹坑进行修复 … 199
  1. 汽车凹陷修复技术简介 ………… 199
  2. 小损伤表面修复要求 …………… 201
  3. 胶粘拉拔的修复方法 …………… 201
 任务2 使用撬镐对车身凹痕进行
    修复的技巧 ……………………… 204
 思考题 ……………………………………… 208

参考文献 …………………………………… 209

项目 1
汽车车身修复车间安全知识

学习目标

1. 掌握车身修复车间可能存在的安全隐患及处理措施,掌握正确的工作方法。
2. 学会消防器材的正确使用方法。
3. 学会应急情况处置的方法。

情境描述

由于车间存在很多安全隐患,在车间管理中安全管理与防范是首要任务。为防止发生事故,任何一个车身车间都要注意提高人员的工作素质加强,生产管理,杜绝疏忽大意,培养安全习惯,增强安全意识,避免那些伤人甚至致死的危险与痛心的事情出现。每年都有成百上千的汽车车身技师在工作中伤亡,任何一项安全规则都是用前人的血、泪和教训写出来的。

任务1 汽车车身修复车间事故隐患

车身修复车间里常见的事故主要有工作环境缺氧窒息、腐蚀性化学品灼伤、意外触电、突发火灾和爆炸等几种情况。

窒息: 在车身车间中存在大量可以损害肺部和影响呼吸能力的烟雾、气体、粉尘和烟尘。例如,焊接时会产生大量有毒的粉尘与烟雾,如果粉尘与烟雾的浓度过高,很容易引起人员窒息。

化学品灼伤: 这是指当具有腐蚀性的化学品接触到人的皮肤或者眼睛时发生的事故。车身车间中的多种化学品都可能引起化学品灼伤,如油漆清除剂、零件清洗剂、喷涂材料,等等。

触电: 这是指强电流经过人体时发生的电击灼伤与电击死亡事故。车间里一般超过36V的安全电压都会对人体带来伤害甚至死亡,另外,低电压的高强度电流在特定的条件下一样会致人死亡。同时,焊接时产生的电磁辐射会给心脏病患者带来意外伤害,破旧的电缆线漏电、不正确的操作等都是防范的重点。

火灾: 它是由易燃材料迅速氧化而释放出的高温引起的事故。自然界的任何物质在理论上都会有一个燃点,我们在生活中见到的能点燃的都是燃点较低的物质。正常情况下,物体燃烧需要三个条件:可燃烧的物质、氧气(助燃物)、火源(可引起燃烧的温度)。有些物

汽车车身覆盖件和结构件修复

质在化学作用下达到可以燃烧的温度时会自燃，因此被丢弃在角落里那些沾满油污的废旧棉布（纱）也会引起火灾，这些应当引起关注。火灾引起的烧伤会造成可怕的、永久的伤疤与长期的精神伤害，甚至造成死亡。车身车间中存在大量的易燃物，应当及时、妥善地处理，否则可以很快地引起火灾。应做好有效的防火工作，在管理中制定工作规范、强化工作人员的安全意识很重要，例如定期安检、例会、培训、5S活动与制度的强化执行等，这些都是非常有效的措施。

爆炸：可燃气体与空气混合形成爆炸性混合气体，爆炸产生与混合气浓度有关。可燃气体被点燃后快速燃烧，引起空气压力波的快速移动而产生爆炸。案例，在一个汽车油箱上或者油箱附近焊接。油箱内的气体就可能会被点燃并发生爆炸，油箱的金属壳就像一个威力强大的炸弹。除油箱外车间还存在其他的可爆炸条件，在车间里常用的烤漆房如果使用不当或缺少有效的维护一样会引起爆炸。因为烤漆房着火或爆炸而烧毁整个4S店、修理厂，导致财产、人员伤亡损失已经不是个案，需要引起足够的重视。

> **知识窗：闪点和燃点**
>
> 油漆和稀释剂的闪点和燃点都很低。如果油漆或稀释剂达到点燃临界温度，则会有可燃蒸气产生并点燃，这也是我们常说的自燃的原因。
>
> 闪点是指易燃易挥发液体的挥发气体的着火点，是衡量油漆和稀释剂可燃性的标准，是在溶剂温度向燃点提高过程中，在一定条件下发生闪火引起溶剂可以被点燃的最低温度。
>
> 燃点是指在溶剂温度提高过程中，与火源接触后溶剂点燃的最低温度，燃点比闪点要高得多。

任务2　车身修复车间安全操作须知

（1）汽油

在维修中经常需要用汽油（请尽最大可能使用柴油）清洗布满油脂的悬架零部件。汽油是易挥发的可燃物质，会蒸发形成极易爆炸的不可见蒸气或者在被清洗的零件上形成汽油油雾，当遇到明火时很容易燃烧而引发大火。这些因为大意导致的突发性灾难很可能会让工作人员烧伤或死亡，在精神和物质上带来永久性的创伤。

（2）明火

车间的任何地方都不要吸烟，在车身车间内吸烟绝对是非常危险的行为。维修车间内有大量的易燃物极易引发火灾。在喷漆区域绝对不可以动用明火或进行焊接作业，漆雾和烟尘就像一个随时准备爆炸的炸弹一样遇明火瞬间爆炸。这些也包括带汽油作业的环境（包括汽油的汽化物），例如被汽油清洗的机械零部件。

（3）手机

把手机放到安全的位置，尤其是在焊接时，产生的热量会带动电池的升温，可能会有发生爆炸的危险，在之前已经发生过类似的灾难导致了人员的伤亡。

（4）气动工具

气动工具在车间里使用非常广泛。请不要用气枪来清理身上的灰尘，特别是在受伤的情况下，使用气枪时应当格外小心。

(5) 举升设备和其他重要设备的使用

举升机是车辆维修常用的设备，例如检查底盘的异响、车身底板的维修等工作都需要使用举升设备。

使用举升机支撑或顶起车辆时应正确使用举升机或千斤顶，并锁好保险。

移动卧式支撑工具与设备能给维修带来很大的方便，但是当车辆被支撑后，在车身的可支撑位置一定要安置马凳，防止出现意外带来人员伤亡。

注意：车辆在举升机上运转时一定要防止头发被意外地绞入转动中的传动轴中，长发一定要束发以及戴好安全帽。

车辆矫正时，在车架拉平开始前，首先检查夹具和链条的状态，如果发现变形或裂纹，则立即更换不予使用，因为夹具在拉伸时突然滑脱飞出带来人员伤亡的意外事故很多。

使用合适规格的夹具和链条，如果规格不符合要求，则会出现夹具脱开、链条断裂并散开的情况。

使用车架矫正机进行车架矫正时，工作人员的位置应与拉直的链条保持适当的夹角，任何人不得进入链条拉直区域。此外，还必须在车架上连接安全缆绳，以防止其突然滑脱飞出。

在车身上焊接时应先记录下车辆预设密码与电台的频道，关闭电源开关，从蓄电池上拆卸蓄电池负极端子，如果是混合动力、纯电动汽车应将车身上的静电消除，汽车应将动力电池（易产生爆炸性气体）拆除并妥善存放，对电动汽车进行操作请参考厂家的指导手册。然后拆掉焊接影响范围的所有元件，尤其是装饰物，防止发生火灾，并对玻璃件进行保护。在焊接区域移开易燃物体，如果焊接位置在油箱附近应拆除油箱妥善屏蔽燃油管路。焊接区附近放置降温与灭火器材（灭火器必须是处于待工作状态，并做好安全保护）。

任务3 设备工具的检查与维护

随着现代汽车技术的发展，汽车钢板无论是材质、还是制造工艺技术水平都有了很大的提高。从维修工艺发展的角度看，钣金维修工具、维修材料的应用水平也在不断地提高。科技的进步也推动了汽车钣金维修工艺的不断创新与发展，使得汽车钣金维修工艺要求越来越高。先进的设备与技术工艺可以提高维修效率，促进维修质量的提高。

在钣金车间，常用的工具主要有手动维修设备、气动维修设备、电动维修设备工具、通用钣金维修工具、汽车维修焊接设备和专用车身矫正设备等。

（1）手动工具设备的检查与维护

手动工具可以分为通用工具、金属加工工具和车身表面加工工具。通用工具包括扳手、旋具、钳子以及其他常用的工具。另外还包括各种套筒、扳手、钳子和车身修理工具等，机械成形设备主要有铁砧、简易冲模等。这些工具在维修作业中的使用频率极高，但在选取和操作上一定要特别注意。在维修工作中选择合理的工具是每一位技术人员的基本工作素质，也是正确进行车辆维修的基础。

为保证所有手动工具设备的正常使用，应该定期检查与保养，各种工具设备应该建立检查与维护档案，做好检查数据记录，遇有故障或损坏的工具设备应及时检查维修，如果不能正常使用，应上报车间管理员予以更换。

(2) 气动工具设备的检查与维护

气动维修设备是指使用车间工作空气源作为动力驱动工作的设备与工具,常用的设备工具主要包括气动锯、气动压钳、气动打磨工具与设备、气动钣金工具等。

1) 使用注意事项。

① 工作气压请勿超过设备标示的最大工作气压,如果经常超过正常气压会降低气动工具使用寿命,甚至导致气动工具与设备的损坏。

② 操作时尽可能戴上护目镜、耳塞、口罩等防护用品,以保护自身安全。操作气动工具与设备时不要穿着宽松的衣物或戴围巾、领带、首饰,以免被移动或转动的零件卷入而造成危险。

③ 当气动工具与高压气源连接,但没有使用时,不要压动扳机。使用过程中,要随时检查气动工具或设备的状况,松动的零配件可导致严重的危险。替换磨损的零配件时,应当使用专用的零配件,并注意小心操作,避免工具或零件受损,注意不能有杂质进入设备内,同时也要注意有些零件是不可以维修的。在更换工具或配件时,应将气动工具从空气源的接口处拆下再进行操作。

④ 为保障工作的安全,在使用气动工具时千万不要将工具指向自己或他人,在工作场所开玩笑是事故发生的前兆。

⑤ 使用前,检查空压管是否有较脆弱或破损之处,若发现上述状况,请立即更换,以保证安全。锁紧所有螺母、螺钉,确定所有设备处于安全状态。另外,还要注意检查车间气道的油水分离器,如果油水分离器的储水容器中有过多的油水,会直接被压缩空气带到气道中,气动工具与设备中如果进入这些油水会引起设备的损坏以及影响喷涂的质量。

⑥ 适度的润滑是工具使用者的责任。压缩空气中会有水汽凝结,易造成锈蚀。若没有适度的润滑会大大缩短气动工具的寿命。

2) 维护方法。因为气动工具内的马达部分经常高速运转,使用中注油量不足会使零件磨损加快,造成运转不正常或能力下降等现象,所以气动工具的空气马达需每日润滑,但次数不要太多。润滑前请先将工具从空气源接口拔下,在压下扳机的同时从气动工具或设备的进气口滴入 3~5 滴专用润滑油,然后将工具接上高压空气源,并在排气孔处罩上碎布或毛巾。启动工具,正转、逆转各 20~30s,当高压气接上操作后,润滑油会从后排气孔排出。

(3) 电动工具的检查与维护

电动工具是指利用电力驱动的设备或工具,常用的电工工具主要有电动打磨设备、电动钣金工具、电锯、电钻等常用工具。电动工具在使用时应注意如下问题:

1) 电动工具在使用前,操作者应认真阅读产品使用说明书或安全操作规程,详细了解工具的性能,掌握正确的使用方法。

2) 电动工具要经常维护,确保运转正常、绝缘良好。移动电动工具要接漏电保护开关,以防触电。漏电工具维修合格后方可使用。更换配件或休息时要关掉机器。使用时注意力要集中,严禁酒后作业。

3) 在使用电动旋转工具时,禁止戴手套,防止手套被旋转动力卷入引起手部受伤。

4) 禁止在潮湿的工作环境中使用,防止触电。

5) 对于电动工具应当经常检查导线是否损坏,检查插头是否损坏,检查工作部件是否损坏。

(4) 车身钣金维修工具的检查与维护

车身钣金维修工具主要包括通用金属加工工具及专用于汽车车身修理的工具,例如手工整形锤、垫铁、撬具、专用拍勺等。在日常工作中应当注意工具的保养与维护,经常擦拭润滑油以防止锈蚀。整形工具应当保持工作面的光洁,击打工具需要经常注意打磨或修整被击打的工作面,防止蘑菇头断裂飞出伤人。注意,每一种工具都有专业的用处,在使用时应当正确选择工具与设备。在维修时应当杜绝那些不规范的操作,特别是将钣金精整工具当作重击工具,否则会造成工具的损伤,并影响车身板面的平整度与维修质量。

(5) 车身维修焊接设备、车身矫正工具的检查与维护

车身维修焊接设备、车身矫正工具的检查与维护在后面的课程中有详细的介绍与阐述,这里不再赘述。

在维修工作中,应当建立起维修工具与设备的日常检查与维护制度,如果关键设备在使用中出现故障,将会导致维修工作效率降低、质量变差的工作问题。维修车间里的设备应定期检查,确保设备保持在正常的工作状态,避免设备带故障运行,消除隐患。例如,空气压缩机的检查或车辆举升机的检查等,将举升机钢丝绳调整到合适的松紧度,确保两侧滑台移动的同步性如图1-1所示。

图1-1 设备检查

定期润滑所有设备上的滑动部位(这些部位会因摩擦而产生热量)。

定期检查并确保排气风扇没有触及喷漆房墙面,检查排气风扇传动带磨损情况。

尽可能采用安全型工具(无火花产生),正确、小心地使用其他类型的设备和工具,小心不要让工具跌落或使其受到振动和冲击。

从车间管理的立场,对设备的使用和维修,管理人员应按工作职责严格划分,完善并执行日检、月检、年检等制度。应要求设备使用人员严格按照设备操作规程进行操作,在日常设备操作中记录好设备运行的状态及数据,如有故障应及时通知设备维修人员,以免影响车辆维修的进度。为了保证设备正常稳定地运行,减少设备停工及维修时间,设备维修人员要提前制订详细的设备保养计划,并做好备件的储备工作。

任务4　车间事故的预防与处置

如果在工作中不遵守维修车间的安全管理规定野蛮操作,使用电气设备时不按要求规范

操作或设备本身不符合安全要求，电器线路老化或电线的截面积过小、电气线路未加耐酸的套管保护等，钣金、喷漆车间安装不防爆的开关、熔断器、插座等，可能产生火花的元器件，在插电板旁边存放汽油、稀料等易燃物品，在车间角落里有废弃的报纸、带易燃性油脂的棉纱、抽烟丢弃的烟头等，这些习惯随时都会引发危险事故。

车间是工作场所，也是个严肃的地方，工作人员不能在车间里追逐、打闹。车间里的工作环境与工作情况很复杂，例如，可能因为地面存在油污，不小心滑倒受伤，或用气枪嬉闹引起意外的事故。在车间里工作时，离那些态度不认真、工作不严肃的人远一点会更安全。

在钣金车间内工作时应注意如下问题：

1）做好个人的保护很重要。进入车间应穿着合乎工作要求的工作服、帽、鞋、眼镜和手套等防护装备，一般所有的4S店与维修厂都有自己统一的要求与制度。工作时要摘掉戒指、手镯、项链、手表和其他饰物。身上佩戴这些物品是很常见的事，但在实际工作中，这些东西会被绞进运转中的风扇、传动带和传动轴中，或被卷入高速旋转的设备中，引起很严重的永久性伤害。在工作场所，所有的女生都应该将头发盘好戴上安全帽以确保安全。

2）避免人身伤害。在工作中要时刻遵守车间工作制度与维修操作规范，防止发生意外。车身修复车间经常发生包括割伤、骨折、拉伤和其他类似的伤害，特别是在进行事故车辆恢复的维修中经常会遇到需要切割更换的维修项目，被切割了的如车门柱等金属结构件的断面就像刀子一样锋利。为了避免这些意外的、令人痛苦的伤害，需要经常地评估维修技术与方法是否正确——比如考虑如何去做，如何把它做好。注意不要过度专注于工作而忘记工作环境。

3）掌握事故处置方法。当伤害事故、车间火灾或者其他事故发生时，应该知道如何应对这些紧急情况。车间里应张贴清楚、醒目的警告与提醒标识，包括消防与车辆出入口秩序，特别是安装消防设备的通道要时刻保持畅通。所有的车间都应该在电话的旁边张贴紧急情况电话号码表，电话号码包括匪警、火警、中毒控制、急救中心、医生和最近医院的电话等。急救箱中要有处理车间中经常发生的轻伤的医疗用具，还应该有消毒纱布、绷带、剪刀、杀菌药水和其他用具，而且用具和药物必须定期更新以保证其在有效期内。

4）正确使用灭火设备。液体燃料和稀释剂都具有很高的可燃性，理论上都存在火灾隐性危险，因此在车间工作的所有人员必须掌握灭火方法和灭火器的正确使用。如果发生火灾，在火灾的初始阶段可以及时使用灭火器材进行灭火，尽量将损失降到最小。

灭火器灭火分类见表1-1。

表1-1 灭火器分类

灭火器类型	火灾类型			备注
	普通	油	电	
ABC型	○	○	○	○：正确使用 △：可以使用 ×：不能使用
粉末型	△	○	○	
泡沫型	○	○	×	
二氧化碳型	△	○	○	
四氯化物型	△	○	○	

重要注意事项：

① 发现火灾时，不要恐慌，应首先根据现场观察做出判断，然后采取相应的措施。灭

火时，人应站在上风口，并随时注意风速与风向的变化。

② 应防范火灾中的"隐形杀手"——有毒气体。

火灾的自救措施：

① 焊接时在作业现场必须准备好灭火器，并拔出保险销，保持灭火器在随时可以使用的状态，准备好水桶和水，做好焊前防护。

② 在作业过程中发现火情要冷静，灭火动作要迅速，方法要正确。注意，灭火的喷射点应该是着火源的根部。

③ 熟悉工作环境。例如留心安全出口的位置，报警器、灭火器的位置及其他可能作为突发危险应急处理与逃生的条件。

④ 要防止烟雾。一旦确认起火，不管附近有无烟雾，都应采取防烟措施。常见措施是用湿毛巾捂住鼻口，逃生时尽量伏下身体（烟雾都向上飘散）。

⑤ 设法逃生。要稳定情绪，克服惊慌，冷静地选择逃生办法和途径。不要贪恋财物，不要向狭窄角落逃避。

技能训练：

熟悉灭火器并掌握灭火器的使用方法。

请写出关于灭火器的正确使用步骤

任务5　钣喷车间设备管理

对钣喷车间的设备管理要做到如下几点：

1）如图1-2所示，所使用的设备必须进行设置和管理，每台设备的管理和维护必须指定负责人，由负责人负责和管理。为了规范5S标准，标准控制照片和责任人照片、设备名称、责任人等必须在固定的铭牌上，进行标准化、规范化展示。必须对工具和设备进行登记，以便及时跟踪工具和设备的状态。设备的使用和归还必须具有可追溯性。明确个人的责任，杜绝不良行为和习惯。

2）使用后的设备和工具在归还时必须干净整洁。负责人应监督并如实记录设备、工具使用后的状态，每天下班前对责任设备进行维护、清洁，并填写维护保养表。工作完成后及时清点工具，如有遗失，必须立即报告车间补齐工具，工具必须摆放整齐。不要在工具车和工具柜内存放与工具车内工具不相关的任何附件，造成设备故障、专用工具损坏的应按车间管理要求进行处理责任并及时修理或更换，以免耽误车间的工具进度安排。工具箱和辅助工具车的外观应保持清洁卫生。货物储存间标准管理场景如图1-3所示。

3）为了确保客户车辆和公司人员财产的安全，不得随意操作车辆内的设备，包括影音

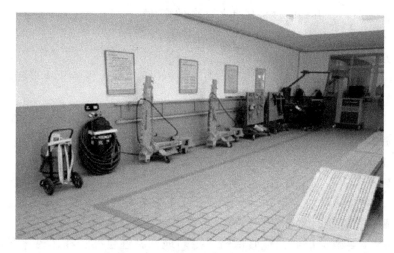

图 1-2 钣喷车间设备定置化管理

图 1-3 货物储存间标准管理

设备。如果车辆需要断电，请先确认并记录影音设备密码。车辆的移动应指定专人负责，防止无证驾驶，非指定人员不得驾驶车辆，一经发现，应立即对当事人进行处罚。

4）重点监控钣喷车间设备操作和人员安全，妥善处理工作区域内的危险物品、易燃物品，以保护待维修车辆安全与维修工作安全。管理的本质是管事理人，要对员工劳动纪律和规章制度遵守情况进行监督，检查员工的工作和劳动保护，防止违反规定、不遵守各种操作规范，如焊接规范、打磨规范等。做好工单管理及旧件摆放存放、杂物摆放、废弃物处理管理等工作。工具间定置管理如图 1-4 所示。

5）焊接现场与个人防护如图 1-5 所示。工作中严禁野蛮操作，所有维修方法必须规范合理，这也是为了降低车辆维修和人员工作的风险。焊接设备的管理应建立工艺标准，严格遵守劳动秩序和安全规程，对点焊设备、气体保护焊设备、介子机、干磨设备、油漆间等应定期检查和维护，确保设备随时能投入使用，做好易耗品管理，及时检查和更换。

项目1 汽车车身修复车间安全知识

图1-4 工具间定置管理

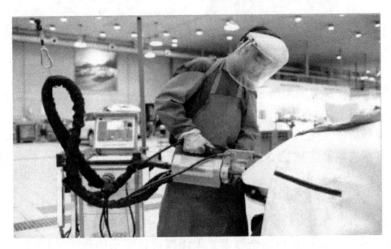

图1-5 焊接现场与个人防护

6）及时清理大梁矫正平台上的灰尘，定期涂抹防锈油，定期检查维护。为了完成事故车辆的维修，除了有够用的校正工位之外，也要做好工作节奏的安排，防止占位时间过长影响生产效率。此外，在维护工作和质量要求下，大梁校正平台应维持两个以上的拉塔，缺失的拉塔应单独采购，以方便多点拉伸的实施，这对变形严重的车身校正更容易。多点拉伸除了有助于提高车身维修的质量外，也会使车间维修工作环境更安全。

7）使用气焊时，要遵守气焊操作规程，坚决贯彻焊工的工作原则。使用气焊时，注意易燃材料。使用完毕，应及时关闭氧乙炔气阀，将气管与焊枪整理好悬挂在固定位置。为保证车辆钢板的强度，气焊设备仅用于适度加热，禁止使用气焊焊接车身的高强度钢。任何类型的焊接，在焊接前一定要做好安全防范措施。必须在附近放置灭火器，确保灭火器处于待喷状态，并准备一桶水和毛巾以便对焊接部位及时冷却。特殊情况下的焊接工作，应对工作环境安全辅以人员监督，确保工作的安全实施。

8）烤漆房电缆线的负荷能力与质量特别重要，必须采用优质电缆线以确保烤漆房的用电安全,并做好安全防控工作,因为车间内的重大火灾事故大多是由于烤漆房使用不当和焊接过程中的预防措施不足造成的,应该特别注意。如图1-6所示,多年以来,因为烤漆房火灾导致4S店被烧毁的事故层出不穷,造成了严重的人员伤亡和财产损失。日常维护应做到每天清扫灰尘,每天检查所有开关(灯、滤棉、密封棉、燃烧器)等。烤漆房应合理利用并做好工作预约和安排。涂装区的工具应摆放到位、整齐。工作结束后,应及时检查工具,防止丢失。喷枪使用后应及时清洗。涂料每天至少搅拌1~2次,涂装附件应单独存放,工作场所严禁吸烟。

图1-6 烤漆房火灾引发的灾难

9)监控物料领取,节约用料,避免浪费。

10)定期培训员工以减少工作失误损失,提高员工的工作技能与素质。

11)随时保持维修区域地面的清洁,并保证设施及场地的整洁。

12)工作气源应注意定期检查放水,防止油水分离器中的积水进入供气道中影响喷涂质量。

问题思考:

活动情景:陆小凤汽车责任有限公司的业务越来越多,因公司发展战略的需要在京城新开了一家品牌4S店。钣金组长西门吹雪由于工作出色,被集团提干并调往京城出任新店的钣喷主管。一年后,该店的钣喷维修需求业务量从每月100台次猛增到了每月钣喷业务接待量500台次,西门吹雪的工作进入繁乱期,由于生产瓶颈问题,每月实际出厂台次维持在300台次,车间可用面积$800m^2$。

问题1. 西门吹雪现在应该怎么办?要解决哪些问题?

问题2. 请帮助西门吹雪制定一份车间升级与解决生产问题的详细方案。

思 考 题

本项目的学习目标你已经达成了吗?请思考以下问题进行结果检验。

序号	问题	自检结果
1	车身修复车间里常见的事故主要有哪些?	
2	车间里安全用电的电压是多少伏?	
3	正常情况下,物体燃烧的三个条件是什么?	
4	举升机使用时需要注意哪些问题?	
5	使用大梁校正平台进行车架粗矫正时要注意哪些问题?	

（续）

序号	问　　题	自检结果
6	在钣金车间，常用的工具主要有哪几类？	
7	气动工具在使用时需要注意哪些问题？	
8	在钣金车间内工作时应注意哪些问题？	
9	简述灭火设备正确的使用方法。	
10	钣喷车间设备管理的主要内容有哪些？	

项目 2

车身维修基础

学习目标

1. 知道车身作用与结构分类对正确维修车辆的意义。
2. 掌握车身损坏的类型、原因与维修特征。
3. 掌握车身材料的类型与材料属性。
4. 掌握车身维修工作中的要求、规范与注意事项。
5. 掌握维修操作中的防护及安全事项。

情境描述

在维修时,保持产品品质是非常重要的。由于现代车身制造技术中很多具有新技术特性材料的使用,除了需要更为先进的维修设备,还需要用正确的方法来修复,对于高技术含量的车身维修来说,最先进的设备和设施与最新的维修方法和技术的合理化应用是非常关键的。

任务 1　汽车车身结构分类

1. 汽车车身结构

车身主要由结构件与覆盖件组成。结构件利用焊接或其他技术连接成一个整体,形成整体刚性车架。外部覆盖件有部分使用了焊接的方式连接在车架上(例如,汽车的车顶、后翼子板等),其他覆盖件则是通过螺栓紧固在车架上面,如汽车的车门、前翼子板、发动机舱盖、行李舱盖等。汽车的车身按照车辆的承载方式不同,分为非承载式车身、半承载式车身、承载式车身三种。

非承载式车身,如图 2-1 所示,非承载式车身的汽车有刚性车架,又称底盘大梁架。这种车架一般都是矩形或者梯形的,布置在车身的最底部。

非承载式车身设计在越野型汽车(图 2-2)

图 2-1　非承载式汽车车架

上运用得比较多，也有轿车使用了这种设计方式。该类型的车辆在行驶中整备质量与安全方面要比半承载式车身与承载式车身高，这种车型在美国生产得比较多，例如早期的林肯、凯迪拉克等豪华车型就是使用这种结构方式。

非承载式车身的优点是有独立的大梁，底盘强度较高，抗颠簸性能好，因此运动型多用途汽车（SUV）和越野车用得比较多。但是其缺点也很多，例如自身的承重并不利于车辆的轻量化与燃油经济性。

图 2-2　非承载式汽车应用

半承载式车身是一种介于非承载式车身与承载式车身之间的结构形式，拥有独立完整的车架，车架与车身刚性连接（车身直接焊接在车架上面），因此车身壳体可以承受部分载荷。有部分骨架，如单独的支柱、拱形梁、加固件等，车身的蒙皮外板使用焊接或铆接的方式连接在车身的骨架上面形成一个刚性整体结构。半承载式车身一般用于大客车。

半承载式车身结构如图 2-3 所示。

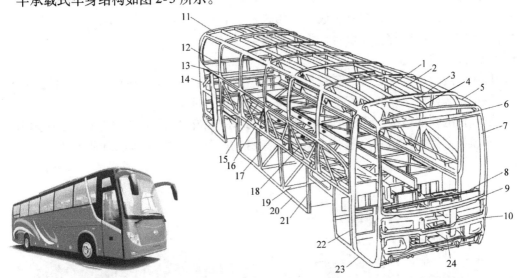

图 2-3　半承载式车身结构

1—侧风窗立柱　2—顶盖纵梁　3—顶盖横梁　4—顶盖斜撑　5—上边梁　6—前风窗框上横梁
7—前风窗立柱　8—仪表板横梁　9—前风窗框下横梁　10—前围搁梁　11—后风窗框上横梁
12—后风窗框下横梁　13—后围加强横梁　14—后围立柱　15—腰梁　16—角板　17—侧围搁梁
18—斜撑　19—底架横格栅　20—侧围裙边梁　21—裙立柱　22—门立柱　23—门槛　24—底架纵格栅

半承载式车身的优点是比非承载式车辆要轻，比承载式汽车重，抗颠簸性能好，能达到承载式车身的舒适和安全，有刚性上能满足大部分越野需要的底盘。因为车身与车架是刚性连接，所以这种车身对弹簧避振的要求比较高。

承载式车身，如图 2-4 所示，承载式车身没有刚性车架，将所有部件固定在车身上，所有的力也由车身来承受。承载式车身车架结构呈笼形结构，每一个连接点把车身组成了一个整体，类似于一个鸡蛋的原理，所以我们也把它称为应力壳体结构，在国际上还有一个学名称为"雷蒙"结构。承载式车身是本书讲述的重点，后面课程的知识与技能都与承载式车身有关。

提示：承载式车身相比非承载式车身、半承载式车身而言更容易实现车身的减重，达到车辆轻量化与提高燃油经济性等节能目的。承载式车身的优点是重量轻，重心较低，车内空间利用率也比非承载式车身结构高，多应用于家用轿车。

图2-4　承载式汽车车身

2. 汽车车身形状与驱动类型

轿车车身的基本类型有折背式、直背式和舱背式三种，如图2-5～图2-7所示。按轿车车身的发动机舱、乘客舱、行李舱三个功能区来分轿车可分为三厢式轿车和两厢式轿车。三厢式轿车是由发动机舱、乘员舱、行李舱组成。两厢式轿车后部形状按较大的内部空间设计，将乘员舱与行李舱同一段布置。

图2-5　折背式

四门车、两门车也叫五门汽车和三门汽车，由于后部车门与侧向车门不同而被大家忽视，习惯称之为四门车、两门车，如图2-10、图2-11所示。

按照车顶的功能结构，轿车车身可分为硬顶式车身和敞篷式车身。硬顶式车身如图2-8所示，车顶与车架焊接成一个整体；敞篷式车身的车顶可以拆卸并能自动折叠，如图2-9所示。

图2-6　直背式

图2-7　舱背式

图2-8　硬顶式

图2-9　敞篷式（内置软顶，外带硬顶可拆卸）

项目2　车身维修基础

图2-10　四门车

图2-11　两门车

依照发动机放置和固定方式以及传动系统配置分类（传动系统配置是指力从发动机传递到驱动轮上的方式），一共有六种设计方式：发动机前置前轮驱动、发动机前置后轮驱动、发动机后置后轮驱动、发动机中置后轮驱动、四轮驱动与全轮驱动六种方式，见表2-1。车身根据发动机安装位置、动力驱动的方式不同，设计也不相同。

表2-1　汽车不同驱动方式

前置前驱	前置后驱
中置后驱	后置后驱
四轮驱动	全轮驱动

四轮驱动需要进行切换，主动切换和自动切换的都有。全时四轮驱动是指在行驶的任何时候，驱动力都分配在四个轮上。而分时四轮驱动是在需要的时候通过电子程序或者是手动切换把它切换到四个轮子上去，分时全轮驱动的技比四轮驱动要复杂。

15

任务2　车身常用材料及特点

汽车车身使用的材料主要有薄钢板、镀锌薄钢板、铝合金板、其他轻合金和复合纤维、塑料等，由于环保的要求，轻量化车身技术应用，如全钢、全铝、全镁及多种材料的车身骨架技术现已发展到能够进行工业化批量生产的程度。汽车车身材料的发展如图2-12所示。

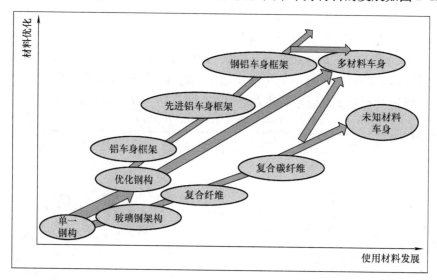

图2-12　车身材料的发展

车身主要由超高强度、高强度和低强度钢板的预成型材料制作，通常，车身钢板的屈服强度为120~180MPa，抗拉强度为270~1800MPa，厚度为0.5~2mm。车身常用材料及特点如下：

1）薄钢。承载式车身主要由超高抗拉强度和高抗拉强度钢板冲压成形装配而成，用于外部覆盖件板材的强度大约为270MPa。考虑到车身吸能作用与强化保护作用，需要把不同部位材料的强度进行刚度分级，例如B柱，很多高级乘用车的立柱或边梁内部的加强结构使用了硼钢，抗拉强度能达到1100MPa，甚至有的车型使用的硼钢强度达到了1800MPa以上。

2）拼焊板。由于车身在设计中采用了不同的刚度分级，不同零件的作用与要求不同，拼焊板在车身制造技术中比较常见。拼焊板是由不同强度和厚度的薄金属板经裁剪而成的车身坯板拼合焊接而成，为减少焊接热能引起的材料强度与刚性的破坏，主要使用激光焊进行焊接，例如车门、纵梁、底板等。

3）镀锌钢板。车身板被镀锌以防止腐蚀，底板通常热浸镀锌。为获得更好的表面质量，通常对车身外表面板采用电镀锌。镀锌钢板分为单面镀锌与双面镀锌，为了提高车辆的耐腐蚀能力，车辆制造技术先进的国家多采用双面镀锌钢板，可有效提升车辆的耐气候性和使用性能。

钢板上的镀锌层耐热温度为120℃左右，也就是说，镀锌的钢板在维修时加热的温度没有超过120℃不会影响钢板的防腐性能。当镀锌层被破坏后，需要喷涂锌粉防锈漆（具有导电性)。镀锌层跟氧气长时间接触会形成氧化锌(在焊接时会排出有毒的氧化锌,电阻点焊时能在焊点周围再次形成保护锌层)。类似的工作常出现在车身外板件的维修中,为了减少维修给材料带来的致命危害,建议使用比较安全的修复方法,如手工整形恢复也可以高效地修复,并能实现在不加热的情况下完成车辆维修,且不破坏板面的防腐层。现代维修业大多使用外板件快速整形机进行维修,这种方法极大地提升了维修工作效率,有些优秀的维修设备也可以做到降低破坏的风险。效率是一方面问题,在修理工作中不能因为效率而忽视维修质量要求,在维修中求快不是根本目的,保证车辆在修复后保持或还原车辆在出厂时的质量才是正确的态度。

4)铝板。在车身制造中,铝只以合金的形式使用(铝合金的添加成分主要是硅和镁)。铝车身部件根据其形状和承受的应力,通常采用冲压、挤压与压力铸造来制造。经过冲压和挤压的钣金件可以通过整形进行部分修复,但压力铸造件是无法进行整形修复的,只能更换。

5)塑料。目前常用的塑料有两种:热塑性塑料与热固性塑料。

热塑性塑料是指在特定的温度范围内,能反复加热软化和冷却变硬的塑料,如 ABS、PP、POM、PC、PS、PVC、PA、PMMA 等,可以再回收利用。热塑性塑料部件可以通过焊接、叠压,或采用两种成分的维修材料进行粘接修复。

热固性塑料是指受热后成为不熔的物质。热固性塑料通常都比较硬,当被外力破坏后会出现断裂或碎裂,再次受热不再具有可塑性且不能再回收利用,如酚醛树脂、环氧树脂、氨基树脂、聚氨酯、发泡聚苯乙烯等。热固性塑料部件通常使用叠压或粘接方法修复。在维修时需要把损坏的部分打磨到低于平面至板材的底部,要使用多层带有网格的网膜和胶一起固化,待完全固化后磨平。

6)高强度热成形钢。采用高强度轻量化材料是汽车设计兼顾轻量化和碰撞安全性的重要手段。目前,在满足一定强度要求的双相钢和 TRIP 钢的生产尚存在困难的情况下,汽车安全件大量采用了热成形马氏体高强度钢。例如,世界上大多数汽车生产厂家选用硼钢种作为热成形零件用钢,这种钢可使零件在模具中以适宜的速度冷却,获得所需的马氏体组织。为了避免或减少热成形过程中钢表面的氧化,需要对热成形钢进行表面镀层,现代用于热成形的镀层板包括镀铝板、镀铝硅合金板和镀锌板等。考虑到成本问题,有时也采用非镀层板、热轧板或冷轧板。

适用于车身制造的钢的类型见表2-2。

表2-2 适用于车身制造的钢的分类

强度分类	拉伸强度/MPa	钢分类	生产工艺
普通钢	小于300	深冲钢	轧制
高强度钢	300~480	烘烤硬化钢	烘烤硬化
	350~730	微合金钢、各向同性钢	晶粒细化和沉淀硬化
	340~480	磷钢、无间隙钢(IF钢)	固溶淬火(硬解)
高强度钢	500~600	双相钢(DP钢)	硬化过程
	600~800	相变诱发塑性钢(TRIP钢)	硬化过程
超高强度钢	>800	多相钢(CP钢)	硬化过程
超高强度热成形钢	>1000	马氏体钢	硬化过程

7）复合增强碳纤维。碳纤维（CFRP）是一种高强度、高模量材料，理论上大多数有机纤维都可被制成碳纤维，实际用作碳纤维原料的有机纤维主要有三种：黏胶纤维、沥青纤维、聚丙烯腈纤维。复合增强纤维是汽车轻量化的优选材料，前面了解到铝合金材料在汽车中的使用，铝合金的优点是轻、不易被氧化、吸能性好。但是，从交通事故的表现来看，铝合金汽车的使用性能其实并没有钢制车身好，因为技术的限制与研制成本的考量，铝合金材料的抗拉强度很差，所以在交通事故发生时，车内人员的危险程度更大。因为铝合金材质更容易被撕裂，所以，人类一直在寻找更合适的轻型材料来替代铝合金。碳纤维增强复合材料（CFRP）是目前最先进的复合材料之一。它以其轻质高强、耐高温、抗腐蚀、热力学性能优良等特点广泛用作结构材料及耐高温、抗烧蚀材料，是其他纤维增强复合材料无法比拟的。除军用外，碳纤维复合材料的其他应用也大有作为，如飞机及高速列车的制动系统、民用飞机及汽车复合材料结构件、高性能碳纤维轴承、风力发电机大型叶片、体育运动器材等。

目前，碳纤维的主要应用有发动机中的推杆、连杆、摇杆、水泵叶轮，传动系统中的传动轴、离合器片、加速装置及其罩等，底盘系统中的悬置件、弹簧片、框架、散热器等，车身上的车顶内外衬、地板、侧门等。

碳纤维的优点是制件的比强度、比疲劳强度和比刚度高，材料比铝合金更轻，具有更好的经济效应，另外，碳纤维制件还具有优良的耐腐蚀性、振动阻尼特性，热膨胀系数小、耐冲击和安全性能高等特点。

在设计时应将车身材料按照不同的刚性要求合理分布，例如车顶材料使用碳纤维材料有利于降低车身的重心，这对提高车辆的运动性能与稳定性有很大的帮助，不仅仅是降低了车身的重量。

任务3　汽车车身维修中常用的力学概念

汽车车身的修理除了要掌握钣金维修应该掌握的基本技能外，还需要掌握金属材料的力学性能参数。

金属材料的力学性能是指金属材料在外力作用下表现出来的各种特性，如弹性、塑性、韧性、强度、伸长率、硬度、r 值、n 值等。

1）弹性。金属材料在外力作用下抵抗塑性变形的能力（去掉外力后能恢复原状的变形）。

2）塑性。金属材料在外力作用下产生永久变形（去掉外力后不能恢复原状的变形），但不会被破坏的能力。

3）韧性。金属材料抵抗冲击载荷的能力，称为韧性，通常用［冲击］吸收能量或冲击韧性值来度量。

［冲击］吸收能量，即在冲击载荷作用下，折断时所吸收的功。用符号 A_k 表示，单位为 J。

4）强度。强度是指金属材料在外力作用下抵抗变形和断裂的能力。屈服强度、抗拉强度是极为重要的强度指标，是金属材料选用的重要依据。强度的大小用应力来表示，即用单位面积所能承受的载荷（外力）来表示，常用单位为 MPa。

① 抗拉强度。抗拉强度是材料最大均匀塑性变形的抗力，指金属试样在拉力试验时，金属材料在拉断前承受最大应力值，且在外力碰撞所导致的金属断裂中的首要衡量指标仍是抗拉强度。简而言之，抗拉强度就是用多大的力把金属弄断。拉伸试样在承受最大拉应力之前，变形是均匀一致的，但超出之后，金属开始出现缩颈现象，即产生集中变形。对于没有（或很小）均匀塑性变形的脆性材料，它反映了材料的断裂抗力。符号为 R_m，或用符号 σ_b 表示，单位为 MPa。

为能更好地反映不同材料的抗拉能力，图 2-13、图 2-14 中列出了一些不同材料的抗延展力。

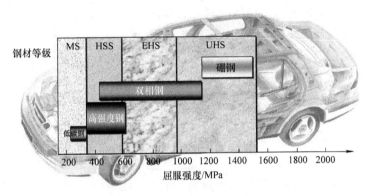

图 2-13 不同钢板的强度和伸长率

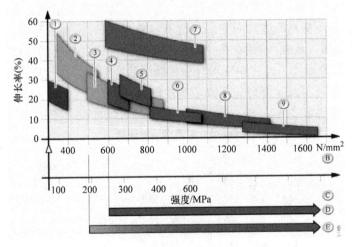

图 2-14 不同钢板的强度和伸长率（$1N/mm^2 = 1MPa$）

② 屈服强度。如图 2-15 所示，屈服强度是金属材料抵抗微量塑性变形的应力。金属试样在拉力试验过程中，载荷不再增加，而试样仍继续发生变形的现象，称为"屈服"。对于无明显屈服的金属材料，产生屈服现象时的应力，即开始产生塑性变形时的应力，规定以产生 0.2% 残余变形的应力值为其屈服极限（符号：ReL 或 $Rp0.2$），简而言之，屈服强度就是用多大的力能把金属弄至变形。

从一辆车的抗变形表现来看，抗屈服能力越强，其在碰撞时抵抗碰撞变形的能力就会越强。用符号 σ_s 表示，单位为 MPa。一般情况下，材料达到屈服强度，就开始伴随着永久的塑性变形，是非常重要的指标。

5）伸长率。金属在拉力试验时，试样拉断后，其标距部分所增加的长度与原始标距长度的百分比，称为伸长率，用符号 δ 表示。伸长率反映了材料塑性的大小，伸长率越大，材料的塑性越大。

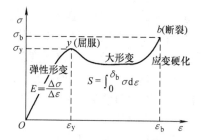

图 2-15　金属应力–应变曲线图
σ_y 为屈服极限，对应数值为屈服强度；
σ_b 为断裂极限，对应数值为抗拉强度。

6）硬度。金属材料的硬度，一般是指材料表面局部区域抵抗变形或破裂的能力。根据试验方法和适用范围的不同，可分为布氏硬度、洛氏硬度和维式硬度等多种。布氏硬度用符号 HB 表示，洛氏硬度用符号 HRA、HRB 或 HRC 表示，维氏用 HV 表示。其具体应用一般如下：

① 硬材料用 HRA，如硬质合金材料、表面渗碳、碳氮共渗的材料。

② 较硬材料用 HRC，如淬火钢、调质钢、硬铸铁。

③ 软材料用 HRB 或者 HB，如低碳钢、铝合金、铜合金等轻金属、未淬火钢、可锻铸铁等。

④ 薄件、小件、形状奇怪的件、上下表面不平的件用 HV，但是 HV 是镶嵌法，操作比较麻烦。

以上指标中，最常用的几个指标是强度（σ_s、σ_b）、伸长率（δ）和硬度。

7）塑性应变比（r 值）。r 值表示钢板拉伸时，宽度方向与厚度方向应变比之比值。r 值越大，表示钢板越不易在厚度方向变形（越不容易开裂），深冲性越好。

8）应变强化指数（n 值）。钢材在拉伸中实际应力—应变曲线的斜率。其物理意义是，n 值高，表示材料在成形加工过程中变形容易传播到低变形区，而使应变分布较为均匀，减少局部变形集中现象，因此 n 值对拉延胀形非常重要。

常用钢板的强度见表 2-3。

表 2-3　常用钢板的强度

序号	材料名称	强度等级/MPa（最低屈服极限）	应用范围
1	深拉延钢	120~140	复杂部件
2	无间隙原子钢	180~260	深拉延和拉延部件
3	各向同性钢	220~300	拉延部件
4	烘烤硬化钢	180~300	提高强度
5	微合金钢	260~420	高强度
6	双相钢（DP）	260~900	高强度且吸收能量，用于制造复杂的高强度结构件
7	相变诱导塑性钢（TRIP）	340~420	高强度且吸收能量，适用于拉延和深拉延要求较高的部件
8	复相钢（CP）	680	高强度
9	马氏体复相钢（MS）	900	高强度，适用于防撞梁、保险杠或车身加强件等
10	硼钢	>1200MPa	碰撞加强部件，适用车门防撞梁、保险杠和车身加强件等

铁素体的抗拉强度为28MPa，拉伸率为35%～40%。

主要金属元素在合金中的作用见表2-4。

表2-4 金属元素在合金中的作用

合金元素	合金元素特征与作用
铬	主要是改变和提高钢的耐腐蚀性
锰	细化晶粒，提高强度，增加淬透性，提高硬度、伸长率和耐磨性，但会影响焊接性能和锻造性能
钼	提高钢的强度和韧性，提高耐磨性，改善淬透性，促进晶粒的形成，改善焊接性能
镍	提高钢的强度和韧性，有助于奥氏体结构的稳定，提高在低温下的可塑性
铌、钛	提高钢的强度和韧性，抑制晶粒长大，有助于细化晶粒，抑制铬合金钢中铬碳化合物的析出，从而抑制晶间腐蚀
硅	主要提高强度和弹性极限，细化晶粒
氮	提高奥氏体钢的强度，改善在高温下的力学性能
磷	提高强度，有助于平衡可压缩性和强度

复相钢（CP）具有复杂的细粒状热轧组织结构，由带有内嵌铁素体团和马氏体团的不同类型贝氏体组成，如图2-16所示。此外还有非常细小的碳化物和亚硝酸盐均匀分布在这种钢材中。

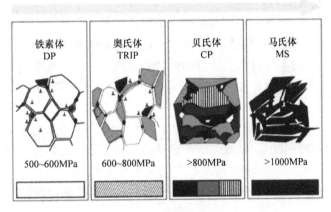

图2-16 多相钢组织结构

烘烤硬化钢的特点是热处理时屈服强度可提高40MPa，断后伸长率低，钢材的屈服强度较高。这种钢材具有普通深拉延钢板的材料特性。烘烤硬化钢主要用于仅有微小变形的大面积外面板部件，例如发动机舱盖、行李舱盖、车门、车顶和侧围板。硬化后比普通深拉延钢板高得多的抗弯曲刚度对这些应用情况非常有利。如果是乘用车与敞篷车，超高强度的钢材主要用在A柱与B柱。用于防止追尾底盘较高的商用车时最大限度地减少戳底风险，也防止翻车的风险。

在焊接钢板时，如果碳的质量分数大于0.4%，需要进行焊前预热，焊后缓慢冷却或热处理来降低钢板在焊接中的淬硬倾向。

钢板的抗拉强度越大，碳的质量分数就越大，其塑形的能力就会越差。

在实际维修中，钢板的屈服强度、抗拉强度越高，整形修复的难度就越大，因为钢板的抗拉强度越高，弹性越大。在以前大多使用加热的方法来矫正修复，但是，现在车身多采用了超高强度合金钢，加热维修造成的破坏是非常大的，因此加热时应严格控制温度，避免造成强度弱化，比如B柱，被焊接或加热引起的强度弱化会导致二次碰撞的防护能力丧失，正确维修方法应该是直接更换而不是修理。

钣金零件一般可以分为以下三类：
① 平板类：指一般的平面冲裁件。
② 折弯类：由折弯或者折弯加简单成形构成的钣金件。
③ 成形类：由拉伸等成形方法加工而成的规则曲面或者自由曲面钣金件。

需要补充说明的是：
　　汽车在碰撞时产生变形，其中会有很大一部分变形会保留下来，除非人为将这些没有恢复的变形消除。实际上，当金属板出现塑性变形时，在变形位置周围都会产生弹性变形，问题是塑性变形是永久性的变形，如果不消除，这种变形会阻止弹性变形的恢复。因此应先修复塑性变形，当塑性变形被恢复后弹性变形会消失，不需要有过多的整形。

任务4　车身特征及损伤因素

1. 车身保护与车身设计特征

车身分为三个部分：前部、中部和后部，特别是承载式车身非常看重车辆的强度分级设计和不同强度、不同材料在不同位置的分布。车辆在行驶中发生碰撞时产生的变形是非常复杂的，一个好的、安全的车身前部和后部的设计要求汽车在发生碰撞的时候必须具有吸收碰撞能量的作用，最大限度地保护中间的客舱部分，而中间部分则是汽车结构中刚性最强的部分。

在图2-17中，①和⑤的区域为低速行驶变形区设计，②和④为高速行驶变形区设计，③为坚固区域。在车身行驶中，碰撞保护考虑到不同状态的能量吸收与中舱保护，所应用的材料强度分布也不一样。如图2-18所示，中间乘客舱有较强的刚性，主要保护人员安全。前部和后部有较强的韧性，具有吸收冲击能量的作用，根据这些设计特征，我们在维修中应当知道这些常识。

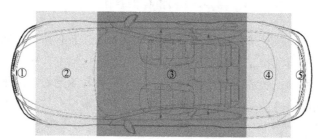

图2-17　不同强度钢板在车身上的分布

2. 车身损伤因素

汽车出现故障的原因主要有内因与外因两个方面，其外因主要由环境、人、时间三个因

图 2-18 承载式车身的设计特征

素构成，内因主要由物理、化学、机械的变化导致。

汽车在正常运行中，其外部环境对车辆的影响是非常复杂的，外界施加于汽车的各种条件、客观环境称为环境因素，主要包括：各种复杂的力、运动与碰撞产生的能量、内部工况与外部气候的诱因、车辆本身与行驶条件带来的振动、污染等。这些因素随时间的变化在性能上将会产生强度弱化、腐蚀等问题，并且人为导致的损伤将会是非常致命的。这些因素直接导致内因的生成，常见的例如车门铰链的磨损、外部覆盖零件的变形、承载结构体的裂纹或断裂等。

由于汽车外部影响因素与内因的作用，车身损伤有很多类型，最常见的主要有车身板件或结构件的腐蚀、车身板件或结构件的疲劳损伤、车辆碰撞损伤三种情况。

（1）腐蚀

汽车车身因受外界条件的影响，材料在使用过程中很容易被腐蚀。由于汽车行驶在户外，大气中的水分、降雨、雪、路面的水等是引起车身腐蚀的重要因素。

按破坏形式的不同，汽车的腐蚀分为三类：

① 外观腐蚀：一般性外观损伤和锈蚀，称为外观腐蚀。

② 穿孔腐蚀：车身内外的孔隙和空腔，由于积水和积沉电解质水溶液所引起的腐蚀称为穿孔腐蚀。

③ 结构腐蚀：高强度部分或要害部位的腐蚀，可损害汽车行驶安全性的，称为结构腐蚀。

造成防腐涂层破坏的主要原因如下：

① 车身表面微小的划痕。

② 底盘部位接触侵蚀性物质。

③ 车身板件焊接部位防腐不彻底。

汽车制造过程中，在钢板表面镀锌极大地提高了车身的耐用性，防腐蚀、锈蚀能力比以前更强。目前根据钢板的镀锌处理工艺分为热浸镀锌和电镀镀锌。

（2）金属疲劳损伤

金属疲劳是指材料、零构件在循环应力或循环应变作用下，在一处或几处逐渐产生局部永久性累积损伤，经一定循环次数后产生裂纹或突然完全断裂的过程，例如轴承断裂、钢板产生裂纹等。

当材料和结构受到多次重复变化的载荷作用后，虽然应力值始终没有超过材料的强度极限，但在比弹性极限还低的情况下就可能发生破坏，这种在交变载荷重复作用下材料和结构被破坏的现象，就叫作金属的疲劳破坏，例如车门下垂、门框磨损等。车身的设计也很关键，对于车身设计的缺陷带来的问题在维修工作中是不可能弥补的。

汽车的金属疲劳是在汽车使用过程中产生的。通俗简单地理解，整个汽车行驶的过程实际上是一个运动的过程，材料在抗拉强度与各种复杂运动力的影响下会引起材料结构内部的反复变化，长期的变化就会使汽车变形、使用性能下降，直接减少使用寿命。材料的变形分为可完全恢复和不可完全恢复两类，汽车在运动中产生可恢复的变形也会引起材料连接部位的磨损，特别是承受运动载荷的零部件，高强度材料与特殊材料的应用明显改善了车辆使用的安全性能。

（3）碰撞

在车身维修中，碰撞损伤占维修总业务量的99%。车辆发生碰撞，给车辆与人员带来的损失是非常严重的，在实际撞击中，由于碰撞条件不同、复杂程度不同，给汽车车身造成直接性受损（用眼睛能直接看到的）与间接性损伤（看不到的或隐性存在的）的程度也各不相同，随着汽车生产技术的不断进步（主要体现在车身的外观、材料应用的多样化、车身节能技术与轻量化等技术），车辆的碰撞维修要求越来越复杂、难度越来越高，现代汽车车身的维修比起以往更需要车辆维修人员深入学习，懂得处理这些问题的技术与方法。不恰当的维修可以将一辆高质量的车修坏，会造成灾难性的后果，尽管我们在这些车辆被修复后很难看到这些问题，但在实际使用中将变得更加危险。

3. 车身维修工作方案制定与要求

汽车车身维修工艺比较复杂，特别是融合了现代先进技术的车身，维修的难度随着汽车制造技术的发展正在不断提高。车身维修的特点主要有三点：

① 车身维修工艺与技术处理的复杂程度比较高。

② 车身材料类型与强度不一会提高维修的难度。

③ 因为维修中的热影响，各种性能不同程度地被破坏，所以车身修复后的质量也不容易确定。

对车身维修的要求：

① 车身各数据点与原厂给出的数据参考必须要准确可靠。

② 恢复原厂车身刚性与强度。

③ 保证各部件的性能良好，特别是车身的密封性。

④ 恢复原来外观（包括油漆），提高抗腐蚀的能力。

在钣金维修整个过程中，应当制定并始终遵照车身钣金维修方案进行维修，制定车身维修方案可以大幅度提高维修效率，最大限度地提高维修质量，从而提高维修企业的经济效益和社会效益。

依据维修方案，我们可以很准确地有针对性地对车身损伤修复工作进行分组分解，各组事先可以针对损伤部位做出技术经验型估计，仓储人员可以事先进行配件、换件的储备，而不会出现一边修复一边计划或确定换件的种类与数量的情况。维修工艺控制人员和维修技术人员可以依据测量数据进行原始比对和观察，对车身的损伤程度进行客观的评估；其次，制定车身钣金维修方案可以使参与维修项目的所有技术人员和管理人员很快地了解汽车车身材料、结构和车架焊接工艺，从而更好地进行项目分组；最后，依据维修的工艺特性和技术维修的逻辑性，可有机地将整个维修项目进行分割和重组，大幅度提高工作效率，促使维修质量得到很好的保障。

维修方案制定时，首先应进行车身分析。主要包括车身结构形式的分析、车身组成形式的分析、车身材料的分析、车身焊接技术特征的分析等,根据不同的车身结构形式、材质和原厂制造时车身焊接特征进行分析,从而确定车身结构为承载式或非承载式车身,确定车身各结构件、板件的材质和规格,了解车身焊接形式和焊点排布。

根据车身损伤的情况,首先目测确定碰撞点,确定碰撞力的方向和大小,检查可能造成的损坏,沿碰撞力作用路径检查受损部位,直到无损坏处,测量主要部件并检查车身高度,将实测的车辆外形尺寸与维修手册的标准值加以对比,使用量具测量和比较车身左右高度。对于在事故中受损的车辆还需要调查几点至关重要的信息:汽车在事故发生时的速度、撞车角度及其他车辆的相关信息,然后进行综合分析。通过共同讨论、制定出车身损伤维修方案。

4. 汽车车身维修方法

在汽车车身的维修中,对需要修理的部位,要根据实际情况采用合理、方便的车身修复修整方法,根据直接受损部位、间接受损部位及惯性效应受损部位,确定具体的修复方式;根据车身各部位材料的应用情况,确定需要采用的焊接工艺;考虑在校正拉伸过程中如何使用辅助支撑定位,以确保顺利修复;考虑在实施焊接换件作业中如何对所需更换部件进行准确定位,以避免焊接完后再对所更换的部件位置进行校正。

车身修复作业流程如下:

① 评估车身的损失和制定修理方案。
② 清洗车辆并检查和解体损伤的部位。
③ 按照计划进行车辆钣金维修。
④ 被钣金修复的车身进入涂装程序进行修理。
⑤ 涂装与钣金装配工作结束后进行车身机械和电气的修理以及恢复。

注意事项:在专业的车身维修作业工作中,选对正确的方法非常重要。目前常采用的车身钣金修理方法有板件损伤的整形修复与板件的局部挖补、加热校正、焊接,以及板件或结构件的变形校正维修、更换和填充成形等。对车身结构件的校正通常采用车身校正仪来实施。对修理部位采用什么样的方法来修理,既要考虑到维修的质量,同时也要考虑到维修的效率,确定合理的维修方案是非常重要的。

维修方法:如图2-19所示,能够用手工成形的方法来维修的部位,建议使用手工成形的方法,因为手工冷作成形可以保证车身板件的基本强度不被破坏,但手工成形操作的劳动

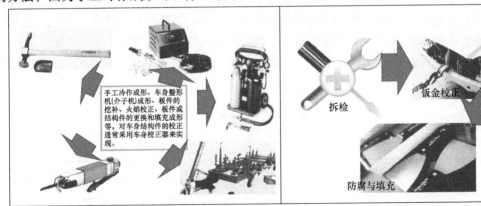

a) 车身维修方法　　　　　　b) 作业流程

图2-19　车身维修方法与作业流程

强度比较大，对操作人员的技术要求很高。

对用手工成形的方法难以修整的部位，可以用介子机整形设备进行修复。但在使用介子机时一定要注意正确、安全地操作，而且在整形完毕后要对整形部位进行防腐操作。

对车身采用火焰校正时要注意车身板件或结构件的耐热温度，如果超出加热的温度限制或允许的加热时间，火焰校正会大大影响板件的强度。在不能采用火焰校正时，直接采用更换的方法。对于车身上已经明显损坏，必须用更换的方法进行修复的结构件，应首先进行车身校正，在车身校正到标准尺寸时才可以进行结构件的切割和更换。

以上方法是属于汽车车身损坏程度不同时的正确的传统维修方法。现代汽车车身由于应用了强度更高的特殊金属板材，用火焰加热方法来矫正变形已经不再适用于高强度钢的维修要求，尽量使用结构元件更换的方法来修复，而不是修补，特别是挖补修复。不恰当的维修将会带来不可估量的损失，一些故障将可能发生，比如：

① 安全气囊将延迟打开几毫秒。这很可能造成驾驶人在气囊打开前撞击到坚硬的零件（例如转向盘等）。

② 在一些事故中，车身结构件由于材料失效造成撕裂。

③ 加热将可能导致车身结构件断裂。

④ 不正确的过度的焊接会对车身结构稳定性造成严重的威胁。

车身整体结构损伤超过30%时，至少会存在上述几项安全隐患，车辆的驾驶性能将不再有保障，比如材料会丧失二次防护的性能，车辆的再次碰撞对人员防护会存在很大的安全隐患。因此为了避免人员受伤，凡车身整体损伤超过30%的车身，应该进行更换。因为维修后的零件已经失去了部分抗撞击强度的能力。当碰撞发生时，车身骨架无法承受和转移撞击力。这对于乘客的健康和生命安全是十分危险的。

车身板件更换时多采用焊接方式，但是也有更多的车辆在特殊部位采用了胶粘与铆接的连接方法。二氧化碳或其他气体保护电弧焊接会产生比电阻点焊大的热影响区，二氧化碳气体保护电弧焊接后的区域会变硬，不利于碰撞力的转移。需要焊接的位置如果可以使用电阻点焊技术来焊接时应优先选用电阻点焊。为保证维修车身的性能与质量，在焊接前要查看维修手册中的维修规范与说明。严重的事故车辆维修要做好计划，按照正确的流程实施。

在维修的过程中防腐很关键，锈蚀就像病毒一样，会不断腐蚀周边金属。如果未将防腐材料喷涂在金属表面上，越来越大的面积将被锈蚀和影响。如果金属被锈蚀，钢板的强度将会降低。金属板将无法承受一定的撞击力，这对驾驶人以及车内乘客是十分危险的。

课堂活动：观看教室内教学用事故车，观察车架的连接点、受伤、损坏的接缝和端面，分析其原因。

思 考 题

本项目的学习目标你已经达成了吗？请思考以下问题进行结果检验。

序号	问 题	自检结果
1	什么是承载式车身？有哪些特点？	
2	非承载式车身有哪些特点？	
3	轿车车身的基本形状有哪些？	
4	汽车发动机放置和固定方式以及传动系统有哪些设计方式？	

（续）

序号	问题	自检结果
5	汽车车身材料主要有哪些？	
6	镀锌钢板与高强度热成形钢有哪些特征？	
7	汽车车身维修常用的力学概念有哪些？	
8	什么是抗拉强度？什么是屈服强度？	
9	汽车车身的损伤类型有哪些？	
10	车身维修的方法有哪些？	

项目 3
车身总体结构和损伤分析

学习目标

1. 掌握汽车车身各种布置形式及不同特点。
2. 掌握汽车车身结构组成、安装和连接特点。
3. 掌握车身主要附属设备的工作原理。
4. 掌握车身构造在维修中的指导、分析和修理运用。
5. 掌握汽车被动安全技术在车辆碰撞中的意义。
6. 掌握碰撞受力分析方法。
7. 掌握汽车碰撞损伤的类型并能在实际工作中正确分析。
8. 提高自身的自我表述能力与沟通能力。

情境描述

汽车车身结构组成对承载式设计方式来说，是一个整体笼形的应力壳体，其自身设计应具有抗扭力、抗冲击变形的特性。汽车是一个具有复杂结构的高速运动物体，在行驶中发生碰撞时其碰撞形式归纳起来可大致分为三种形式：正面碰撞、侧面碰撞和后面碰撞，另外还有车碰行人与翻车等。从车辆的安全角度划分，可把整个车身分为三个部分：前撞部分、乘员乘坐部分和后撞部分。车身三个部分的设计要求不尽相同，考虑撞车安全性的车身结构设计的基本思想是利用车身的前、后部有效地吸收撞击能量，乘员舱要坚固可靠，确保乘员的有效生存空间。即从安全角度看，车身总的设计原则是：两头"软"，中间"硬"。本项目将深入学习承载式车身整体结构的组成。

任务 1 车身结构件组成

1. 汽车车身的安全性设计

由于撞击力的破坏而使汽车受到严重的损伤，就车身的吸能设计来说就应具有非常良好的吸能特性。怎么才算具备良好的吸能特性呢？

1）汽车的前部结构要尽可能多地吸收撞击能量，使作用于乘员舱上的力和加速度控制在规定的范围内。比如，在前保险杠与保险杠防撞杆之间可以安装具有缓冲作用的泡沫零件，这样，可以在第一时间里消化一部分冲击力。隔振器尽可能地使用铝合金型件，如果破坏力过大，隔振器可以有效地保护车身，使损伤降到最小。

2）控制受压各部件的变形形式，防止车轮、发动机、变速器等刚性部件侵入乘员舱。力传递过程中，薄弱部位应该设计在合理位置。比如纵向梁的设计，纵向梁是具有高强度、高抗扭性的零部件，纵向梁上应该设计多个不同强度的吸能区域，在力的传递过程里让能量被梯次消化。目前，许多车辆是通过激光拼焊将多种不同强度的钢板拼接成一个整体来达到分级吸能目的的。

2. 车身结构构造与组成

（1）车身结构的总体介绍

车身大约由600~800个零件通过点焊、粘接、铆接等连接技术组成，每一个零件由0.8~2.5mm的薄钢板冲压处理，整个车身大约有3000~6000个焊点。如图3-1所示，车身零件分为结构件（通过焊接等手段固定在一起，不可拆卸的零件）和覆盖件（可拆卸的零件和焊接在车架外部的板件，分为外覆盖件、内覆盖件和骨架覆盖件）。如图3-2所示，承载式车身分为发动机舱、乘员舱、行李舱三个部分。

图3-1 承载式车身组成

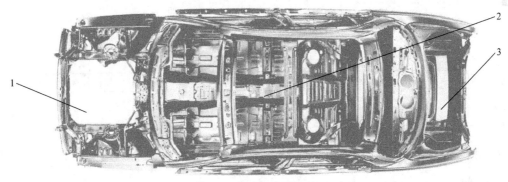

图3-2 承载式车身俯视图
1—发动机舱 2—乘员舱 3—行李舱

承载式车身是一个应力型的整体结构，取消了车架，车身底板承载了车身的重量。底板除了支承诸如发动机支座、纵梁和横梁外，它还包含行李舱底板和车轮罩。还有一些金属板件被焊接在底板总成上（图3-3），如A、B、C、D柱，车顶架、车顶板和翼子板，以及粘接的风窗玻璃和后车窗。这些部件也产生支承作用，它们与底板一起形成笼形结构。

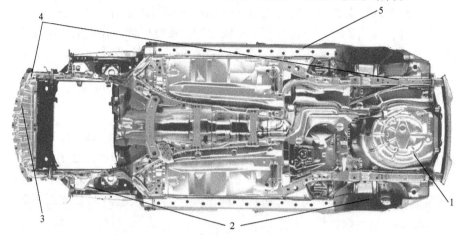

图 3-3　承载式车身底部图

1—行李舱底板　2—车轮罩　3—横梁　4—纵梁　5—车门槛

车身骨架通常也被称作空间构架。修理承载式车身时，必须严格遵守制造商的说明和要求。使用错误的材料和错误的方法，添加和减少车身部件都会改变车身的稳定性，从而降低汽车在意外事故中的安全性。

课堂活动：参考图 3-4，在表 3-1 中填入图中对应的零件名称。

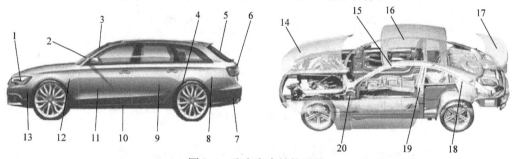

图 3-4　汽车车身结构零件

表 3-1　汽车车身构造零件名称

序号	零件名称	序号	零件名称
1		11	
2		12	
3		13	
4		14	
5		15	
6		16	
7		17	
8		18	
9		19	
10		20	

项目 3　车身总体结构和损伤分析

如图 3-5 所示，车身的前段称为车头部分，主要包括前部保险杠和前围防火墙板之间的所有部件。保险杠、进气格栅、车架纵梁、前悬架零件和发动机是车辆前段中的一些部件。

如图 3-6 所示，车身的中段为车身的乘员舱，是一个载人空间。这个部段中包括盘形地板、车顶、车颈板、后台、车门、车门立柱、玻璃等相关部件。

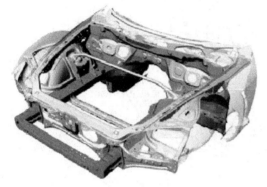

图 3-5　发动机舱

图 3-6　乘员舱

如图 3-7 所示，车身的后部为行李舱，主要作用是存放行李。一般由后侧围板、行李舱或后地板、后车架纵梁、行李舱盖、后保险杠及相关部件构成。在车身的整体设计中，通常汽车的燃油箱安装在车辆后部位置，因此行李舱结构对燃油箱的保护同样重要。

车辆的左侧和右侧是站在车后或是坐在转向盘后面的驾驶人位置上进行区分的。板件和零件通常以车辆的左右加以命名区分。

图 3-7　行李舱

注意：为中国和美国等许多国家的道路而制造的车辆其转向盘在左侧。为其他一些国家的道路制造的车辆其转向盘可能在乘员舱的右侧。

> **注意事项：**
> 在进行车辆修理工作前，首先一定要彻底了解正确的修理程序和车身构造工艺。如果你不了解一辆车是怎么制造的、应如何修理，这将会是代价昂贵和危险的、甚至是致命的事情，在不了解车身构造的情况下，盲目维修会给车辆带来极大的隐患。

在车身修理的工作中，维修技术员工应能掌握这些结构的构造与零部件的名称，要能够迅速找到并辨认出汽车的主要板件。

课堂活动：请把图 3-8 中的名称填到表 3-2 中。

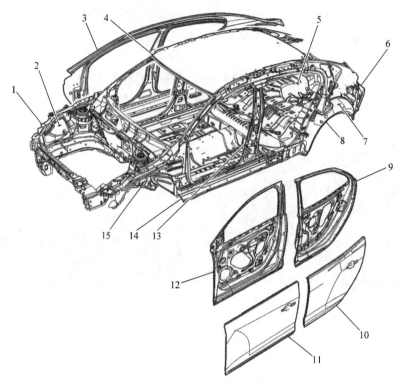

图 3-8 汽车车身结构零件

表 3-2 零件名称填写表

序号	零件名称	序号	零件名称
1		9	
2		10	
3		11	
4		12	
5		13	
6		14	
7		15	
8			

（2）车身前段零部件

1）车身前段结构。发动机舱的主要用来安装汽车的发动机、变速器、转向、制动等重要总成部件，同时承担着被动安全的作用，即当汽车发生意外的正面碰撞时，发动机舱会折曲变形以吸收碰撞产生的巨大能量，减少碰撞对车内外人员的猛烈冲击，起到保护车内乘员的作用。发动机舱总成由左前挡泥板总成、右前挡泥板总成、前围挡板总成、散热器前横梁总成四部分构成。前段结构图如图 3-9 所示。

实训：参考上述学习内容，安排对车间的大众车系进行前部散热器框架拆装，分解检查

项目3　车身总体结构和损伤分析

前纵向梁

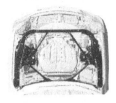

发动机舱总览

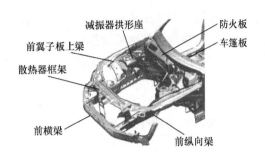

图3-9　前段结构图

后装复，如图3-10所示。在拆装过程中，记录下每一个环节，对每一个部件进行认知，并掌握各个部件的安装方法及其在车身结构中的作用。

注意：车身上可以被拆卸的每一个零部件都有预先设计的作用，拆卸下的细小零部件都应当在装复时安装回去，哪怕是一个不起眼的胶块或海绵。

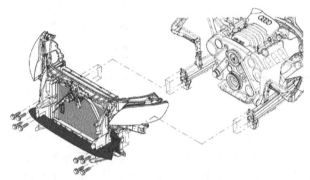

图3-10　大众车系前部散热器框架的拆装

点评记录

2）发动机舱盖。发动机舱盖的主要要求是隔热隔声、自身重量轻、刚性强。发动机舱盖在结构上一般由外板和内板组成，中间夹以隔热材料，内板起到增强刚性的作用，基本上是骨架形式。发动机舱盖开启时一般是向后翻转，向后翻转的发动机舱盖打开至预定角度，不应与前风窗玻璃接触，防止在行驶中由于振动自行开启，发动机舱盖前端要有保险锁钩锁止装置。发动机舱盖板总成由发动机舱盖内板、发动机舱盖外板、发动机舱盖左右铰链总成及六角螺栓构成。发动机舱盖还有一个作用就是当发生撞人事故时保护行人，发动机舱盖的设计也综合考虑了行人被碰撞时产生的惯性原理。

课堂互动：请把表3-3中的零件名称对应的件号填到图3-11中的正确位置。

（3）车身的中段零件

前地板如图3-12所示，通常由一整片大钢板冲压成形，是乘员舱底部的主要结构部分。前地板总成是车身下部非常重要的部件。在前地板上焊接底部的纵梁和上部座椅承载安装的横梁，主要承载前排座椅兼有承重的任务，地板结构保持足够的刚度和强度并且承重应力变化复杂，因此设计要求有足够的刚性与强度。前地板总成由前地板、左下后加强梁、右下后加强梁、驻车制动操纵机构加强板、前地板上横梁、前地板左边梁、前地板右边梁等组件构成。为了加强乘员舱整体框架结构的刚度，在地板上采取了很多的有效设计。例如：在车身下部传动轴通过部位采取了曲面拱形的形状增强结构强度等措施来优化地板的性能与强度。

表 3-3　发动机舱盖零件名称

1	发动机舱盖外板
2	发动机舱盖内板
3	铰链加强板
4	行李舱盖铰链
5	发动机舱盖锁扣
6	锁扣加强板

图 3-11　发动机舱盖分解

后地板总成如图 3-13 所示，主要作用是承载后排座椅、备胎、油箱。其强度和刚度是通过在主板上压制加强筋、凸凹平台和后车架总成保证的。后地板部分同时还影响到整车的四轮定位的尺寸，因此后地板的装配精度要求比较高。地板总成由后地板、后地板左纵梁总成、后地板右纵梁总成、后地板第二横梁分总成、后地板第一横梁分总成等组件构成。

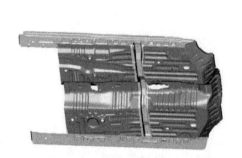 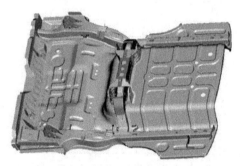

图 3-12　前地板　　　　　　　图 3-13　后地板

前围上部总成如图 3-14 所示，前围上部主要作用为装配仪表板及转向座等总成，由前围上部内板总成、前围上部外板总成、转向管柱安装支座总成、仪表板左右侧端内板构成。

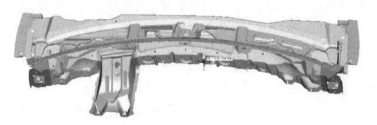

图 3-14　前围

课堂活动：请把表 3-4 中的零件名称对应的件号填到图 3-15 中的正确位置。

项目 3 车身总体结构和损伤分析

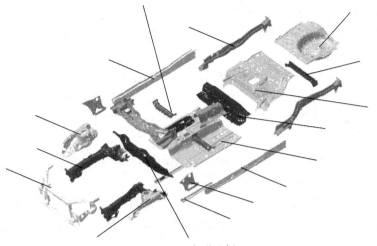

图 3-15 盘形地板

表 3-4 零件名称

1	前围上板	9	后地板横梁
2	后地板	10	后部纵梁
3	中地板	11	座椅支承梁
4	地板过渡板	12	前地板
5	门槛内板	13	前围下板
6	前地板加强梁	14	散热器
7	前纵梁	15	前轮罩板
8	坑道加强板		

(4) 车身侧围

侧围总成如图 3-16 所示,是组成乘员舱的重要结构,是用于支撑顶盖、连接车身前后

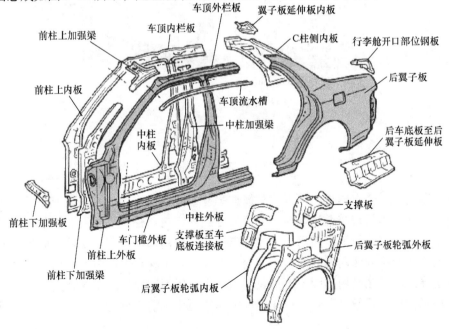

图 3-16 侧围总成

部分的侧围面构件、固定前后风窗玻璃并安装侧门，同时保证车身侧面撞击安全性的承载框架，具有较大的抗弯、抗扭的刚性和强度。侧围总成由侧围外板总成、前柱内板、中立柱内板、轮罩总成四部分构成。

后部立柱也称为 C 柱，是固定车顶板并在翻车事故中保护乘员舱的垂直车身件。后柱从后侧围板向上延伸，用以固定车顶后部和后窗玻璃，其形状会随车身形式而改变。

踏脚板又称门槛，是装在车门框口底部的加强梁。焊接在地板和立柱、挡板或后侧围板上。

后窗台板又称搁物台，是在后座后面、后风窗前面的一块薄板，上面有后立体声扬声器的安装孔。后横隔板将乘员舱和行李舱分隔开。

前柱向上延伸到风窗的边缘，前柱起到保护乘员的作用。前柱又称为 A 柱，从车顶向下延伸到主车身部段的钢制箱形构件。上部支撑车身的顶部，下部主要安装与承载汽车的前门。

中柱又称 B 柱是四门车上前后车门之间的车顶支撑，既是帮助强化车顶，也是后车门铰链的安装点，在车身的结构中 B 柱对强度的要求非常高，其内部的加强件多为硼钢。因为侧面在车辆发生碰撞时没有更好的保护措施，所以这部分结构件的强度设计要求都比较高，当车辆发生碰撞后需要修复时应当尽量更换，防止在维修中破坏了结构的抵抗强度而丧失二次事故碰撞保护能力。

课堂活动：根据以上的车身零件名称的认知，在图 3-17 中填写出各零件对应的名称。

图 3-17　汽车侧围零件认知

车身的车门是一个由内板、外板、防撞加强杆、门锁机构、可升降玻璃及其他附属部件组成的复杂总成。车门铰链通过螺栓或焊接的方式固定在立柱和门框上。由于车门承重且开启频繁，车门铰链安装位置多使用加强板，车门铰链使用螺栓连接。螺栓的数量与使用材料的质量也会直接影响到使用者的体验，该处处理得不合理容易引起汽车车门行驶异响与疲劳损伤，甚至导致车门在使用过程中下垂。车门内板使用不同厚度、不同强度的超高强度钢与高强度优质钢，成形后通过激光拼焊连接成整体来强化承重部分的刚度，防止使用过程中产生变形。

课堂活动：根据以上车身零件名称的认知，参考表 3-5，在图 3-18 中填写出对应的零件名称的件号。

表 3-5 车门零部件名称

1	门框
2	门内加强板
3	门边板
4	门铰链
5	防撞杆
6	门外板
7	门外板加强板
8	门内板
9	门锁加强板

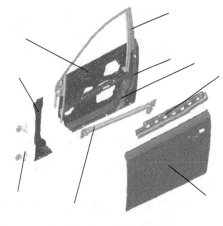

图 3-18 车门分解图

车顶板材料多使用钢板，是焊接在侧面边梁上的。有时车顶板上会有一个天窗或一片可拆卸的车顶，称为"T形车顶"。固定在车顶板上的车顶内衬起到车内美观和消除乘员舱噪声的作用。由于车辆在行驶中会发生颠簸与振动，车身的顶板由于自身的结构与承重，加上阳光的直射发热，长期使用会产生疲劳而引起结构变形。有的车身顶板为了避免类似的问题而采用碳素纤维板来代替，并且降低了车身的重心，提高了车辆行驶的稳定，例如宝马新生产的 7 系、i 系列轿车车身等。

（5）车身后部结构

如图 3-19 所示，后车架纵梁为结实的箱形构架，行李舱地板是一块冲压钢制板件，形成行李舱的底部。备胎槽一般焊接在后梁、内侧轮罩及下部背板上，有些车辆的备胎槽采用热固性高强塑料制件，采用胶粘的方式直接粘接在后梁、内侧轮罩及下部背板上，这种材料的备胎槽在更换或拆卸时可以采用加热的方式将其分离。

行李舱盖是盖在行李舱上方的一个铰接板件。后舱门是一个铰接的大块板件。为了便捷地打开车辆后部，有的行李舱开启设计了电动模式，这种行李舱盖在开启时应当尽量使用电控模式开启和关闭，否则将会因为人为强制开启、关闭引起故障导致开启功能失灵，例如奥迪的 A8。

图 3-19 车身后部结构图

后围板如图 3-20 所示，由行李舱门横梁、后围板、行李舱门锁安装板总成、后围加强板构成。后围板总成参与了构成行李舱，是车身固件中承受横向载荷的主要部件之一。

行李舱隔板总成如图 3-21 所示，由后排座椅挂钩固定板总成、行李舱主盖板、左右侧连接角板、流水槽构成。其主要作用是构成行李舱和固定后排座椅。

后侧围板（也称后翼子板）是大块的、车身侧面的板件，从后侧门向后延伸到后保险

汽车车身覆盖件和结构件修复

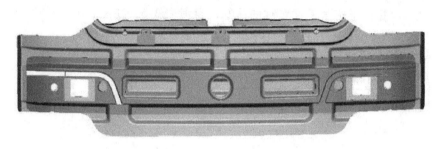

图 3-20 后围板

杠。该件是焊接固定的,是车身后部结构中的重要部件。

后车身板件(也称后尾板)装在后保险杠的前面,两块后侧围板之间。

后减振器拱形座固定后悬架的顶部。内外侧轮罩围绕着车轮,是焊接到后侧围板上的。上部后板件是指后窗和行李舱盖之间的区域。

(6)汽车保险杠

如图 3-22 所示,保险杠多使用塑料,塑料吸收汽车在发生低速碰撞时碰撞的能量,将车架和乘员舱受到的振动减到最小,缓冲泡沫安装在保险杠外皮与保险杠加强件之间,隔振器安装在保险杠加强件和车架之间。

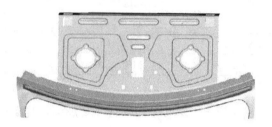

图 3-21 行李舱隔板

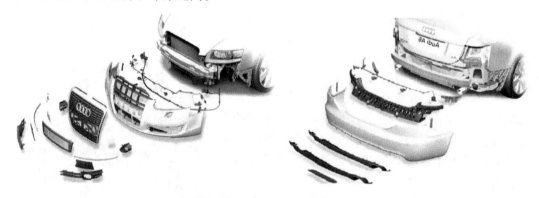

图 3-22 汽车保险杠分解图

保险杠隔振器如图 3-23 所示,它的作用是减缓碰撞和减小损坏。在低速碰撞时,缓冲向内压缩,以防止保险杠和其他部件损坏。保险杠隔振器用螺栓固定在车身或车架和保险杠

图 3-23 汽车保险杠隔振装置

之间，有的是气压式，有的是簧压式。

不管是气压式还是簧压式，隔振器被撞坏都应当换新件，不要尝试去修复，更不要使用加热火焰去加热。前面介绍的安全知识中提到过密封的容器不允许加热，处理不好很容易带来伤害，因为被加热的密封部件内部的压力会随着温度的升高而增大。当金属表面被软化或液化后，燃烧的火焰会像火焰筒一样喷出。

从维修角度出发，保险杠隔振器碰撞严重的情况下为了确保能起到二次防护作用，应该更换处理。

3. 其他材料车身介绍

(1) 铝合金车身

全铝车身框架结构布局实现了出色的车身刚度与良好的碰撞安全性，并显著地减轻了车身的重量。刚度提高60%，焊点减少40%，重量更轻。但是铝合金车身的难点是维修，车辆一旦发生碰撞，金属件会变形扭曲，由于加工工艺特殊性，维修成本也要比传统材料高出许多。同时由于修复工艺也十分复杂，有的4S店基本不可能完成大规模修复。另一个需要注意的问题是，铝金属的熔点和燃点较低。铝合金板材的局部拉延性不好，容易产生裂纹。为弥补这些缺陷，现在的许多制造厂家已经开始采用更先进的铝锰合金来保证车身的强度，但成本较高。如图3-24所示，铝合金车身、全铝制车身与全钢制车身制造的差异很大。

铝合金车身由于使用材料不同、连接方法不同，在制造的整体工艺和车身的特征上与传统材质车身存在着很大的差异，这是在维修中需要注意的，熟悉车身的结构与制造工艺对安全地维修好车辆非常重要。

a) 钢制车身　　　　　　　　　　b) 铝制车身

图3-24　钢制车身与全铝合金车身结构的差异

(2) 复合纤维车身

这种结构是复合纤维与钢架结构复合组成的，常见于美国车系。空间构架采用金属车身结构件，外覆一层塑料复合纤维材料板或玻璃纤维板的外皮，这种车型的车门板件非常柔韧，不易出现凹痕，现代高档车型中有的已经使用了碳素纤维材料。由于碳纤维增强聚合物基复合材料有足够的强度和刚度，在目前是适合制造汽车车身、底盘等主要结构件的最轻材料。预计碳纤维复合材料的应用可使汽车车身、底盘减轻重量40%~60%，相当于钢结构重的1/3~1/6。宝马碳纤维车身如图3-25所示，整个车身的重量两个人可以轻松抬起。

图3-25　宝马碳纤维车身

英国材料系统实验室曾对碳纤维复合材料减重效果进行研究，结果表明碳纤维增强聚合物材料车身重量仅为172kg，而钢制车身重量为368kg，减重约50%。并且当生产量在两万辆以下时，采用RTM工艺生产复合材料车身成本要低于钢制车身。这种材料目前主要在豪华轿车、跑车、赛车上应用，如宝马、布加迪、兰博基尼等。

另外，有的汽车生产厂家为实现轻量化的目的，还使用了特种增强陶瓷材料来制造车辆，从轻量化角度说，陶瓷材料具有一些特殊的特征，陶瓷的密度与镁、铝、钛等轻质材料的密度相同，但是它相比金属材料更耐高温，强度可达到1500MPa，与高强度钢的强度相当。

如图3-26所示，陶瓷版布加迪威龙使用的是一种高强度的增强陶瓷，有的陶瓷可以将碳纤维混合在一起制造。

图3-26　陶瓷版布加迪威龙

碳纤维增强陶瓷复合材料的制造方法如图3-27所示。复合纤维材料车身具有很好的韧性与弹性，不是一撞就碎。碳纤维增强陶瓷复合材料也是纤维主基材料特性，为了在高刚性基质上实现纤维的裂纹停止功能，纤维必须具有高弹性模量。陶瓷纤维在本质上更耐氧化，但是因为微观结构变化的原因，其耐温长期稳定性限定在1100℃。

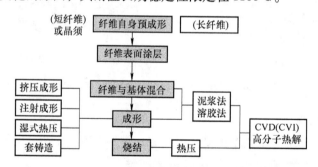

图3-27　碳纤维增强陶瓷复合材料的制造方法

因为碳纤维增强陶瓷复合材料在没有达到破坏碎裂极限情况下会自行恢复被碰撞的变形，所以金属结构空间构架很可能存在隐性的间接损伤，严重的损坏在外部板件的覆盖下很难被发现。在维修时结构件的防腐蚀保护也同样重要，这是因为复合材料板件可能看上去良好，但是里面隐藏着的金属框架结构件可能受损坏而开始腐蚀。碳纤维增强陶瓷复合材料损坏后，其维修的方法与碳纤维维修的方法相似，这里不再细述。

复合纤维材料的车身除了外部覆盖件，内部的结构采用了金属框架（图3-28），金属框架被焊接成一个笼形结构整体，外部覆盖件为复合纤维材料或增强塑料，车身的侧围、车顶采用了胶粘技术与螺栓紧固连接。使用复合材料的优点是材料轻，外表面的抗变形能力较强，在维修时分解车身上的复合材料部件则需要加热分解或采用锯切的方式分离。

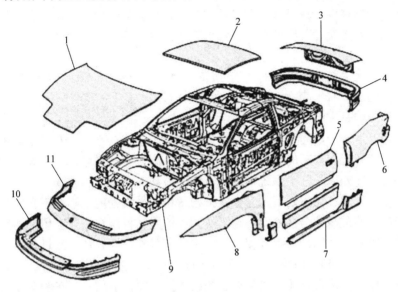

图 3-28　复合纤维车身

1—发动机舱盖　2—车顶板　3—行李舱盖　4—后保险杠　5—车门外皮　6—左后侧围板
7—车门槛板外皮　8—左翼子板　9—空间构架　10—前保险杠　11—进气格栅板

> 请写下复合纤维车身维修的重要信息：

课堂活动：根据承载式车身的结构特点，探讨分析并评价。

任务2　车身损伤分析

车辆碰撞事故引起的车身变形和损坏千变万化，没有碰撞损伤完全相同的车辆，这对维修分析与维修工作带来了一定的难度。车身由于碰撞而造成的板件或车身结构件的损伤，轻微的会影响车容的美观或引起锈蚀而造成构件的强度下降，使用寿命缩短；严重的将影响整部车辆的使用性能甚至报废。但由于车身结构的特点，车身在经受碰撞时的损伤也是有一定规律可循的。对车身的损伤进行正确的判定，是保证维修质量的关键，科学准确的碰撞损伤诊断是制定维修方案的依据，是保证维修质量的基础。在保险评估、事故车辆维修等业务当中，掌握力的传递过程与路线、影响范围，了解被撞物体的结构形状、运动状态等信息，对正确判断车身受力变形与事故损失非常重要。

1. 汽车车身防撞安全设计要求

（1）车身的刚性设计对行驶中意外碰撞的要求

汽车车身的合理强度分级与安全性设计，对车辆行驶的安全以及车内、车外人员的保护至关重要。我国公安部交管部门的官方交通事故数据统计表明，在交通事故中最多的是汽车车体的碰撞。

从各类事故的碰撞伤亡比例来看，有40%～55%是死于两车的正面碰撞，直接造成第三方人员死亡的约占25%，其他碰撞约占15%。汽车碰撞事故对汽车的损伤程度和对个人以及社会带来的影响是灾难性的。

很多人都会有这样的疑问：为什么会这样，汽车怎么这么不结实？汽车的抗撞能力就车身本体而言，主要表现在汽车的整体安全强度设计、高强度材料运用与吸能区的设计以及结构材料的连接。当然如果从整个系统来说，车内的被动安全技术和辅助安全技术也应对避免人员伤亡起到重要作用，被撞之后的安全保护技术将在最大程度上降低不必要的损失，就目前来说，研究汽车的碰撞安全性能，提高其耐撞性依然是各国汽车行业研究的重要课题。为了提高汽车的碰撞安全性能，需要合理进行相关的车身安全性设计与改进技术。

如图3-29所示，这辆本田雅阁汽车在高速行驶时发生撞击事故导致汽车的乘员舱被毁。统计表明，正面碰撞引起人员死亡比例高于侧面碰撞，而在事故中，车和车、车和物的碰撞概率远超车与人的碰撞。因此车身自身的被动保护性能决定了人员在事故中幸免生还的最终概率。例如，前部的防撞设计，隔振器在车身碰撞中的吸能设计如图3-30所示。

图3-29 本田雅阁前部被撞后的车身现状

图3-30 隔振器在车身碰撞中的吸能设计案例

一般来说，汽车车身碰撞性能的研究建立在两种方法上，一种是把车辆进行实际碰撞来验证汽车被碰撞的安全性能。但是，汽车行驶中由于碰撞的力度和角度以及被撞击的位置是不同的，被动安全的评价也必须从不同情况下进行来获取。

往往每辆车在进行碰撞之后，其性能和状况又不具备重复实验的客观性且在试验中存在随机因素，最后结果也不稳定。在国外，汽车生产厂家很多做过相关碰撞试验。实车安全试验的方法有四种：实车碰撞试验、台架碰撞试验、台架冲击试验和静态强度试验，试验从三个方面测试汽车的保护性能：驾驶人和乘员的保护空间、缓和冲击性能和防止燃油泄漏引起火灾的保护。有一点可以说明，实车试验是存在局限性的。

另外一种方法是利用计算机仿真技术来进行模拟试验，即把汽车的样件建成有限元矩阵分析模型，通过计算来验证汽车被碰撞的仿真精度并在有限元模型上对汽车进行优化改进和设计。

与实车试验相比，通过计算机仿真具有很大的优势：

① 试验费用少、周期短。
② 试验具有可重复性。
③ 试验不受空间环境、气候条件、时间上的限制。
④ 通过传感器可以采集更多的数据。

虽然说计算机模拟仿真具有很大的优势，但是它不能反映真车试验的真实情况，现在各个国家采取的做法是计算机模拟和实际车辆真实碰撞相结合来获取碰撞的相关数据。随着计算机技术的飞速发展，模拟软件的开发和运用越来越成熟，可以通过软件来分析假人在撞击时的动态响应、汽车与人员的人机工程学的研究、人员伤亡模拟和保护优化等。

图3-31所示为标致汽车公司的历年碰撞试验，试验的结果对比说明了汽车制造商与汽车制造技术的进步，汽车安全性越来越高。

Peugeot 406 model 2000试验

Peugeot 407 model 2004试验

Peugeot 308 model 2012试验

Peugeot 308 model 2016试验

图3-31 标致汽车公司的历年碰撞试验

课堂活动：小组探讨上述碰撞试验证明哪些方面有了改进？

（2）汽车被动安全技术的开发和运用

汽车车身的安全设计分为主动性安全设计与被动性安全设计。主动安全设计主要实现手段是通过车身优化设计减少驾驶人的视觉盲区，或通过先进的车辆感知技术识别道路中的驾驶环境，使车辆能够主动避开可能会引起碰撞的风险。被动安全设计主要是指通过车身本体设计来提高车辆在发生碰撞时的抗撞能力，最大化地保障车上人员的安全与被撞人员的安全，例如通过技术改进来优化车身的刚性、强度、碰撞力吸收能力等。

汽车被动安全技术是指车辆事故发生时，除了保护车内人员外，如何把车辆碰撞引起的直接损失降到最低的技术。在实际车辆行驶中，汽车主动安全技术在现在的研究中已经越来越完善，人机互动以及智能化交通指挥系统等技术已经开始应用，例如，高级驾驶辅助系统在汽车上的高度应用，无人化智能驾驶技术、智能网联、车联网、智能交通等技术的更迭越来越快，这些技术的实现与应用都将在很大程度上改变人们的出行，汽车发生碰撞的概率为零是主动安全技术的终极目标。在未来，主动安全技术在交通安全中将起着越来越大的作用，但是电子技术的高度集成化与运行载荷的复杂度，也会出现危险的驾驶情况，我们常说意外无处不在，一些意外事件的发生是不可避免的。这时，汽车被动安全技术将是避免乘员伤亡的唯一保障，也就是说，不管主动安全技术发展有多先进，被动安全技术都是不可少的。被动安全技术主要包括在发生事故之前的碰撞安全技术和发生碰撞事故之后的抑制安全技术，一直是车身安全系统中被研究的重点，因为它能够在事故发生的时候，尽可能最大限度地保证乘员的安全。

在对汽车事故的统计分析中表明，约60%~65%的正面碰撞和约20%~25%侧面碰撞事故是导致人身伤害的最常见的原因，如图3-32所示。

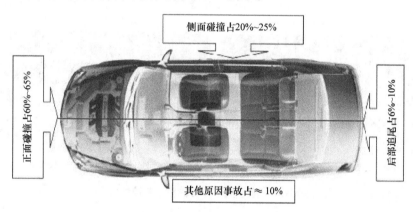

图3-32　汽车各部位交通事故发生的比例

为了进行事故分析，通常采用计算机计算和明确规定的碰撞试验来检验车身的表现，以及在事故中涉及的人的影响。最佳车身就是根据试验和计算的结果进行设计和确定的。标准的试验通常包括汽车以60km/h的速度朝向静止障碍物的正面碰撞，如图3-33所示。

为防止汽车碰撞力传递带来的车辆更严重破坏和车上人员的伤害，通常，碰撞动能通过吸能区被转换成为特定的变形。

图3-33　正面碰撞试验后的车辆

如图 3-34 所示，安全的车身包括一个坚固的乘员舱，前端和后端被设计为吸能区，即使在发生严重事故的情况下，乘员舱也能维持较好的形状，保护车内人员能够安全脱身。吸能设计区域采用了纵向和横向结构，在需要吸能的部分可以人为设计成如弯曲、波浪形筋线、预置维修孔等，目的就是当车辆碰撞时将传递力缓解与弱化，最大程度上保护乘员舱的安全。

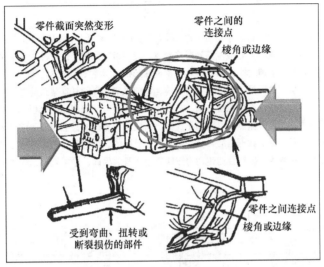

图 3-34　车身安全的保护措施

在汽车碰撞安全防护中，单纯依靠纵梁和横梁不足以吸收碰撞能量。以前部碰撞为例，下部从前保险杠开始至隔振器和弹簧缓冲器，上部从散热器框架至挡泥板上梁都协助转换和吸收破坏能量。由于受力传递的特点，破坏力将通过翼子板上梁、A 柱、侧撞门饰条、B 柱到 C 柱的路径传递。一般来说，车身上部的变形要远远大于底板的变形，这种结构设计也是一个保护措施。

侧面碰撞防护主要由车门结构碰撞防护杆、前仪表板横梁、门槛侧梁、后隔板横梁、B 柱和 C 柱承担。因为很难像车头和车尾那样保护车身侧面，所以侧面的材料强度要高于其他位置。当侧面损坏时，如果维修不当，很容易造成安全隐患。更换时，应按照制造商的要求进行。当然，也有更好的方法来提高车身的整体修复强度，比如在焊接前，采用双组分高强度环氧树脂增强连接强度，从而提高车身修复后的强度，但这会增加车辆修复的成本。我们曾使用了同一车型的两辆车，在同一维修位置使用粘接点焊维修与无胶粘辅助维修两种不同的更换方法进行测试，结果表明，粘合侧的强度远高于无胶粘点焊维修后的强度，并且在试验期间整体强度没有减弱。同时，需要说明的是，采用这种方法维修后的车身整体强度与刚度明显优于原车的强度与刚度。维修的最终目的是修理车辆，为了避免再次发生事故对车辆造成过度损坏，值得以更高的成本来修理车辆。当然，有些车辆结构部件本身就是用双组分环氧胶连接的，比如宝马。它也是一种钢制车身，但其整体强度、刚度和密封性都优于其他车身。

课堂活动：分组探讨汽车在正面碰撞试验中，车辆不受损的行驶速度、能够保证损伤零部件正常拆装的行驶速度、正常碰撞的行驶速度；碰撞破坏性的行驶速度范围分别是多少，分析不同的速度对车辆影响的程度，说明碰撞时气囊与安全带之间的动作与保护关系，并根据你的理解说说在维修时应该注意什么，可以借助学习资源完成。

2. 车身的碰撞变形

车身的碰撞主要有前部碰撞、侧面碰撞、后部碰撞、翻车等事故类型，碰撞后的变形情况详细说明见表3-6。

表3-6　汽车碰撞变形特征

类型	碰撞分析说明
汽车前部碰撞变形	前部车身有很多能量吸收区。如图3-35所示，碰撞时容易产生压缩变形和弯曲变形。正面碰撞的影响取决于汽车的质量、速度、碰撞范围和碰撞对象。发动机的固定形式对冲击变形影响很大，需要检查前悬架及其安装位置的变形情况。正面碰撞时，主要变形部位为散热器支架、前纵梁、钢板隔板、前立柱等，碰撞较轻时，保险杠向后推，碰撞破坏力被传递到前纵梁、保险杠支架、前挡泥板、散热器支架、散热器上支架，发动机舱盖锁止支架也会弯曲。严重碰撞需要检查前隔板和前地板是否变形。如果碰撞点高，则前车身向下弯曲；如果碰撞点低，则前车身向上弯曲。严重碰撞甚至会导致前隔板和地板变形。对于正面损伤维修来说，要求每个数据点的数值精度是非常重要的，维修质量的好坏将影响到汽车的行驶性能。正面碰撞通常是严重事故，破坏性的传动力影响整个车身。因此，除了直接损伤外，还应检查间接损伤和波纹效应损伤 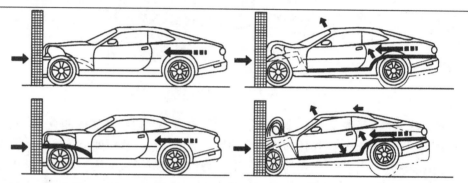 图3-35　汽车前部碰撞变形过程
汽车侧面碰撞变形	中间车身损伤的特点是中间车身采用大量高强度钢板和热成形钢板来增加中间车身的刚度。碰撞时，碰撞能量主要通过地板加固梁和屋顶传递。发生侧面碰撞时，车门、前梁、车身中柱和地板变形。如图3-36所示，如果中间侧碰撞严重，则车门、中柱、门槛板和车顶侧梁会严重弯曲，甚至对侧的中柱和车顶侧梁也会在碰撞的相反方向变形。随着碰撞力的增加，车辆的前部和后部会朝着与碰撞相反的方向变形，整个车辆会弯曲成香蕉形状。碰撞引起的变形多为弯曲变形、扭转变形或弯扭复合变形，维修难度大 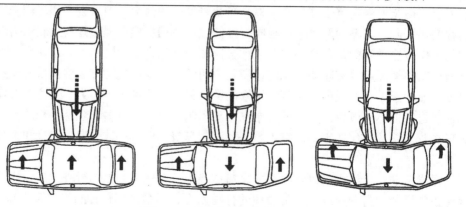 图3-36　汽车侧面碰撞变形过程

（续）

类型	碰撞分析说明
汽车后部碰撞变形	车身后部结构比较复杂，汽车追尾碰撞中的损伤程度取决于碰撞表面的面积、碰撞速度、碰撞物体和汽车质量。如图 3-37 所示，碰撞力主要通过后纵梁和车顶纵梁传递。如果碰撞力很小，在大多数情况下会损坏后保险杠，碰撞力通常会通过后纵梁、结构板的后端或其附近传送，造成向上部分的损坏。后保险杠、后地板、行李舱盖和行李舱底板可能变形。如果碰撞力较大，相互垂直的钢板会弯曲，后盖的车顶会塌陷到车顶底部。其次，轮罩也会变形，导致后盖侧板前移，造成其他部件间隙变化。如果碰撞严重，也会影响车顶、车门或 B 柱。在严重碰撞中，必须检查车顶、后地板和后桥及其安装位置是否变形。对于四门轿车，车身的中柱也可能弯曲。由于汽车后部的能量吸收区的作用，在碰撞过程中，通常只发生在车身的后部，以保护车厢在中间的完整性和安全性 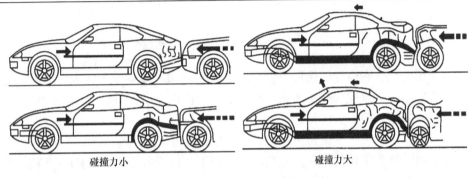 碰撞力小　　　　　　　　　　碰撞力大 图 3-37　汽车后部碰撞变形过程
车顶碰撞变形	在大多数情况下，车顶损坏有三个原因。一是遇到交通事故。车辆发生碰撞后，无论是主动碰撞还是被动碰撞，车辆顶部基本上都会受到一定程度的影响，这种关影响到车顶的扭转或凹痕，且变形不尽相同。第二种是车辆翻车事故。车辆翻车后，最脆弱的部分是车辆顶部，这将影响车辆顶部的大面积区域，如图 3-38 所示。第三种情况是高空坠落的物体砸坏车顶并导致车顶变形。  图 3-38　汽车侧面翻车引起的变形

3. 撞击力和撞击面积之间的损伤关系

如图 3-39 所示，被碰撞的表面面积不同，即使两种情况下发生撞击时的车辆重量和速度均相同，破坏程度也会随车辆撞击物体的不同而存在明显不同的损伤情况。由于碰撞所造成的车身损伤程度，虽然主要取决于碰撞力，但车身着力点的状况也对车身损伤起决定性的作用。

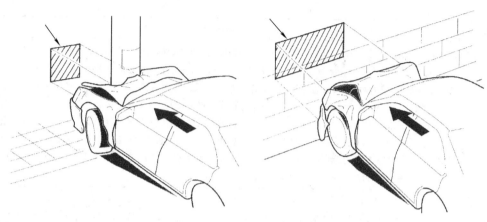

图 3-39 碰撞面积与车辆损伤

以上图为例,在同样的条件下,车辆在碰撞时如果接触面积较大,变形的面积也较大,但破坏性较小,如果碰接接触面积较小,变形的面积也小,但是破坏性较大。在不同面积上计算不同撞击区域撞击力的公式为

$$单位面积冲击力\ F = 总冲击力\ F / 总冲击面积\ A$$

车辆与非静止物体的碰撞。在惯性的作用下,被撞击的物体会翻转到车辆上,并可能翻滚到整个车身上部,对车身上部造成间接冲击伤害,或者车辆直接撞击向前倾斜的物体,产生部分冲击力向下压造成的变形。因此,在维修前应准确掌握碰撞事故发生时的具体情况,例如,可以通过与驾驶人交谈、现场观察等方式对车辆有基本了解,并注意以下几个方面:

① 事故车辆的结构和基本尺寸。
② 碰撞时的车速。
③ 碰撞的准确位置、碰撞力的方向和角度等。
④ 车辆的载重、人或货物的数量和位置等。
⑤ 车身材料中也可能出现断裂或裂纹。

4. 进行车身损伤特征诊断

(1) 汽车损伤类型与原因

汽车在使用过程中,车架和车身发生损坏的因素是多方面的。不仅是受到大的载荷作用而造成的,也可能是车门等部件磨损或者氧化等其他因素导致的腐蚀,使各部件经常处于非正常工作状态而造成。但多数情况下,是因为冲击、翻覆等事故,使局部受到较大的载荷作用后造成的弯曲、扭转、凹陷等损伤。总之,汽车无论是因为动态因素还是静态因素,随着使用与时间的延长,都存在着自身价值的灭失。

轿车车身常见损伤的主要原因见表 3-7。

(2) 金属板件腐蚀引起的损伤

在自然环境下,铁的热力学稳定状态为氧化形式。因此,铁在自然状态下只以氧化物或碳化物形式存在,而不是以金属形式存在。因此,铁和钢在自然条件下会重新转化为氧化物形式,这个过程称为腐蚀或锈蚀。锈蚀等级划分如图 3-40 所示。

项目 3　车身总体结构和损伤分析

表 3-7　车身损伤原因

损坏类型	损坏原因	发生部分
磨损	钣金件相互接触的表面，由于受力产生相对运动而引起磨损。所受的作用力越大，作用时间越长，材质表面硬度越低，则磨损越严重	车身各铰链孔轴间的转动处 门锁锁舌与锁扣之间的撞击和滑动。锁舌台肩限位板面间的间断撞击 玻璃升降器齿轮接触齿间的滑动 铰链孔轴松旷导致车门下沉后，门下表面与门框的摩擦 发动机舱盖下表面与散热器上表面及翼子板上表面的振动接触和相对错动摩擦等 各钣金件螺栓松动后的螺栓孔磨损，造成孔径增大
锈蚀，涂膜起泡剥落	金属表面积有泥水，发生氧化反应而引起锈蚀 焊修后，未经防锈处理而引起锈蚀 接触化学药品而发生化学腐蚀 驾驶室后围下裙部夹层	乘员舱后围下裙部夹层 各车门内外板下部底槽 各车门与门框之间的缝隙处 钣金件保护涂膜剥落或表面磷化处理层损坏处
裂纹和断裂	钣金件在制作成形或焊接过程中，产生内应力 汽车行驶时，由于车身不断振动使钣金件承受交变载荷 汽车急加速、紧急制动和转急弯时，使车身承受惯性、离心力的作用 汽车通过路况差的路面时，各钣金件承受扭转力的作用	翼子板固定支架点焊处和固定螺栓孔周围 车门内板前侧与加固板点焊处等存在焊接应力，易发生脱焊和焊点处板撕裂 车门铰链附近板剪口处 翼子板内外侧边缘 钣金件拐弯、折边和狭窄部位 乘员舱与车架连接部位 各门框前、后下角 螺栓孔磨损严重处
皱褶和凹凸	钣金件板受到撞击或挤压会引起机械损伤	散热器罩、发动机舱盖前端、左右翼子板的前端和外侧以及车门外板
弯曲和扭曲	车身受撞和挤压 汽车行驶振动的交变载荷 急加速、紧急制动、急转弯的惯性 路况差的路面使车身扭转等	骨架和支架远离固定点的部位，如门框框架 翼子板及其支架、发动机舱盖的侧缘 天窗盖框架及覆盖板 行李舱盖侧缘 侧窗框架

无腐蚀

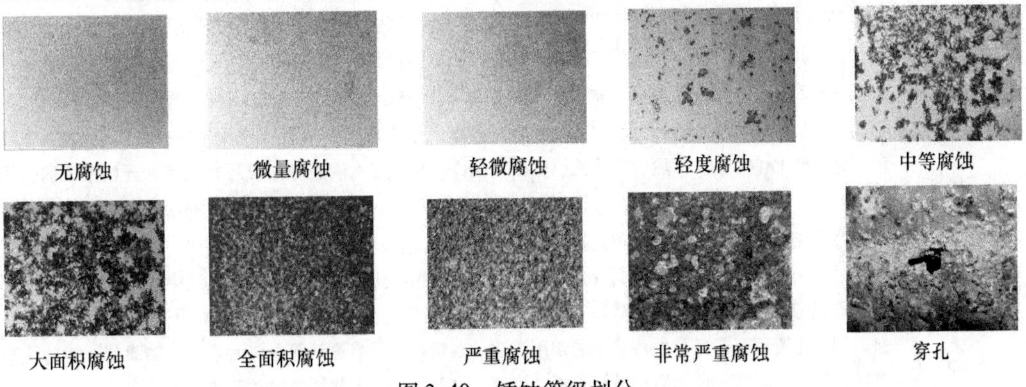

微量腐蚀

轻微腐蚀

轻度腐蚀

中等腐蚀

大面积腐蚀

全面积腐蚀

严重腐蚀

非常严重腐蚀

穿孔

图 3-40　锈蚀等级划分

由此而引起的腐蚀损坏可表现为外观（表面）损坏以及因材料侵蚀而造成的功能性损坏，例如车身锈穿。腐蚀分为电化学腐蚀和化学腐蚀，见表3-8。

表3-8 腐蚀类型

类别	腐蚀的过程与原因
化学腐蚀	如图3-41所示，在化学腐蚀过程中材料直接与腐蚀性物质发生反应。在正常环境温度下，金属材料仅在个别情况下才与干燥的物质发生反应。只有在温度较高时金属才与干燥的空气发生反应，就是所说的高温腐蚀。材料和腐蚀性物质发生反应时具有不同的腐蚀现象 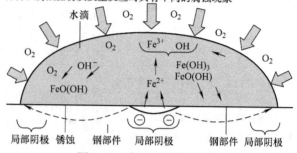 图3-41 水滴下钢表面腐蚀 化学腐蚀主要有如下类型： ① 表面腐蚀均匀。部件表面受到均匀腐蚀，当未受保护的钢板暴露在大气中并产生氧化物时，就会发生这种腐蚀 ② 沟槽腐蚀和点蚀。由于沟槽腐蚀和点蚀的进一步发展，形成了表面腐蚀侵蚀层 ③ 间隙腐蚀。如果含有电解液的间隙中氧浓度因空气堵塞而不同，则会发生间隙腐蚀。这可能是两个零件的配合间隙（摩擦腐蚀、电化学腐蚀）、通孔和螺栓之间的间隙，或通过点焊连接的钢板之间的情况 ④ 接触腐蚀。如果不同材料的两部分直接相邻，且环境潮湿（作为电解液），则可能发生接触腐蚀。在这种腐蚀情况下，两种材料（相对而言）中的非贵金属会被溶解破坏（电化学腐蚀）。用未使用过的材料制成的连接螺栓作为连接器时，会发生接触腐蚀 ⑤ 选择性腐蚀。在选择性腐蚀过程中，腐蚀侵蚀倾向于（选择性地）沿着材料的某些组织区域扩散。腐蚀特别危险，因为它发生在肉眼看不到的晶粒区域。按损伤组织面积分：沿晶界扩展的损伤称为沿晶腐蚀；沿晶界扩展的损伤称为穿晶腐蚀 ⑥ 应力裂纹腐蚀。如果材料上还有机械应力，对这种腐蚀敏感的材料在相应的环境条件下（腐蚀性物质）可能会产生应力裂纹腐蚀。这种应力可能来自加工过程中（如成形过程中）产生的（内部）应力，也可能来自焊接过程中产生的内部应力。此时，由于腐蚀性裂纹，材料在机械载荷作用下进一步撕裂
电化学腐蚀	在电化学腐蚀过程中，腐蚀效应通过导电水层（电解液）在金属表面逐渐扩散。水分、缝隙中的残余水和手上的汗水形成的薄层可以形成电解质。在潮湿的钢制房间或潮湿的气候中，金属表面会形成水膜。在这些条件下，非合金钢或低合金钢在几天后可能会出现锈迹 钢在水滴下的表面腐蚀实例：水滴中间的铁以Fe^{2+}离子的形式溶解在水中，这个区域的材料就像一个局部阳极。在水滴的边缘区域（由空气中的溶解氧形成），OH^-离子与溶解的铁Fe^{2+}反应，首先形成氢氧化亚铁$Fe(OH)_3$，然后形成铁锈$FeO(OH)$。铁锈在水滴边缘形成环状沉淀，开始形成的铁锈斑点使材料进一步腐蚀。从这些位置，铁锈腐蚀了被液体覆盖的整个钢表面。这种腐蚀过程与原电池中的腐蚀过程相同，原电池由两个不同材料制成的电极组成，这些电极位于导电液体（电解液）中。通过这种方式，两种材料中的非贵金属（相对而言）溶解并引起腐蚀。在锌/铜原电池中，锌电极以锌-锌离子的形式溶解，铜电极上的水分解产生氢气。两个电极之间产生（较小的）电压，电压取决于电极材料。钢板主要用于车身，处理腐蚀的常用方法是在钢板表面渗透锌等金属元素或涂防腐层，为防止车身腐蚀，许多厂家都在使用双面镀锌钢板，当然，也有不少厂家使用单面镀锌的钢板

（3）金属板件因外力引起的损伤

当受外力冲击作用时，变形一般设计在车身上弯曲与弱化处理的位置。结构不同，冲击部位和冲击力不同造成的损伤情况也就各不相同。

在发生事故造成损坏的情况下，车身、底板和车架部件会受到不同的应力破坏。例如非承载式车身由于发生碰撞形式的不同，车架、底板总成或车身可能会出现的变形见表3-9。

表3-9 板件损伤的类型

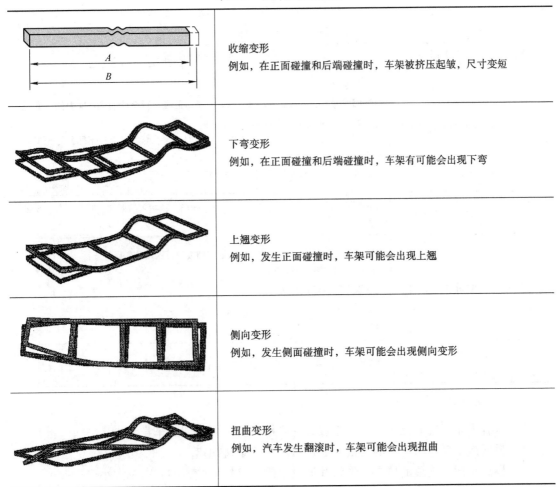

图示	类型说明
	收缩变形 例如，在正面碰撞和后端碰撞时，车架被挤压起皱，尺寸变短
	下弯变形 例如，在正面碰撞和后端碰撞时，车架有可能会出现下弯
	上翘变形 例如，发生正面碰撞时，车架可能会出现上翘
	侧向变形 例如，发生侧面碰撞时，车架可能会出现侧向变形
	扭曲变形 例如，汽车发生翻滚时，车架可能会出现扭曲

5. 车身损伤的检查方法

为了能准确地评估事故造成的损坏，有必要对车身进行检查，并根据事故的严重程度，对车身进行测量评估。

（1）目测检查方法

环车检查的方法如图3-42所示，通常使用目视检查的方法来确认存在什么损坏，是否需要对汽车进行测量，以及必须进行哪些维修。目测方法通常检查的部位是钣件的连接部位、零件的棱角和边缘部位。

如果存在损伤，这些部位会出现错位断裂、钣件裂缝、起皱、涂层有裂缝或剥落、有锈蚀等现象。通过观察或简单测量车门、翼子板、发动机舱盖、行李舱盖、车灯与车身之间的配合间隙是否均匀，尺寸是否符合车身维修手册，开关车门是否顺畅等来检查车身的损伤情况。

根据事故的严重程度，必须对汽车不同区域进行检查（表 3-10），查找有哪些损坏。

图 3-42　环车检查

表 3-10　检查项目

序号	检测部分	可见的损伤情况
1	外部损坏目视检查	① 变形损 ② 间隙的大小，如车门、保险杠、发动机舱盖、行李舱周围。间隙的改变说明车身变形，此时需要进行测量 ③ 较小的变形，如凹痕、大表面上的翘曲，这些都可以通过不同的灯光反射进行鉴别 ④ 玻璃损坏、漆面损坏、裂纹、接缝变宽
2	底板总成目视检查	如果发现底板总成有皱粗变形、翘曲、扭曲，或均匀的偏差，则必须对汽车进行测量
3	内部损坏目视检查	① 翘曲、皱粗变形（通常必须拆下装饰板进行这两种变形检查） ② 安全带张紧系统是否触发 ③ 安全气囊是否触发 ④ 失火损坏 ⑤ 灰尘或脏污
4	其他部件损坏目视检查	如散热器、轴、发动机、变速器、车桥、悬架、转向系统、ECU、电缆线等

（2）综合检查方法

1）从有无车架判断出汽车是非承载式、半承载式还是承载式车身。

2）根据汽车碰撞时产生的伤痕，通过目测来确定碰撞点。

3）根据碰撞点伤痕的位置、形状和波及范围，分析碰撞力的方向及大小。

4）根据碰撞力的作用点、大小和方向，确定损坏是局限在车身上，还是涉及其他机械部件，如车轮、悬架、发动机等；沿碰撞力作用路径检查受损部件，直到无损坏处。

5）利用测量工具或设备，对车身主要部位进行测量，将实测的车辆车身尺寸与车身维修手册的标准值加以对比，找到误差，判断损伤程度。

6）检查悬架及整车的其他系统。

课堂活动：请根据图 3-43 所示事故车列出车辆的损伤零件、修换的全部零件。

项目3 车身总体结构和损伤分析

图 3-43 车辆前部小面积碰撞引起的损伤

根据撞击效应理论和波纹效应,沿着撞击能量传递的方向检查车身上的配合间隙、吸能区域变形情况、波纹加工区域、开槽及开孔部位、形状改变的部位、弯曲的部位、支点部位、零部件连接部位、焊点、油漆、皱褶、凹痕、密封胶开裂等。

将学生进行分组,每组选出一名负责人,负责人对小组任务进行分配。组员按负责人要求完成相关任务,并将自己所在小组及个人任务填入作业表中。

思 考 题

本项目的学习目标你已经达成了吗?请思考以下问题进行结果检验。

序号	问题	自检结果
1	从安全角度出发,车身总的设计原则是什么?	
2	吸能区的作用是什么,维修时应注意哪些问题?	
3	汽车碰撞形式有哪些?	
4	汽车发动机舱的特点有哪些?	
5	汽车乘员舱的特点有哪些?	
6	汽车行李舱的特点有哪些?	
7	汽车实车碰撞试验与计算机仿真碰撞试验各有哪些优缺点?	
8	什么是汽车车身的主动安全?	
9	什么是汽车车身的被动安全?	
10	车身的侧面保护措施有哪些?	

项目 4 车身板件的修理

学习目标

1. 掌握车身板件的加强形式和损伤类型。
2. 掌握钣金手工工具的使用方法及金属板件手工整形修复成形工艺。
3. 掌握使用介子机（整形机）修复板件技术与维修工艺。
4. 学会车身板面补锡修平技术与表面处理工艺。
5. 学会使用快修组合维修车身板件中等程度损伤的技巧。
6. 增强专业能力、动手操作能力与社会沟通能力。

情境描述

汽车车身板件出现的损伤是多样的，不同的碰撞最终引起的板件损伤也不同，但也有相似的地方，在车身维修中，根据损伤的不同，将损伤部位适当划分成若干损伤区域，对每个区域分别采取适合的修理方法进行矫正。常用的板件维修方法主要有利用手锤和顶铁等手工操作工具进行的手工成形工艺、利用介子机（整形机）以及车身维修机械设备等进行的车身矫正、利用金属的热加工性质进行的修理以及使用填充剂进行的表面填充等。熟练运用和合理选择这些基础的技能与作业标准是从事车身维修必须具备的能力。

任务1 使用锤击法对故障部位进行修复

1. 损伤范围确认

车辆被撞后会发生损坏和变形。如果不及时修理，会严重影响车辆的正常使用，如隐患、车身腐蚀等。对于外表面的损伤如果修复不当，修复后的质量将会令人堪忧。生锈不能及时处理，维修的不规范性将会影响车辆的性能和残值。如车辆在使用过程中出现漏水、油漆剥落、老化反应、漏气、灰尘进入、异响等故障，大多是维修质量不到位造成的。在修理汽车之前，必须仔细检查损坏情况，并确定最佳的修理方法。如果初始工作步骤和方法正确，不仅可以熟练地修复受损区域，而且可以大大缩短整个操作时间。

如图4-1所示，钢板的损伤主要分为重度损伤、中度损伤与小损伤。

外板件的小损伤主要表现为外板体的轻微损伤，对小损伤的车身，一般使用锤击法、介子机（整形机）或缩火来进行修复。主要作业包括凹痕/损伤/刮伤的排除，以垫圈溶植进行拉拔，敲锤/打形或进行局部填充来修复。

项目 4　车身板件的修理

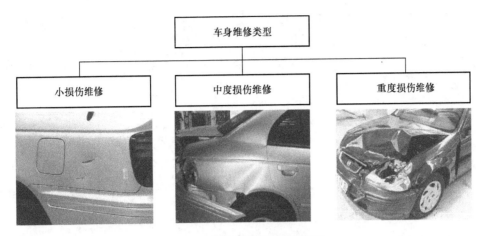

图 4-1　车身不同程度维修类型

外板件的中度损伤表现为损坏的部位较大,但不会伤及车身结构。对中度损伤的车身,主要作业包括外板件、修整、校正、测量与调整,以及板件更换、焊接作业等。

外板件重度损伤主要表现为钢板出现严重变形和撕裂等,通常会伤及车身的结构需要使用矫正设备、强力修复组合设备进行修复或直接更换来修复。对重度损伤的车身,主要作业包含主要大梁结构与车身校正,利用钣金校正台进行修理、调整及板件更换、焊接作业等。

2. 维修前钢板损坏类型分析

以车身门板为例,在车辆使用过程中,车身经常与其他物体或车辆发生意外擦伤,造成外部钣金件局部凹陷和突出,并损坏零件上的涂层。如果这种损坏不涉及车架或车身骨架构件,则称为局部损坏。碰撞变形后,直接损伤和间接损伤并存。单纯的铰折变形像铰链一样弯曲,这个铰折变形很少引起拉伸或收缩,如图 4-2 所示。

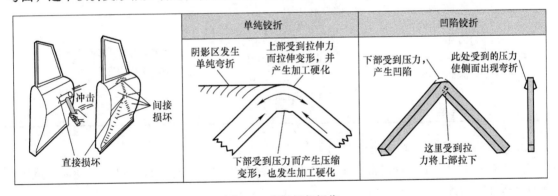

图 4-2　车门局部损伤

车身板件上的拱曲变形如图 4-3 所示,汽车车身上有大量的隆起和凸缘。金属被推上去的部位称为压缩区,被拉下去的区域称为拉伸区。单向隆起的板件损坏部位通常是在一个方向受到拉伸,另一个方向受到压缩。

板件整修作业时,要遵循以下思路和原则:

1) 先整形,后整平。
2) 先大致修复板面和线条整体的平顺性,再做进一步的整形整平。

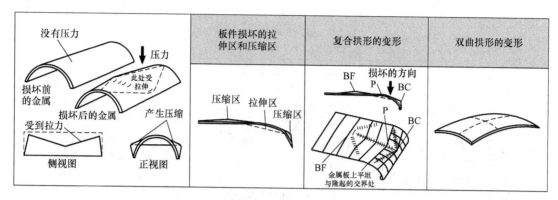

图 4-3 双曲面变形

3) 先将大变形修至小变形,再将小变形整平。
4) 先修板面框架,再修棱线,最后修板面。
5) 修复时,先从未受损区域的边缘开始修复,然后逐步过渡至损伤区域。
6) 大、中型凹坑修复必须通过顶凹打凸或拉凹打凸的方式由外先内实施整平修复。
7) 小凹坑可通过手工操作工具实敲、撬顶或介子整形机拉拔进行整平修复。

小损伤钣金的修复常用的方法主要有手工锤击法、垫撬法、介子整形机修复法、热缩法,见表4-1。

表4-1 小损伤修复作业方法对照表

维修方法	手工锤击法	介子整形机修复法	热缩法(缩火)
适合范围	主要适用在内侧可触及的、容易整形的位置	手工锤击较难完成的或封闭的外部位置	整形中出现延长、刚性降低的部位
案例	前部翼子板 后翼子板的后部 后部围板 车顶 被拆卸了的车门 发动机舱盖 行李舱盖	后部轮楣 装饰未拆除的车门 A柱、B柱、C柱 车门槛 车顶的边框	被敲击过度的延展 刚性减弱的位置

3. 手工修复常用工具使用方法

如图4-4所示,手工修复常用工具主要有各种钣金锤、不同形状的垫铁、撬棒、撬棍、修型匙等常用工具。

(1) 锤子

车身车间要应用许多不同的锤子。不少是专门为金属成形作业而制成特殊形状的。根据不同的应用要求,重量与作用也各不相同。

(2) 橡皮锤

橡皮锤能够柔和地锤击薄钢板(图4-5a),而不会损坏喷漆表面。它经常与吸杯配合用于"塌陷型"的凹陷维修。当用吸杯将凹陷拉上来时,用橡皮锤围绕着高点进行圆周状轻打。当高点落下且低部位弹回到原来外形时会发出"噼啪"的声音。带橡胶端部的钢锤

项目4 车身板件的修理

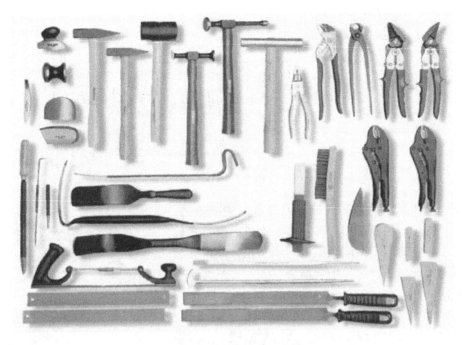

图4-4 钣金常用手工工具

（图4-5b）是另一种车身修理作业中有用的锤子，兼有硬面和可更换橡胶头的软面，有时又被称为"软面锤"。它用于镀铬饰件或其他脆弱部件的作业而不损伤其表面。

a)　　　　　　　　　　　b)

图4-5 橡皮锤

（3）大锤

大锤是复原损毁的厚钣金件第一阶段所必需的工具，如图4-6所示。短柄大锤能在紧凑的地方使用。大锤在更换金属板时则用于清除损坏的金属板。

（4）镐锤

如图4-7所示，镐锤的一端是尖顶，另一端通

图4-6 大锤

常是平顶的。镐锤能修复许多小凹陷。其尖顶用于将凹陷从内部锤出，对中心进行柔和的轻打即可。其平顶端与顶铁配合作业可以去除高点和波纹。

（5）钣金锤

如图4-8所示，钣金锤是使钣金件恢复原始形状的基本工具。它有许多不同的样式，有平顶、方顶、圆顶及尖顶。在用冲击锤去除凹陷之后，用钣金锤敲出最后的外形。表面是隆起的，以便力量集中在高点或波峰的顶端。

（6）冲击锤

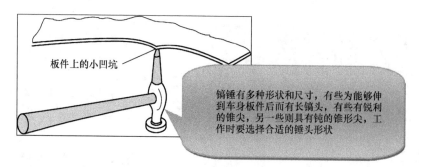

图 4-7 镐锤

如图 4-9 所示,冲击锤的顶面可以有圆的或方的,顶面近似平面。这种锤顶面大,使得打击的力散布在较大的面积上,主要用于凹陷板面的初步矫正,或内部板件和加强部位的加工,这种场合需要较大的力量而不要求光洁表面。

(7) 收缩锤

收缩锤是有锯齿面或交错缝槽面的精修锤。这种锤用来收缩那些被过度锤打而延伸的部位,如图 4-10 所示。

图 4-8 钣金锤

图 4-9 冲击锤

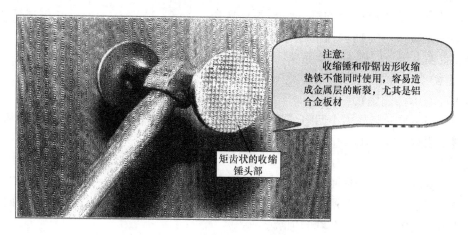

图 4-10 收缩锤

使用收缩锤修复较大板面损伤时的工作强度较大，在维修的工作中，还可以使用大号的平口锉刀改制成具有收缩整形功能的专用整平工具。因为在拍打板面时接触面积大，使得板面在恢复时，收缩力相对均匀，所以整平的效果较好，维修的效率较高，几乎没有板面因为延展而出现的"嘣弹"问题。

（8）垫铁

垫铁的作用像一个铁砧，如图4-11所示。在修理车身损坏时，它通常被顶在金属板锤击面的背面。用锤和垫铁一起作业使高起的部位下降，使低凹部位升上去。在工作中，垫铁也可以作为锤子使用，来敲击板件的背面。

图4-11 各种形状的垫铁

为适应不同位置和不同形状板面的维修垫铁有多种不同形状，每种形状用于特定的凹陷形式和车身板面外形不同曲率半径处以及凸缘或其他部位。在使用时应选用与车身轮廓吻合的垫铁。垫铁与板件外形的贴合度非常重要，否则将会引起板面的二次损伤。

课堂活动：分组探讨钣金锤和垫铁的种类为什么有这么多，其作用是什么。

请每一位同学在表4-2中写下自己的理解。

表4-2 课堂活动记录

阐述自己的理解：
点评记录：

（9）车身匙形铁

车身匙形铁如图4-12所示，也叫匙形铁，是另一类车身修理工具，其作用类似锤子或垫铁。它有许多种的形状和尺寸，可与不同的板件形状相匹配。匙形铁的平直表面把敲打力分布在很宽的范围内，在皱折和隆起部位特别有用。当板件后面空间有限时，匙形铁可当作垫铁用。敲击匙形铁与锤一起作业，可整平板件的隆起，如图4-13所示。内边匙形铁可撬起低凹处，或与锤一起敲击来拉起凹陷。

（10）撬镐

撬镐如图4-14所示，类似于匙形铁，用以进入有限的空间。撬镐只用作撬起凹点，它们有不同的长度和形状，大多数有一个作为手柄的U形末端。

撬镐通常用于提升车门、后面板和其他密封车身部分的凹痕。撬镐通常比滑锤和横拉杆好用。它不需要在金属板上钻孔，修理完成后也不需要焊接这些孔。撬镐有时用于不伤漆修复损坏的凹痕。

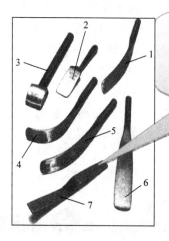

冲击锉匙形铁也叫拍勺，有锯齿状的表面，也可以用粗齿的平板锉来改制。用来拍打隆起或里边的皱折，平板锉的粗齿具有收缩的作用，使金属板恢复到原为的状态，工艺和效果非常好，可以很好地消除内应力

图 4-12　车身匙形铁

1—匙形铁　2—锤击匙形铁　3—表面匙形铁　4—内边高隆起匙形铁
5—内边中度隆起匙形铁　6—内边重型匙形铁　7—冲击锉匙形铁

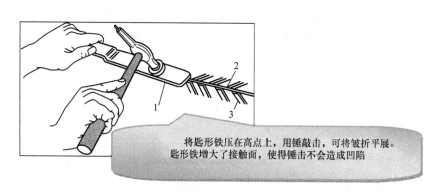

将匙形铁压在高点上，用锤敲击，可将皱折平展。匙形铁增大了接触面，使得锤击不会造成凹陷

图 4-13　车身匙形铁的应用

1—匙形铁　2—沟槽　3—皱折

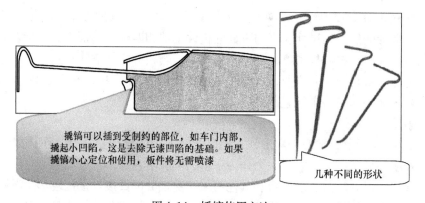

撬镐可以插到受制约的部位，如车门内部，撬起小凹陷。这是去除无漆凹陷的基础。如果撬镐小心定位和使用，板件将无需喷漆

几种不同的形状

图 4-14　撬镐使用方法

项目4 车身板件的修理

(11) 凹坑拉具和拉杆

如果无法从密封车身板件上插入撬起工具从后面触及折痕位置，可以使用凹坑拉具或拉杆来修复。需要先在折痕上钻几个孔，这种方法由于破坏性大，已经被介子机修复替代了，而不是钻孔，当然，如果变形量不大时也可以使用气动吸盘吸住损伤位置将其拉出。凹坑拉拔器通常有螺纹端和钩形端，当端头插入钻孔或焊接杆或支架时，滑锤被向后拉并撞击手柄。用滑锤轻敲手柄，慢慢拉起凹坑，小凹坑或皱纹也可以用拉杆拉起。如果需要拉起较大的凹陷，则可以使用多根拉杆。最后将孔焊接，这是一种极具破坏性的做法，为了保证车身钢板的强度要求、防腐要求和返修后的工艺质量，现代汽车外板不要采用这种维修的方法。正确的做法是在板面上粘接塑胶拉头，然后用拉拔器将凹坑拉平。

采用锤击法对钢板凹凸整形有两种方法：正托法与偏托法。

正托法如图4-15所示，锤子的锤击点正对着板件背面的垫铁敲击整形的方法为正托法。在钢板整形的过程中需要控制硬化量和延展，锤子的锤击点需要错开垫铁进行敲击整形，这种锤击方法称为偏托法。在实际的锤击法整形中，正托法与偏托法需要配合使用，才能达到理想的效果。锤击的顺序请参考图4-16。

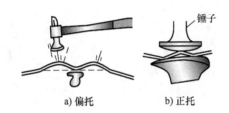

图4-15 手工整形的两种方法

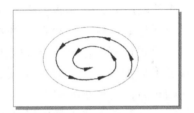

图4-16 锤击的顺序

4. 板件损坏部位的修复程序

注意：

在敲击的过程中要轻轻地敲击，防止用力过度而引起不必要的延展与二次损伤。

采用锤子与垫铁配合作业时，粘贴在车身钢板内侧的隔音垫在作业时必须清除，否则将会粘附在垫铁上，并对修复质量造成影响。去除方法：先用加热烤枪在隔音垫板面的背面加热，待胶发热后将其除去，工作完成后再将隔音垫粘回，如果隔音垫已经受到破坏应给予更换处理。

修复钢板时，应尽量采取不收缩或少收缩的方法，因为热收缩的方法有可能改变金属材质及破坏钢板原有的防腐层。

修复顺序为先修理硬化变形部分，再修理塑性变形部分，最后修复弹性变形区，如图4-17所示。

钢板产生轻微"蹦弹"现象时，可使用垫铁、修平刀顶住该部位的内侧，或使用吸盘式拉拔器拉住外侧，采用橡胶锤弹性敲击钢板附近的边缘或加强筋是一种非

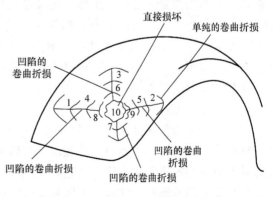

图4-17 使用锤击法修复损伤顺序

常有效的方法。

被修复的表面平整度应该控制在高低不平范围0.5mm之内，避免因填充物过厚影响后期油漆的附着能力。

5. 缩火作业

车身金属板的板面，在维修中应能控制尺寸的延展，实际维修中也经常有技师在锤击整形时因为错误的操作导致板面的金属被锤击过度使得内部晶体结构产生挤压与硬化，被延展的区域变"软"，在钢板上用手轻轻推动的情况下会产生塌陷现象。为能够使钢板的表面能得到很好的屈服强度，需要对局部延展的区域进行收缩处理，如果不能及时地处理会出现后期油漆剥落、涂装施工困难等问题，通常解决板面尺寸膨胀有三种处理方法：锤击收缩法、火焰加热法和电加热法。

（1）火焰加热法

火焰加热法可以直接使用氧乙炔焊枪缩火作业。

使用氧乙炔焊枪加热的作业流程如图4-18所示。首先找到最高的点加热，加热的顺序应当从高点的四周向中心加热，注意钢板的温度变化，其颜色应为酱紫色，将焊枪关闭，使用钣金锤与垫铁整平，然后使用风枪冷却，或者使用浸湿清水的毛巾冷却，注意加热的点应当越小越好，过大会引起热变形区加大，破坏板件金属链的均匀排列，导致出现不规则拉力，出现新的变形，这是在缩火的作业中应该避免的问题，包括冷却过程中温度下降的变化。冷却后如果出现了残余应力破坏产生的变形应使用钣金精整锤配合垫铁释放部分应力使其局部屈服力度均衡，再使用车身锉找出不平点修正，不要使用车身锉刀锉平。最后，检查修复后的质量，完成缩火作业。

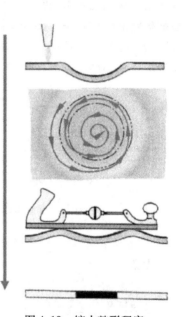

图4-18 缩火整形程序

（2）锤击收缩法

使用钎锤的尖头在板面延展的区域做点状轻击，直到板面的延展被消除。在手工整形中还有一种比较安全高效的方法，即使用带有锯齿形表平面的拍打工具来修整变形的板面。在实际维修中使用有锯齿面的拍勺与垫铁直接对变形区整形，效果也相当好。在整形的过程中因为锯齿的作用可以直接消除钢板的尺寸延展与内应力，拍打的不是一个点（点对点锤击容易使金属晶粒产生挤压变形）而是一个面，因此平整度比较高。实践证明用这种办法来整平钢板的变形效果与维修效率是最高的，但是如果不想损伤油漆则不能使用这种方法维修，同时这种方法不适应铝合金板面变形的维修。

（3）电加热法

电加热法是指使用介子整形机电极在板面上产生电阻热的方法来热化金属收缩的一种方法，在缩火方法中使用碳棒电加热画圈或划擦来完成缩火。这种方法比火焰加热更安全，但是必须控制加热的电流与温度，防止碳化钢板或破坏钢板的防腐层，这种方法在后面的学习任务中会有专门的阐述。注意：不能将碳棒停留在一点上加热，防止板面碳化或烧穿。

项目 4　车身板件的修理

注意：
　　车身钢板防腐主要有单面镀锌和双面镀锌两种，在车身维修中，对镀锌钢板的修理要尽量保护镀层的完整，在进行打磨、钣金作业、热处理或焊接时可能会破坏镀锌层要尽量少地破坏镀层并要及时喷锌处理，否则钢板会很快生锈腐蚀。

课堂活动：请根据图 4-19 所示的修复步骤，用文字表述出修复的步骤说明。
小损伤修复步骤：_____
_____

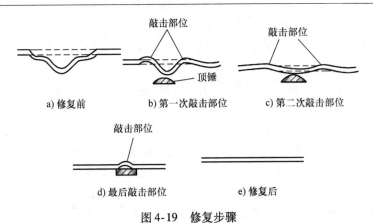

图 4-19　修复步骤

6. 车身损伤修复方法
车身损伤修复的技术参见表 4-3。

表 4-3　损伤类别

损伤类别	应对措施
金属磨损	钣金件发生磨损后，一般采用焊修法进行修理或严重情况下直接更换。在焊修前判明焊件的材质，检查磨损程度并确定焊修范围和焊接方法，然后施焊。焊接时，应保证熔合良好，并留一定的修整余量。施焊完毕，根据原尺寸修理成形
板件腐蚀	当腐蚀很小时可用焊修法修补。如果锈蚀到无法焊修时，可作局部板面更换，即挖补，对于现在的车身材料不建议使用挖补的方法来修复，而是将整个板面更换，并按照要求做好密封、防腐措施
裂纹	对于钣金件的裂纹可用气体保护焊进行焊接修复
凹凸变形	钣金件形成凹凸后，可用锤击法和顶拉法修复。当被修整的凹陷部位难以放进垫铁时，可采用拉伸的方式修复，例如使用介子整形机或补锡方法来修复
折叠皱褶变形	当车身钣金件发生撞击性皱褶时，可用拉伸法使之大致复位，借助拉伸力辅助维修可以使工作事半功倍。对于严重变形并形成死褶的钣金板面，用拉伸法也不能修复时，应当直接更换
弯曲歪扭变形	弯曲和歪扭变形原因很多，例如车身受到撞击和挤压，汽车在行驶中的惯性作用产生的反作用力及通过路况差的路面等均能使车身钣金件发生弯曲和歪扭变形。如车门门框、风窗框等车身框架变形，可用撑拉法校正或车身矫正台修复

一般来说，汽车车身钣金件在受到损伤时，往往会同时发生几种损伤。因此，维修时要仔细检查分析。针对不同的损伤情况，采用不同的修复方法和合理的修复顺序，以获得满意的修复效果。

1) 高强度薄钢板的成形。高强度薄钢板成形难度大，弹性高。当正常抗拉强度钢板过渡到高抗拉强度钢板时，应在成形过程中对正常抗拉强度钢板施加额外的支撑，以避免意外变形。高于500MPa的较高强度薄钢板在400℃下会失去50%的强度，因此不得加热进行校正。

2) 普通抗拉强度钢板的成形。正常抗拉强度钢板的成形通常应在冷条件下进行。但是，如果在冷成形过程中有开裂的危险，也可以将其加热到450～600℃左右进行成形。

3) 超高强度钢板的成形。超高强度钢板的屈服强度约为400～950MPa。这种钢板变形后既不能冷成形修复，也不能热成形修复。根据制造商的说明，它们可以用作A柱和B柱，这有助于显著增加车身的刚度，同时保持较低的重量。当超高强度部件发生变形，应予以更换。

任务2　使用介子整形机整形对故障部位进行修复

进行钢板修整可通过介子整形机点焊拉拔等方法进行维修。

介子整形机如图4-20所示。利用介子整形机对钢板进行修复的原理是通过电阻加热把拉环或拉钉焊接在钢板的表面上，再使用滑锤或拉力器将凹陷的变形拉出修平。

汽车车身的结构复杂，传统的维修大多数使用手工整形的方法来修复，在较难维修的部位通常使用撬镐来辅助修复，这种方法生产效率较低，使用介子整形机来修复是更好的选择。

1. 介子整形机介绍

利用低电压、高强度的电流流过两块钢板时产生的高电阻热融化接触部分的金属，用焊枪电极的挤压力把它们熔合在一起，从而达到焊接的目的。

如图4-21所示利用电极头上夹持的各种

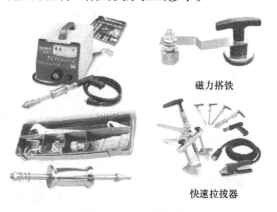

图4-20　介子整形机

附件与钢板接触，通过大电流，使接触部位产生电阻热，作业简单、实用、快捷、工作效率较高。在使用时应根据不同板面的厚度，不同凹陷形状，位置来选择适当的焊接电流、时间、功能档位，并选择相应的配件。

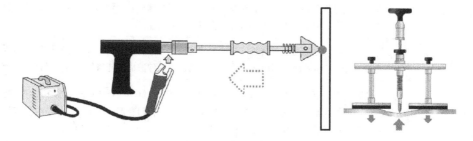

图4-21　介子整形机工作原理

可以直接在损伤的位置打磨整形，不需要拆除车内部的装饰板件。

缺点是容易破坏钢板的防腐层、被整平的表面容易出现不同程度的凸点。借助介子整形机整形不是万能的，正确的维修方法应当首先选择手工整形，只有在手工整形实施困难或无法完成的情况下才可以使用，这是在维护客户根本利益的基础上建立起来的维修标准，而不是一味地去使用设备来提高所谓的效率。对车间里各种维修设备而言，也不可因为商家利益关系误导了行业的规范，这方面需要国家进一步促进规范，借助设备提高生产效率本身是没有问题的，但为自身利益夸大先进技术在车身维修上的使用是不对的，合理的才是正确的。

使得外板件的维修变得既方便又省力，传统焊接模式中频繁操作开关对工作人员的体力消耗较大，还容易分散部分注意力，介子整形机有效避免了这样的缺点，相应提高了维修质量。

介子整形机有两条电缆线，负极为搭铁线，固定在需要维修的板件上，为保证可靠接地。正极电缆线与焊把相连，焊把可以根据不同工作需要更换各种不同的附件，如惯性锤、电极点焊头、铜极收火头和炭棒收火头等。

2. 使用介子整形机对车身整形的方法

垫圈焊接作业中垫圈的拉拔方法，可分成表4-4所示的四种。

表4-4 拉拔方法的种类

序号	维修方法	图示说明
1	使用拉拔器拉拔 如右图所示，使用拉拔器拉拔焊接垫圈，然后以手锤敲击钢板凸起部位。此种方法操作方便，维修范围广，省时省力。这种方法主要用于大损伤的维修	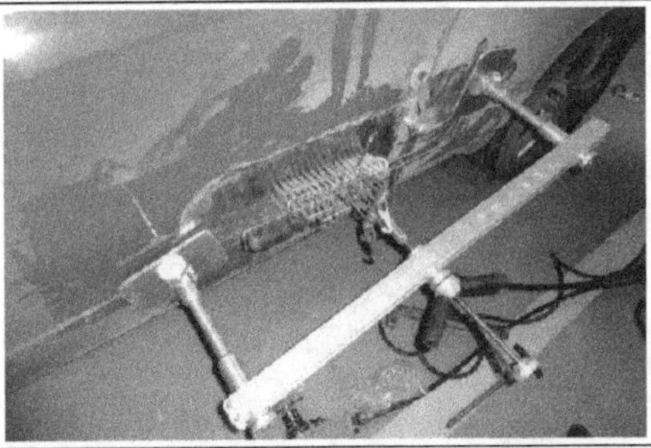
2	使用滑动锤拉拔 利用滑动锤的冲击力拉出焊接的垫圈来修理凹陷。此种方法用来作粗拉拔和在钢板强度不高的部位修理凹陷 注意：使用滑动锤拉拔时要轻轻地拉或撞击，被拉出的点不得高于板面的平面	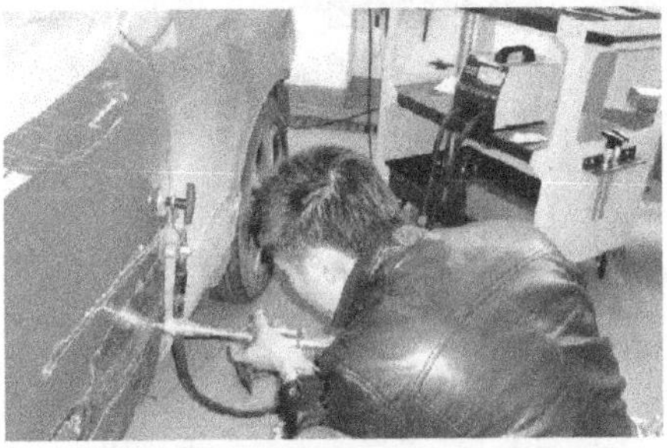
3	使用快速拉拔工具拉拔 如右图所示，使用快速拉拔工具拉拔，这种维修方式针对划痕修复、小凹坑修复有特别省力的维修效果。此种方法操作方便，维修范围广，省时省力	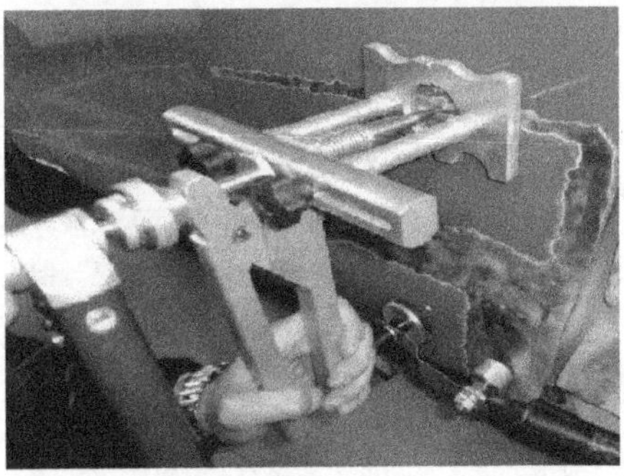

(续)

序号	维修方法	图示说明
4	使用移动快速拉塔拉拔 利用移动拉塔4T的油压力拉出焊接的垫圈来修理凹陷,此种方法特别适用于作下门槛凹陷部位的修理。这种方法主要用于大损伤的维修	 

对小损伤修复,主要使用锤击法和介子整形机、快速拉拔来修复。

在需要维修的表面较近的区域先打磨出一小块裸露区域,将搭铁端固定,不可随意将搭铁线接触在车身铁板上,以免造成接触不良而产生火花引起危险。搭铁线应当尽可能地固定在被修复的板件上面,不能固定在其他可以拆卸或活动的配件上面,间隙的存在会直接产生电阻热减少电流的通过,这样会影响电流强度以及产生不必要的电子模块单元的损坏。

修复步骤与技能要点见表4-5。

表4-5 介子整形机整形修复步骤与技能要点

步骤	步骤说明	图示说明
步骤1	确定损坏范围 用颜色笔分别标注出塑性变形区域和弹性变形区域	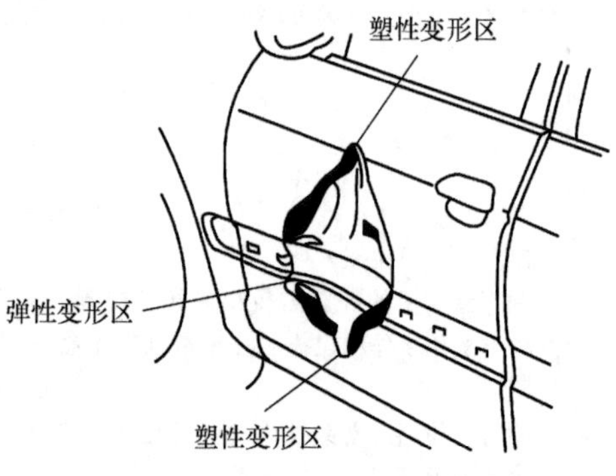
步骤2	清除钢板件上的漆层,在打磨的时候要把钢板表面的镀锌层打磨掉,形状为方形或圆形。把镀锌层打磨掉,如果不磨掉,锌受热变成锌蒸气,吸入人体对人有害。不要磨薄或破坏钢板,钢是黑色金属,在打磨的时候镀锌层与钢板层很容易分辨	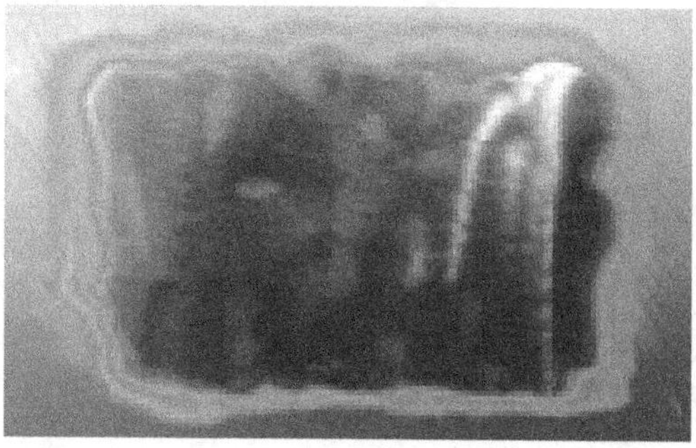

(续)

步骤	步骤说明	图示说明
步骤2	在打磨的时候尽量使用气动打磨工具，气动工具在遇到一定的阻力时会停止转动，是比较安全的。打磨时打磨盘与板面保持一定的角度来降低摩擦力，否则会降低工作效率	
步骤3	在钢板的板面焊入拉拔介子植钉时，选择功率应该先从最小的功率档位开始试焊，防止产生过度的热量破坏钢板表面的防腐锌层。右图为加热后的背面防腐层被烧蚀的情况	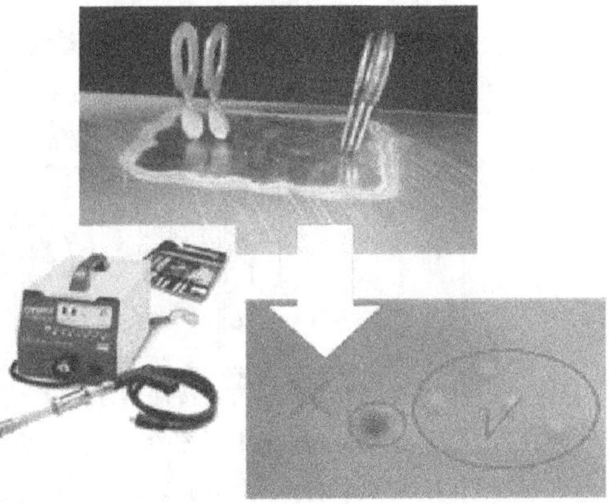

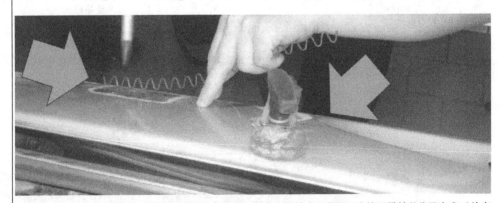

注意：在焊接波浪滑丝的时候要注意焊接的方向、顺序和搭铁点的位置，应该以搭铁的位置为准（从离搭铁位置最远的点开始焊接，防止焊接时出现电流分流，降低拉丝焊接强度（电流通过时先从接触最好的点通过）

（续）

步骤	步骤说明	图示说明
步骤4	使用焊机在受损的钢板上利用带电极的惯性锤进行单点拉伸，也可以焊上一串拉环或者垫圈，成一条线。串入铁棒，用拉拨工具拉出，突出的地方可以用钣金锤敲平 反复操作，用手掌轻轻平摸，找出凹面再拉，凸面再敲，直到最佳效果。要有耐心，力度要轻，慢慢地拉拨敲平 如果有条件，也可以使用水性碳粉涂在车身修复后的表面，用车身锉或平磨板找出不平点，再精细修整	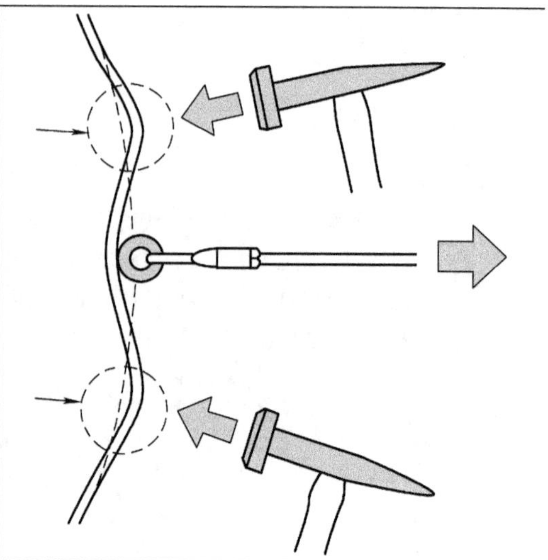 
步骤5	在板件背面垫一个合适的垫模，从板件正面用木锤将胀大的部位敲平 使用平端面的铜合金电极头按压加热 使用碳棒沿螺旋线方向顺序进行至中心，画圈加热，然后用湿的海绵或布进行冷却，使其收缩 用吹风枪风冷碳棒缩火后锤平位置进行收缩	

介子整形机缩火方法按加热方式可分为点缩火和面缩火两种。两种方式都是把钢板延展的部位急速加热、急速冷却以达到收缩的目的。注意，缩火只能在板面整形全部完成后有局部膨胀的情况下才可以实施收缩作业，在板面的膨胀区域，如果是加热棒缩火，要从外围向内实施收缩作业，作业过程中要使用高压空气来冷却收缩面

缩火作业	点缩火	连续缩火
电极头	铜棒	碳棒
特征	以单点方式收缩损伤区域 缩火的区域较小，可多点缩火	以螺旋方法或直线划擦方法收缩损伤区域 缩火面积较大，适合大范围损伤缩火
外观	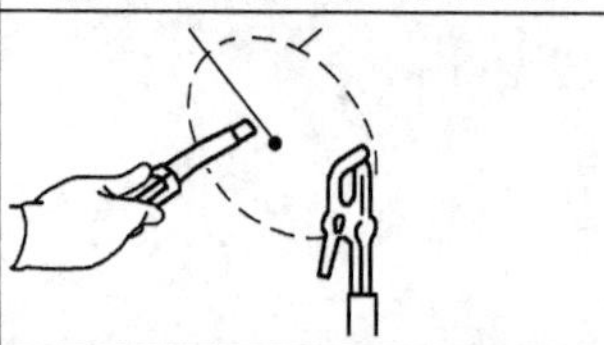	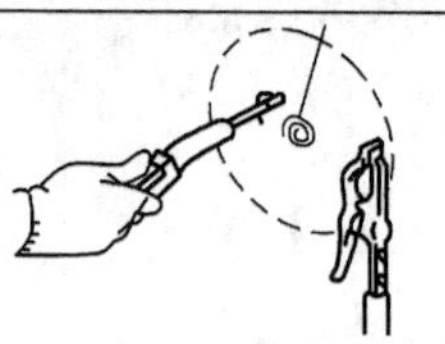

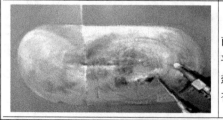

注意，用介子整形机缩火时电流应调到最低，防止板面出现烧痕。车身的外板件要最大限度地控制住修复的平整度，尽可能地避免加热缩火和电加热缩火。过多的热量会破坏钢板的防腐能力。要注意检查钢板的刚性是否达到要求

项目4 车身板件的修理

(续)

步骤	步骤说明	图示说明
步骤6	用锉刀进行检查和维修 检查维修后平整度的方法最常用的有五种方法： 目测法 手掌触摸法 锉刀平锉法 样板规检查法 粉笔涂抹法	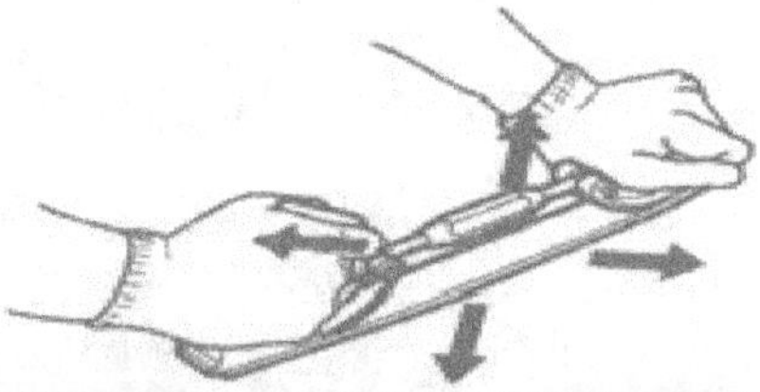 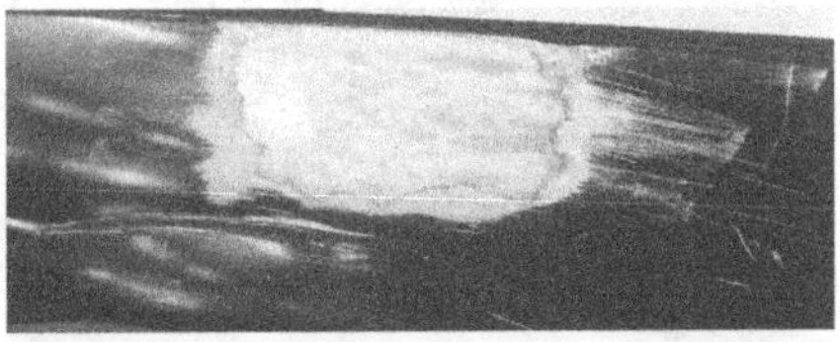
步骤7	测量 使用样板尺在完好的板面上制作外形的样板，然后使用制作好了的样板尺检查修整的表面是否达到了维修要求 也可以在修复的板面上用记号笔画出方格（20mm×20mm），再用样板规进行校验、精整 	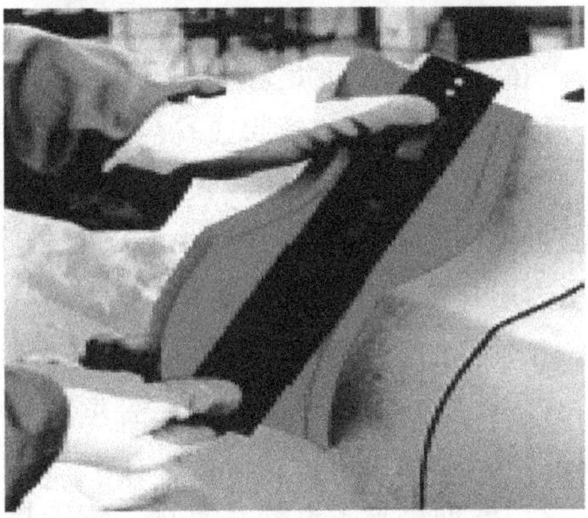

注意：

板面维修时要灵活调整焊接电流、时间及工作档位，要从凹陷最低处逐渐将凹陷拉出，不要试图一次将凹陷拉到位，注意控制拉出与滑锤撞击的力度，有时需要反复几次才可以达到理想的修复效果。在拉拽之前首先确定第一个要拉拽的位置。如果损伤位置加工硬化程度高，只能向外稍稍拉出一点，接着再拉下一个位置。如果拉伸作用力过于集中，拉拽的力量过大，可能会引起撕裂。避免从凹陷的四周开始拉拽，随着周围金属的不断提升，凹陷中心部位也会不断升高，修整完毕后，凹陷最大的点会凸起，反而会增加维修的工作量。

3. 介子整形机使用规范

利用介子整形机修复时应注意：

搭铁线应尽可能地固定在焊接点最近的位置，同时要注意不要把搭铁线固定到邻近的部件上，例如不要将搭铁线固定到车门上来拉伸车身的翼子板，应特别注意不要把搭铁线搭接在车身公共搭铁的位置上，否则很容易引起电子元器件故障！

连接位置与焊接拉伸位置的车身涂层一定要打磨处理干净，要除去镀锌层见到黑色金属。如图4-22所示，在进行损伤部位的点焊拉拔作业时，焊接电流应尽可能小一些（缩火的电流调整方法雷同），可以找一块试用钢板，先尝试从最小电流档位慢慢地调试，以最大化减少板面的破坏为主，防止焊点电流过大和温度过高烧坏钢板背面的防腐镀锌层。

在拉伸中电流调整过大、时间过长，被修复件的表面处理不干净的情况下焊接，会造成钢板强度降低或者被烧穿等缺陷。

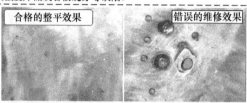

图 4-22　介子机使用要求

在修理一些强度足够的车身线条和沟槽零件时，应尽量采用整体拉拔的方法，避免在单点拉拔时出现过多的凸起或孔洞。如果形成凸起，可使用锤子与垫铁配合的正敲法将凸点修平，对于背部不易触及的凸起，可以用电热收缩法加热后施加一个轻微的力向下压平。大面积面板损伤，在热收缩时应小心，防止收缩部分变大，甚至蔓延到整个面板上。焊接时，不要用力压焊枪，以免降低焊接质量。

介子整形机的使用除应符合上述操作要求外，还应注意以下几点：

1）使用介子整形机在车上整形时，必须拆下车辆的蓄电池搭铁线，以防止在大电流通过时损坏车辆上的电子设备。

2）清理车身附近的易燃物，特别是工作区域周围，不允许有油渍等易燃物品，防止火灾发生。

3）注意绝缘保护，操作人员应佩戴工作手套、绝缘鞋等工作设备。不要将电缆放在金属板的毛刺位置上。

4）不要使用这种方法修整汽车的油箱、燃油管路或燃油箱周围的易燃易爆区域。

5）彻底清洁介子，需要焊接的地方要同时清洁介子的焊接点，否则可能导致焊接失败或出现焊接火花。

6）不要选择纯铜或铝介子，因为铜、铝等金属的焊接强度差或根本不能焊接在一起。

7）防止烫伤。介子整形机的其他功能应用也是同样的原理，如单面点焊、铜电极、碳棒缩火等，都是利用接触电阻达到加热的目的，所以在使用其他功能时，也必须注意上述安全问题。

修复后的技术要求：

1）凹陷部位修复后高度低于原表面，差值≤1mm。

2）车门棱线、门板曲率应与专用卡尺吻合，不能超出±1mm。

3）凹陷部位修复后高度不得高于原表面。

4）凹陷部位修复后不得有孔洞。

任务3　使用补锡技术对故障部位进行修复

1. 补锡介绍

补锡，如图4-23所示，是钎焊的一种。钎焊技术分为软钎焊和硬钎焊，使用软钎焊作为填料就是我们常说的补锡工艺。由于锡的熔点低、热影响小。锡焊料具有一定的韧性等优势，被很多整车生产厂家用作车身发生微小磕碰时的补救措施，在国内维修行业也应用多年。在使用该工艺时应注意焊料的成分必须合理，这样便于在较大的温度区间内维持其可塑性。

在车身钢板的修复中，经常会遇到门框、底边等封闭箱形构件的小凹陷。车身某些部位的凹痕通常很难修复，如车门、发动机舱盖和行李舱盖。像盒盖这样的凹痕更难修理。这里的钣金件在边缘与

图4-23　补锡工具

骨架或内板连接，内部空间狭窄。不可能用锤子和撬杆或衬铁等工具来修复凹痕。因此，在变形修复中遇到这种情况时，应先将该部位尽量修整平整，然后再加入焊料或塑料腻子和玻璃纤维填充凹痕，再将凹痕填补的凸出锉平，使修复区域与周围区域平齐。

锡的补充可以适用以下几种情况：

① 当MIG对接焊缝打磨后不光滑时。

② 下护板变形时，微小变形可直接镀锡，大变形应先粗整平后再镀锡。

③ 封闭式结构，钢板厚，熔池平整不方便，不能用手工工具修补时。

④ 易腐蚀车身零件。

⑤ 当以下沉方式连接时，锡可用于平整下沉的细缝和凹陷。

注意：在任何时候，镀锡都不能用作板件的连接。

1）锡条。锡条的成分包括锡、铅、锑，其质量比为锡占24%、铅占74%、锑占2%。这种成分比有助于在较大的温度范围内保持其塑性。锡的熔点为231.89℃，锡焊层具有很好的延展性，可以形成非常薄的锡箔。如果在钢板表面镀锡，对钢板有很好的防锈作用。

铅的质地也非常柔软，强度很低。它是最软的重金属，熔点327.4℃。铅对人体有毒，焊接或加工时，应特别注意操作者自身的工作安全。

锑是一种硬而脆的金属，熔点为630℃，可用于提高钎料的强度。

锡条结合了锡的延展性、铅的柔软性和锑的硬脆特性，具有加热温度低、成形容易、冷却后能达到一定硬度的特点。同时，三种材质混合后，锡条进入半熔化状态，183℃左右液态和固态并存，320℃左右完全熔化，半熔化状态的温度范围大，便于控制加热温度。在保持立面凹陷的情况下，不会产生流动的锡，而且容易成形。

2）助焊剂。助焊剂的作用是除去钢板表面的氧化膜和钎料中的杂质，防止因焊接加热而产生新的氧化物，增加钎料与钢板表面的粘附力，使钎料更容易粘附在钢板表面。助焊剂

包括氯化锌溶液和焊锡剂。

补锡工具和防护用品见表4-6。

表4-6 补锡工具和防护用品

序号	名称	用途
1	瓦斯喷枪或专业加热枪	加热锡条与板件，加热速度快
2	压板	对凹陷的表面塑形
3	耐热油	用来浸泡压板
4	刮锡刀	用于表面处理成形，刮出多余的锡料
5	钣金锉	检查表面修复的平整度与表面成形
6	单作用研磨机或砂带式研磨机	用于板面前处理与表面成形，清洁凹陷区域漆膜、铁锈等影响焊接的杂质
7	除油剂	清除钢板表面的油脂
8	防溶剂口罩	防止工作时吸入溶剂、锡、铅蒸气
9	防溶剂手套	防止溶剂接触皮肤
10	无纺布手套	工作保护

课堂活动：探讨问题并将交流的结果填写到表4-7中。

车身补锡使用什么材料，为什么？在锡的元素中加入锑元素的作用是什么？

表4-7 答题卡

问题1：

问题2：

2. 补锡作业方法

步骤1：使用干磨设备将待维修表面打磨干净，为保证维修的质量尽量不要使用砂轮机打磨。

步骤2：如图4-24所示，先将焊锡膏搅拌均匀，再将焊锡膏涂抹在打磨干净的板面上。

 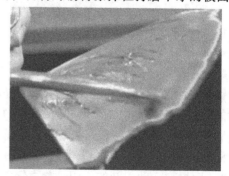

图4-24 焊锡膏搅拌与涂抹

步骤 3：如图 4-25 所示，使用加热枪或瓦斯加热器加热被涂抹了焊锡膏的表面，对将要施焊的表面加温预热到 150℃ 左右。

步骤 4：如图 4-26 所示，预热完成后立即使用无纺布将焊锡膏清除掉，准备进入下一步施焊。

图 4-25　对涂抹的位置进行加热

图 4-26　将锡焊膏清理掉

步骤 5：如图 4-27 所示，将锡焊条进行加热，再将锡焊条熔到被处理后的板面上，用同样的方法熔化足够的焊锡填充到凹陷的表面，注意，考虑到施工时的操作人身体健康，锡焊条应尽可能地选用无铅锡焊条。

图 4-27　将锡焊条熔化涂覆填充在金属板件的表面

步骤 6：如图 4-28 所示，使用压板将焊锡压平，待冷却后检查修补的表面，应当无气泡、砂眼等缺陷，然后使用专用刮刀刮平或用锉刀锉平到与板面平整的状态便于后期的施工，注意不得使用砂轮机磨平。

以上介绍了车身钢板补锡的操作方法，具体的补锡流程见表 4-8。

补锡作业安全事项如下：

① 操作时必须佩戴防烟雾口罩，因为作业过程中所产生的烟雾含有重金属等有毒气体。

图 4-28　将焊锡用压板压平

表4-8 补锡流程表

步骤	施工流程	施工说明
1	确定损伤范围	用手触摸和钢尺对比等方法确认凹陷范围,标记出损伤区域
2	板面整形	检查损伤区域表面有无高点,如有,对其进行整形,消除高点
3	表面打磨	用单作用研磨机配P60或P80砂纸,清除损伤区域内的漆膜、氧化物和铁锈,对清除不到的位置可用砂带式研磨机打磨,务必做到在损伤区域无任何污点
4	表面除油清洁	先用干净抹布和气枪除掉粉尘,然后用擦拭纸和除油剂,采用交替手法除去钢板表面的油脂
5	镀锡	为了使钢板与锡料结合效果好,要在预补锡的地方先镀上一层锡。用刷子在损伤区域内均匀薄涂助焊剂,然后用瓦斯枪或热风枪加热助焊剂,当助焊剂表面全部变黄且光亮时,立即用擦拭纸擦拭助焊剂表面,即可在损伤区域镀上一层银亮的薄锡,注意擦拭时不可来回移动
6	上锡	用瓦斯枪或热风枪均匀加热板件和锡条,当锡条变软时将加热的锡条涂抹在凹陷处,上锡的量需能填平整个凹陷区域,应避免锡料不足
7	塑形	均匀加热,在火焰保温之下,使锡料保持塑性软化状态,并使用浸过油的压板贴在修复表面进行压平作业,使锡料迅速压延至整个损伤区域,补锡区域要比周围的表面略微高出。注意加热时温度不可过高,以免板件变形及发生流锡现象
8	表面成形	等到补锡面冷却后,使用刮刀粗刮平,然后使用钣金锉修平,最后,使用P120~P180细砂纸研磨整个表面,直至可直接做中涂漆

② 不得徒手拿着锡条进行加热,必须佩戴手套,避免手部被烫伤。

③ 必须佩戴护目镜,防止加热过程中助焊剂飞溅进入眼睛。

④ 必须留意加热工具的摆放位置,瓦斯枪未使用时应及时关闭和归位,车辆必要时加盖防火布,防止造成车辆损伤。

⑤ 压板使用前要用擦拭纸清洁表面,用完之后清洁干净保存。

3. 补锡的缺陷与对策

补锡的缺陷与对策见表4-9。

表4-9 补锡的缺陷与对策

现象	原因	对策
经过研磨之后出现许多砂孔	锡料内部有空隙	用压板时要压实压紧锡料,避免研磨后出现孔洞
结合不良,补锡结合的边缘出现黑线	锡和钢没有完全结合,经过涂装烘烤后可能会出现剥离现象,原因主要有表面清洁不干净、镀锡不完整或镀锡后表面不干净、塑形时温度过低	彻底清除涂膜,把表面用除油布清洁干净,在补锡时使用足够的焊剂,避免镀锡时温度过低或加热不均匀,在塑形时加热到适当的温度,不宜过高和过低
钎料的结晶粗大,松散,研磨时会整片掉落	塑形时温度太低 压板的表面有赃物	注意控制加热温度 压板在使用前用除油布擦干净表面
研磨后的补锡表面出现深的刮痕	砂纸选用不当 钣金锉的表面粘有锡料	使用颗粒较细的砂纸打磨 在使用钣金锉时应及时清理锉刀的表面
在钢板的背面有烧蚀的现象	温度过高 加热不均匀	在加热时使用加热枪加热 加热时应均匀移动加热工具使加热均匀

任务4　使用快修技术对故障部位进行修复

1. 车身外板件快速修复系统

强力快修组合主要用于损坏变形区域强度较高的作业，其维修的工作难度高于介子整形机对小损伤的维修。在实际钣金维修工作中，我们经常碰到像汽车门槛等强度较高外板的损坏。这种损坏变形区域强度较高，使用传统的介子整形机拉锤修复很困难，在不规范的维修中，经常使用气体保护焊焊接铁片等，借助大梁校正仪等拉拔，这对车身具有很严重的损坏，尤其对采用现代制造技术的车身，钢板的强度与刚性以及防腐能力等要求是无法满足的，这就需要使用多点辅助拉平来修复。多点拉平维修应用如图4-29、图4-30所示。

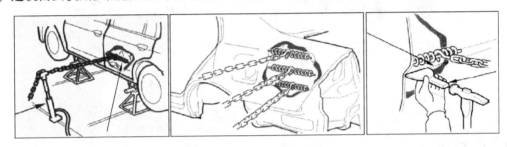

图4-29　多点拉平维修应用

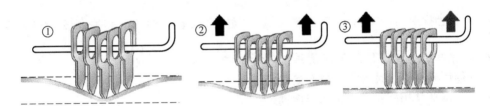

图4-30　多点拉平维修应用

如果车门或外板变形面积较大，则应采用多点拉平，特别是当相对冲压线和平坦表面出现大的变形时。在拉平的同时可以用钣金锤轻轻地敲击高起的凸点，使变形区域的残余应力得到释放。

车身外板件快速修复系统如图4-31所示。车身外板件快速修复系统适用于车门、门槛、车顶、踏脚板、侧围等传统整形机难以修复的部位。

优点：修理时间短，维修质量高，能最大限度地降低钢板延展，无须拆卸内饰件便可进行修复，节省维修时间，提高工作效率。

使用注意事项：

焊接主机起动前，务必确认设备电源的接地线、插座的地线要真正接线；或者把插头的地线接到电箱的地线上，这

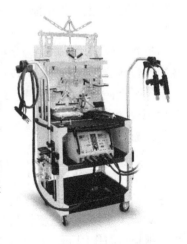

图4-31　强力快修组合

样才能起到消除静电的作用。并且搭铁钳和通电的枪柄之间没有相互接触,只有在满足这些前提条件的情况下,才可以接通主开关并操作所需的程序按钮。

强力快修组合除了配置专用介子整形机外,还配备了其他常见的组合工具附件,如图4-32~图4-36所示,这些附件在使用时应根据车辆损伤的部位、面积大小来合理选择使用。

图4-32 强力拉拔修正工具组

图4-33 快速拉拔修正工具组

图4-34 线性拉拔修正工具组

图4-35 省力拉拔修正工具组

图4-36 手动+滑锤拉拔修正工具组

2. 车身外板件快速修复系统使用与维修方法

首先使用砂布打磨片或黑金砂打磨油漆。

注意:不能使用砂轮,会把钢板磨薄。

其次使用焊机在受损的钢板上利用带电极的惯性锤进行单点拉伸,或采用多点拉伸(图4-37)。焊上一串垫圈成一条线,串上铁棒,用拉拔工具拉出。突出的地方可以用小锤敲平。

反复操作,用手掌轻轻平摸,找出凹面再拉,凸面再敲到最佳效果。要有耐心,力度要轻,慢慢地拉拔敲平。也可以使用水性碳粉涂抹在修复后的板面上,再使用手磨板或车身锉找出不平点,进行精细修整。最后,使用直尺在修复区用记号笔画出2cm×2cm的方格,用样板规校验。

注意:
- 焊接拉环前,请选择适合的砂纸打磨掉旧漆层。
- 调节适合的焊接电流。焊接电流过小不能将拉环焊接在金属表面上;电流过大会焊穿金属板,应从最小电流开始调整,焊接电流不得在板面上留下烧痕。

对于大面积以及强度较高的损伤而言,如果使用单点拉伸修复,效率会很低,再加上在惯性锤撞击的作用下,很容易产生凸点和把钢板拉出穿孔,影响维修质量(图4-38),并且难以恢复。因此,在修复作业时,须格外小心。

图 4-37　使用焊机进行拉伸　　　　　图 4-38　维修中的问题

强力快修组合系统的优点是采用多点拉伸可以将作用于板件的作用力分散并可以强力拉拔，利用金属的记忆特征反复地拉拔可以使损伤的板件得到不同程度的恢复，减少维修的范围，并且能把冲击力的破坏降到最低，这是非常有效的维修方法。

强力组合快修设备是从介子整形机设备技术上演变而来的，其设备的应用特征、原理与介子整形机设备相同，使用强力快修设备时要注意的安全事项与介子整形机使用注意事项、维修技术要求相同，这里不再赘述。

课堂活动：如图 4-39 所示，在实训车身上由老师做成不同位置的损伤，并安排学生修复。

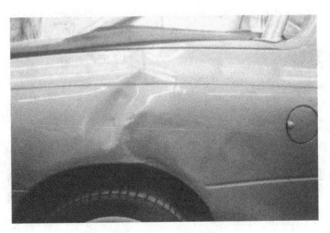

图 4-39　后翼子板表面损伤

对学生进行分组，每组选出一名负责人，负责人对小组任务进行分配。组员按负责人要求完成相关任务，并将自己所在小组及个人任务填入作业表中。

维修案例：后翼子板下部损伤的维修

维修步骤如下：

1）首先确定弹性变形损伤与塑性变形区，并用记号笔画出损伤的范围；然后使用工具打磨带有棱线的塑性变形区，打磨到看到黑色金属为止。打磨应该使用专用打磨设备如图 4-40 所示。打磨片使用黑胶轮片，其优点是不容易磨薄钢板并且打磨的表面较为细腻，可使介子整形机的焊接电流更好地通过钢板的接触点。

2) 使用直板尺与记号笔在棱线上画出直线,并把介子机调整到适合的电流,沿着画好的棱线把植钉焊接在棱线上,如图4-41所示。注意选用拉环平面与介子植钉方向垂直的植钉。

3) 测出焊接植钉的长度,选择合适的穿钉插入拉环内,如图4-42所示。

4) 如图4-43所示,选择合适的强力拉拔支架,调整拉伸螺杆长度,并固定在车身上,将拉钩钩在被牵拉的位置,反复地拉伸。待损伤的变形渐渐被拉平后锁住拉钳。

图4-40　专用打磨机

5) 如图4-44所示,使用胶质的线凿通过锤击释放钢板的应力,使其逐渐恢复定型和恢复弹性变形。

图4-41　介子植钉焊接

图4-42　插入穿钉

图4-43　固定强力拉拔支架

图4-44　释放应力

6) 如图4-45所示,用直尺检查被修复的表面是否拉平。拉平的标准是看不到直尺与钢板之间的缝隙。一般车身的外形部件呈一定的弧形,而不是直线。

7) 如图4-46所示,如果钢板变形区没有被拉平,再次重复拉伸,直到被拉平。

8) 如图4-47所示,拉伸完成后,除去拉钉,使用专用切割钳切除拉钉。注意:维修铝合金板面时不要使用旋转的方法拆除,否则会给铝合金板的表面留下损伤影响维修的质量。

9) 如图4-48所示,使用打磨工具将板面打磨平整。打磨时可以使用砂布制作的百叶打磨片或车身锉刀等,不建议使用砂轮片,高速的摩擦很容易让钢板产生高温带来不必要的变形和较粗的颗粒,很容易给板材的表面留下粗糙的打磨痕迹。

项目4 车身板件的修理

图 4-45 检查平面

图 4-46 再次校平不平面

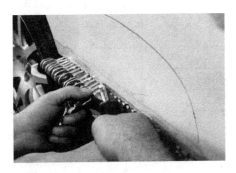
图 4-47 切除拉钉

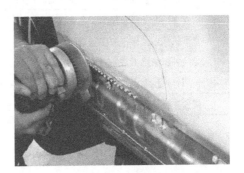
图 4-48 打磨板面

10)打磨后检查被维修的表面是否还有残留的凹坑,如果有少量的凹坑可以使用快速拉拔工具拉平,如图4-49所示。

11)修复后再用打磨工具磨平,如图4-50所示。

图 4-49 修平残留凹坑

图 4-50 再次打磨不平板面

12)如图4-51所示,最后再次用直尺检查被修复的表面,达到恢复的标准即为合格。修复后平整度越高,喷涂油漆的附着力越好,维修的质量越高。

工作最后别忘了在车身上预留的下水孔与维修孔处喷入防腐蜡或防腐喷剂。

图 4-51 最后检查

思 考 题

本项目的学习目标你已经达成了吗？请通过以下问题进行结果检验。

序号	问题	自检结果
1	什么是正托法？什么是偏托法？操作的要点是什么？	
2	缩火的操作要点是什么？	
3	使用锤击法修复板面的要点有哪些？	
4	汽车板件整修作业原则有哪些？	
5	小损伤钣金修复常用的方法主要有哪些？	
6	简述使用介子机修复的工艺流程。	
7	介子机使用与操作的注意事项有哪些？	
8	简述补锡维修工艺的流程。	
9	使用补锡技术对故障部位进行修复需要注意哪些问题？	
10	简述车身外板件快速修复系统的操作要点与注意事项。	

项目5 车身复合材料维修

学习目标

1. 掌握热塑性以及热固性塑料类别与鉴别方法。
2. 掌握热塑性与热固性常用塑料的维修方法。
3. 掌握使用粘接方法维修纤维车身的损伤。
4. 掌握玻璃纤维不同损伤的维修技巧。
5. 掌握碳纤维车身材料的基本原理。
6. 掌握宝马 i3 车身结构与维修要点。

情境描述

现代汽车车身上应用的复合材料越来越成熟，无论是出于行人的保护或减轻车身的重量，还是在节能方面复合材料都具有重要的作用。在车身修理中也越来越多地遇到复合材料，现在应用最典型的就是碳纤维复合增强材料。当轿车遭碰撞损伤时，将会更多地涉及复合材料部件维修与更换，有些复合材料部件是可以视情修复的，例如塑料部件出现的缺口、裂缝、擦伤、穿孔等损伤都是可修的。

任务1 常用塑料与一般维修

如图 5-1 所示，汽车常用塑料主要有聚丙烯（PP）、聚氯乙烯（PVC）、和丙烯腈—丁二烯—苯乙烯三元共聚物（ABS）等。目前塑料类型主要是热塑性塑料、热固性塑料、弹性体三种，用于车身覆盖件与结构件的主要是碳纤维增强树脂基复合材料、有机纤维复合材料等。这些塑料在结构、温度关系和维修方法等方面各不相同，其中弹性体实际应用的范围主要是密封条等部件，不是讨论的重点，在此我们主要学习的是热塑性塑料与热固性塑料。

图 5-1 车身上常用的塑料零部件

1. 热塑性塑料

热塑性塑料可进行加热和冷却，通过加热可使其软化（熔化），冷却后又被硬化，因此热塑性塑料是可焊的。热塑性塑料的突出特性体现在其温度关系上。根据材料成分的不同可以设计出坚硬且刚度高的塑料或柔软且防碰撞性能好的塑料。聚丙烯（PP）塑料是常用的塑料，例如车身上的保险杠和门槛饰板等，这些塑料件经过正确的表面处理后是可以维修的。但并不是所有的热塑性塑料都可以进行维修，例如聚乙烯（PE）。热塑性塑料类型见表5-1。

表5-1 热塑性塑料类型

塑料类型	缩写	特性	应用示例
聚丙烯	PP	较好的强度和化学耐腐蚀性，是一种耐酸、汽油和机油的热塑性塑料。这种塑料不易破损且具有一定的抗撞击能力	保险杠、车轮罩盖板、侧饰板
聚乙烯	PE	耐老化和耐化学腐蚀，指的是一种耐酸、汽油、机油和油脂的热塑性塑料。即使在低温情况下，这种塑料也比较坚硬、刚度大且抗撞击。这种塑料应用于燃油箱和空气通道等处。指的是一种耐酸、汽油、机油和油脂的热塑性塑料	燃油箱、清洗液储液罐
聚氯乙烯	PVC	耐风蚀	底部防腐层、车内饰板

2. 热固性塑料

热固性塑料是一种常见的硬质塑料，热固性塑料类型见表5-2。主要成分由催化剂和树脂相混合，通过加热、催化或紫外线光辐射等作用，使其处于浇铸与凝固状态，经过化学变化而形成的。这种热固性塑料在外力破坏下容易碎裂，不可焊接。热固性塑料是硬化塑料，温度变化时其自身变化很小，在车身上应用了很多这种复合类型的塑料，主要有后扰流板、硬顶、发动机舱盖、行李舱盖等。这些部件损伤后通常采用黏结剂粘接维修的方法来修复。

表5-2 热固性塑料类型

塑料类型	缩写	特性	应用示例
聚氨酯	PU	减振、弹性较好、导热性较弱	密封剂、吸收能量
环氧树脂 聚酯树脂	EP UP	耐热、强度高、耐风蚀	点火线圈、印制电路板
玻璃纤维增强塑料	SMC	耐热、强度高且尺寸稳定	行李舱盖、侧围、折叠式车顶盖

3. 弹性体

弹性体是一种形状稳定但具有弹性变形特性的塑料，这一类部件通常需更换，主要用于密封胶条等附件。弹性体塑料类型见表5-3。

表5-3 弹性体塑料类型

塑料类型	缩写	特性	应用示例
聚氨酯	PU	减振、弹性较好、导热性较弱	坐垫、车顶内衬、仪表板填充物
硅	SI	较高的弹性、耐热性	发动机舱盖和盖板、安全带、安全气囊
聚酯	PET	抗拉强度、刚度、较好的阻隔作用	织物、盖板、安全带、安全气囊

4. 车用塑料维修

（1）塑料维修方法

修复塑料零件的方法主要有三种：焊接、叠压和胶合粘接。

1）焊接。该方法仅适用于热塑性塑料，如 PA、PC、PE、PP、ABS 等。

2）叠压。塑料零件上的孔通常用固化剂通过玻璃纤维毡（GFRP）和树脂（聚酯树脂或环氧树脂）进行修补。必须以一定角度切割受损区域，以增加每层玻璃纤维毡与正在修理的零件之间的接触。如有必要，在叠压之前，必须为受损区域提供一层加强层。

3）胶合粘接。孔、裂纹和磨损不需要识别要修复的塑料类型，涂胶的基本方法通常是将双组分聚氨酯胶分在两个管中，通过压力混合管按正确的比例混合。把这种胶水涂在清洁和打磨过的受损区域。涂胶完成后，应使用发光热源（例如烤灯）加热涂胶区域，使其更快固化。然后对修复区域进行打磨和喷漆。

（2）塑料类型识别

虽然大量损坏的塑料零件可以修理，但通常应该更换，原因是使用的维护方法和每次维修的成本往往是不可预测的。然而，无论是事故车辆维修还是二手车维修，塑料件的维修成本都很低。

塑料零件的损伤一般分为三类。轻度、中度与严重损伤，塑料表面损伤通常是可修复的。严重损坏、严重变形或变形元件损坏时，不建议修理，应更换零件。

图 5-2 所示中说明了不同类型塑料在汽车上的应用情况：

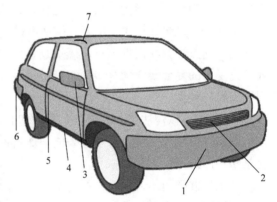

图 5-2 不同类型塑料在汽车上的应用
1—前保险杠（PP） 2—前格栅（PP）
3—反光镜（ABS） 4—侧面门槛嵌板（PP）
5—车门嵌条（PP） 6—后保险杠（PP）
7—车顶嵌条（PVC）
说明：PP—聚丙烯，PVC—聚氯乙烯，
ABS—ABS 树脂。

在修理不同类型的塑料零件之前，必须先准确识别塑料的类型。有很多方法可以识别塑料的类型，最简单的方法是根据塑料零件上标记的标志和符号来识别它们。国际标准规定了塑料的种类和规格，如果塑料零件上没有标记，则必须根据制造商的相关技术文献（如维修手册、零件目录等）确定塑料的类型。为了识别塑料零件的塑料类型，通常需要拆下塑料零件。塑料零件上有塑料类别、化学名称和通用名称的符号，以及不同塑料在汽车上使用的零件，这些零件通常可以在手册或维修手册中找到，类型的识别非常重要。

有几种方法可以识别生产中常用的塑料：

1）根据国际型号或 ISO 代码识别塑料的类型。如图 5-3 所示，塑料内部零件的类型符号通常在背面模制成椭圆形（必须将其移除才能读取符号），然后可以确定塑料零件的类型。

2）参考维修手册来确定塑料的类型。对于背面没有符号或不方便拆卸的零件，可以参考数据表上的材料说明来确定塑料的类型。

图 5-3 塑料的识别

3）燃烧法。取待鉴别塑料不显眼处的一小块，用钳子或镊子夹住或穿在金属丝一端，用火柴或丙烷火炬点燃，燃烧时会产生燃烧的臭气味。如果燃烧火焰的下部是蓝色的，顶部是黄色的，则这种塑料是聚丙烯塑料。如果燃烧时产生燃烧臭气味，没有烟火焰的下部是蓝色的、上面是黄色的，则这种塑料是聚乙烯塑料。若燃烧时，会产生浓重的黑油烟，继续燃烧火焰表面会移动，会产生轻微的气味，火焰是橙色的，则这种塑料是 ABS 塑料。如果在燃烧中，只产生碳粒，不能维持火焰，燃烧时产生灰烟和酸味火焰末端为黄绿色时，则该塑料为聚氯乙烯塑料。若燃烧时火焰为橙色，火焰飞溅，产生黑烟，聚氨酯在燃烧时变成热固性，则这种塑料是热塑性 TPUR 聚氨酯塑料或热固性 PUR 聚氨酯塑料。

燃烧识别方法容易发生火灾，燃烧过程中产生的烟雾对人体有害，也污染环境。此外，目前广泛使用的复合塑料含有多种组分，用燃烧法鉴别难度较大，因此，不建议使用此方法来识别塑料的类型。

4）试焊法。试焊法是一种较为可靠的塑料鉴别方法，在塑料件的隐蔽或损坏区域，用不同的焊条进行试焊，直到某一焊条能与塑料件良好地粘附和熔合为止，此时所用焊条的成分就是塑料件的主要成分。

修理保险杠类的塑料件时，先用水和塑料除垢器将表面清洁干净，再用研磨膏和除脂剂将保险杠损坏部位表面的蜡、灰尘和油脂清理干净。将要修补的端面加工成 V 形切口，然后通过焊接或粘合的方法进行修补。焊接前可将零件加热至 20℃，并使用专用的塑料修补工具焊接保险杠的裂纹。至于粘合，是修复塑料的最佳方法，通常是在接合面上涂上聚丙烯快干胶和多层专用网格编织物，将接合面快速连接在一起，并用焊条固定背面。焊接聚丙烯保险杠时，必须使用聚丙烯塑料焊条。用加热枪向塑料焊条和底材焊接处吹入热空气，然后缓慢地将加热的塑料焊条压到损坏的部位进行焊接。焊接完成后，等焊接部分充分冷却，然后切断多余的焊条，并使用锉刀锉平，再用 P50~P120 砂纸打磨表面。

（3）热成型

这种方法只适用于热塑性塑料的变形修复，较适用于修复凹痕。保险杠通常是塑料件，当变形和损坏时，可使用集中热源，如火炬或高温热枪对变形部分进行加热校正。当然，好用的方法还有使用烧开的开水浇烫来软化保险杠塑料，待其软化后通过按压恢复变形即可。这种方法简单，并且安全可靠。

热成型的步骤如下：

1）用肥皂和水仔细清洁保险杠的表面。清洗并干燥后，用塑料清洁剂除去保险杠表面的油脂和污垢，然后擦拭干燥。

2）用热源直接加热变形零件。当加热部分的背面感到热时，大约60℃，表明塑料部分已经完全透热。

3）简单的加热无法恢复零件的原始形状。在加热时，可以使用油漆工的刮刀来帮助定形和校正。

4）校正完成后，用湿海绵或湿布迅速冷却。

（4）焊接塑料件

焊接塑料件时应当注意，不是所有类型的塑料都可以焊接，因此，有必要确定塑料的类型。此外，穿孔修复方法很少使用，也不建议使用。在焊接时，可用热空气塑料焊枪（热风焊）或无空气焊接设备（无气焊）进行焊接，热风焊和无气焊的焊接工艺相似。焊接方法如图5-4所示。

在塑料修补件的平面上焊接时，可采用快速焊接方法将焊条填充到裂纹中。焊接前，应将焊条端部切割成60°角，并插进料管顶部。

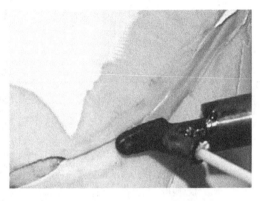

图5-4 使用热空气焊接法焊接塑料

焊条长度应与焊缝长度完全相等，用手握住焊枪使焊条与焊缝表面成90°，一手向下压焊条，另一手握住焊枪施焊。开始焊接后，立即将手柄向下倾斜，使电极与焊接表面成45°，以便工作。同时，将电极端部平稳均匀地移动，使电极沿着加热端自动进入焊缝。

焊接时不能停止。如因特殊原因需要停止焊接时，应立即拉起焊条，否则焊条会在焊枪筒内熔化。焊接完成后，待焊缝冷却，用钢丝刷将焊接部分刷平，最后用气动打磨工具磨平。

以汽车保险杠维修为例，汽车保险杠的维修是比较常见的工作，保险杠变形后恢复维修方法见表5-4。

如果保险杠被割伤，可以使用塑料焊接的方法来修复，维修的方法见表5-5。

表5-4 保险杠的维修步骤与方法

	维修步骤	维修图示
1	确定变形的位置	

(续)

维修步骤		维修图示
2	在前期清洁等工作完成后,在热塑性保险杠的背面使用加热烤枪对变形位置进行加热。注意烘烤表面的温度,不要将塑料烤糊	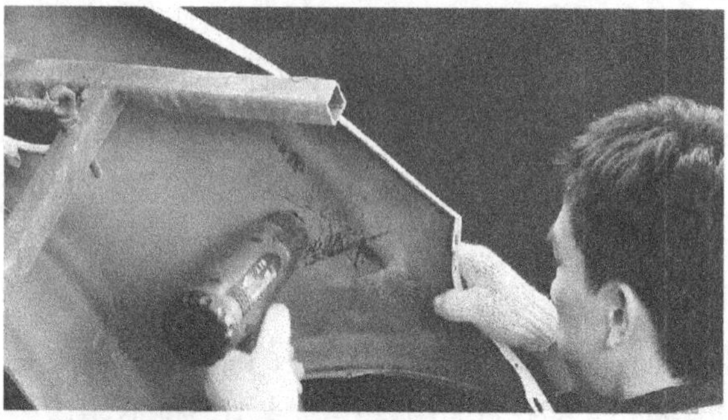
3	在背面使用辅助矫正工具将变形部分顶出,外部如果高出,可用手按压矫平,待冷却成形后可以使用干磨机将表面打磨修平	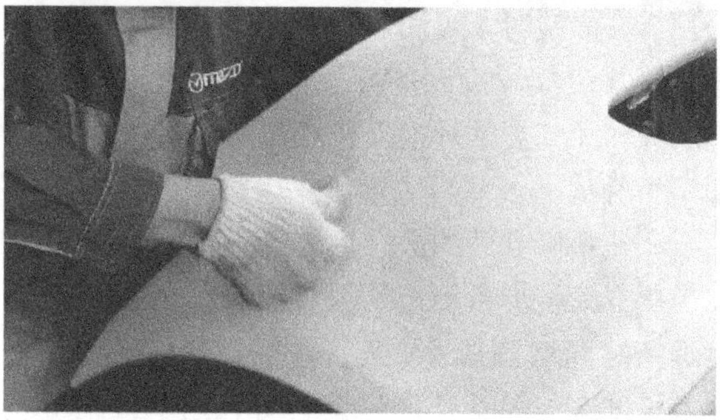

表5-5 保险杠被割伤的维修方法与步骤

维修步骤		维修图示
1	首先在保险杠的外表面将割开的切口使用砂带打磨机将切口打磨并加工出V形	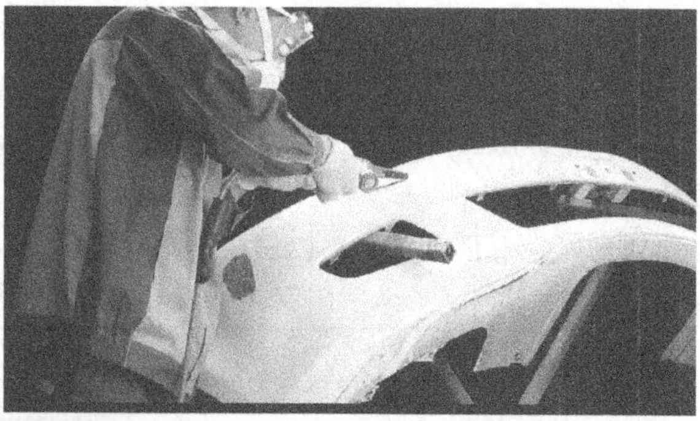
2	一手持塑料焊条,一手持塑料加热焊枪进行加热焊接	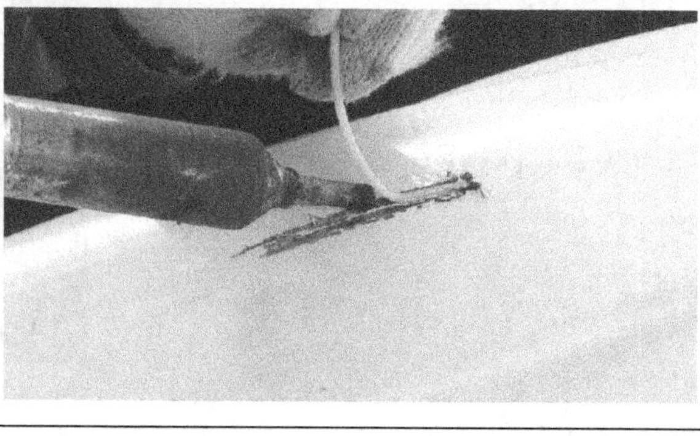

(续)

	维修步骤	维修图示
3	待切口焊接完成后,用割刀将多余的焊条切除	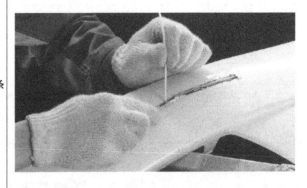
4	在保险杠的内侧用同样的焊接方法将焊条熔接在切口上。注意为了保证焊缝的强度,应当左右弯曲进行焊接,使焊缝形成多个S形。待冷却成形后可以使用干磨机将表面打磨修平	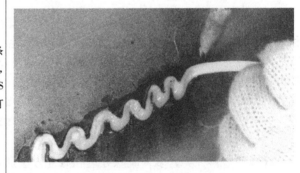

(5) 粘接

此方法最适合作为塑料维修解决方案,黏结剂适用于所有塑料零件,如热塑性塑料、热固性塑料、弹性体等,不需要识别塑料的类型。塑料车身修复套装如图5-5所示。

胶粘修补材料可与环氧树脂和聚氨酯以1∶1的体积比例均匀混合。这种粘合方法也适用于修补穿孔、划痕和裂纹。修补缺陷和裂缝时,可以在背面使用网格纤维片、垫块加强维修的强度。应注意的是,无论是塑料还是纤维基材料,都必须在裂纹两端打一个小孔,防止裂纹扩展。这种胶粘方法因其高强度和良好的油漆附着力而广受欢迎。

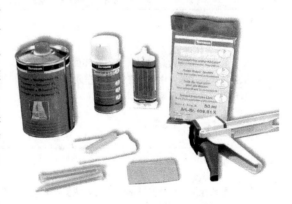

图5-5 塑料车身修复套装

用于塑料维修套件包括塑料黏结剂、塑料底漆、清洁剂和稀释剂、涂敷枪、网状加强织物、加固条,见表5-6。另外,维修塑料部件时还需要一个红外线灯来加热。

表5-6 塑料粘接材料

塑料黏结剂	塑料黏结剂以双组分聚氨酯为基础制成。这种黏结剂具有很好的研磨特性，能够附着在所有车漆上，部分使用的双筒可重复使用
塑料底漆	塑料底漆以合成树脂为基础制成。底漆的风干时间大约为10min。底漆的作用主要是提高附着力
清洁剂和稀释剂	清洁修复区的表面用，清洁剂和稀释剂的风干时间非常短
涂敷枪	用于涂敷塑料黏结剂
网状加强织物	网状加强织物用于维修穿孔和裂缝，可加固维修部位
加固条	除网状加强织物外，在裂缝端部处还使用加固条。这样可以最佳固定维修部位并提高所维修塑料部件的扭转刚度

任务2 纤维基塑料车身的维修

在汽车制造中，使用玻璃增强材料（俗称玻璃钢）代替金属的汽车很常见，主要有SMC和GMT材料。通常这两种材料主要用于保险杠、前挡泥板、备胎罩和行李舱盖。有很多种纤维基塑料用于车身外覆盖件，纤维基塑料主要有玻璃纤维复合塑料、聚氯乙烯复合材料和碳基纤维复合塑料。车身零件上的玻璃纤维塑料是由细的线性玻璃纤维和树脂、催化剂和混凝剂制成的。玻璃纤维和树脂可以形成一种特别坚硬、坚韧和耐腐蚀的材料，因此广泛应用于车身部位。玻璃钢零件的修理应特别注意，其修理技术要求与金属板零件有很大不同。

1. 常用纤维材料维修方法

纤维基塑料种类繁多，应急处理和修复方法通常是用树脂胶将网状的专用维修膜连接起来。这种修理方法相对安全和容易，因为玻璃纤维基塑料是由细小的线性玻璃纤维和树脂、催化剂、混凝剂组成的固化部件，包括我们现在常说的碳纤维材料的养护，也需要用树脂、催化剂和混凝剂进行固化。纤维基塑料和PVC塑料零件的修理步骤见表5-7。

表5-7 纤维基塑料、PVC塑料部件维修步骤

序号	步骤说明	维修图示
1	首先用油脂和蜡清洗剂清洗损伤部位周围的表面，彻底清洁损坏部件。用风枪将水迹吹净并干燥5min。再用清洁剂对部件进行彻底处理	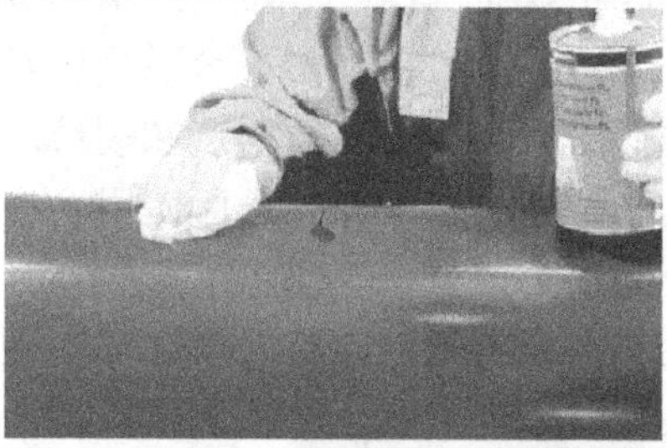
2	打磨或锉掉、锯掉修理部位孔内外两侧所有破裂的材料，对维修的区域进行表面处理，使用砂带研磨机将维修部位边缘正面磨削成楔形。再用P36砂带打磨掉损伤部位周围至少75mm范围内的油漆和底漆	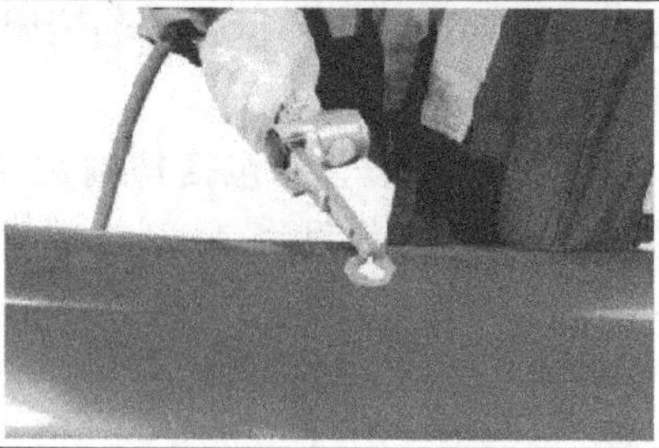

(续)

序号	步骤说明	维修图示
3	使用打磨机粘贴 P120 砂纸进行打磨羽化，如果损伤部件有裂缝，那么必须在裂缝端部钻孔，最好钻出直径大约 6mm 的孔，避免裂缝继续扩大，这个孔也应磨削成楔形。必须处理维修部位的两侧、背面，完成后清除研磨粉尘	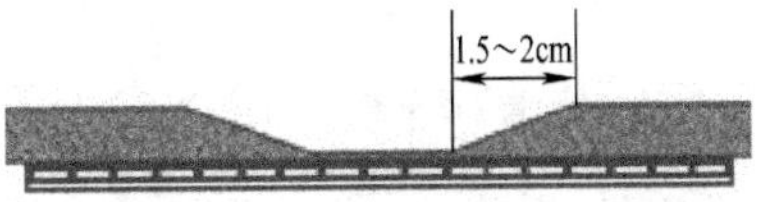 
4	清除修理部位内表面上的灰尘死角，用溶剂擦拭损伤区，用 P80 砂纸打磨孔的周围，以获得一个较好的连接表面。在涂敷底漆之前，必须用清洁剂和稀释剂对维修部位两侧重新进行处理并干燥 5min。之后才能在两侧喷涂一层底漆，并在常温下干燥 10min	
5	准备好补片良好地附着在表面，用除油剂擦拭修补表面；底漆风干后，可以开始进行粘接处理，在裂缝端部处粘接加固条，在损伤部位背面涂敷黏结剂，大约 10min 后可对黏结剂进行处理	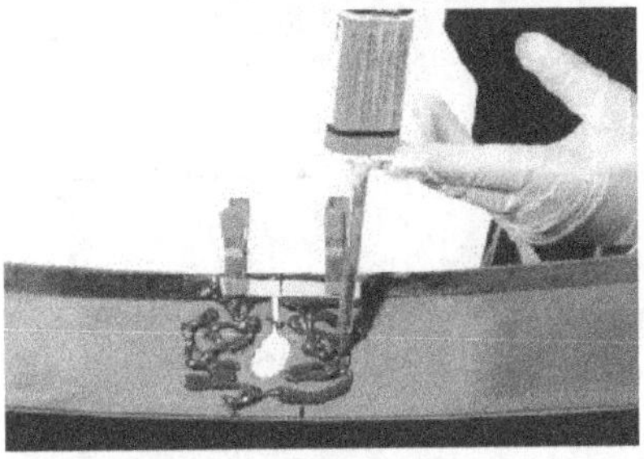
6	固定前在待粘接的加固条上放一层聚乙烯膜，以免粘住或弄脏夹紧钳。此外还应使加固条弯曲，以使更多黏结剂进入加固条和塑料部件之间，从而进一步加固裂缝部位。然后根据损伤部位大小裁减一块网状加强织物，将其放入黏结剂中，使黏结剂完全渗入整块织物。用塑料刮刀或刷子将黏结剂涂敷在网状加强织物上，必须用黏结剂完全覆盖住维修部位	剪 5 块大小可覆盖穿孔和斜切口的玻璃纤维布块。布块的数量可根据原面板的厚度来确定 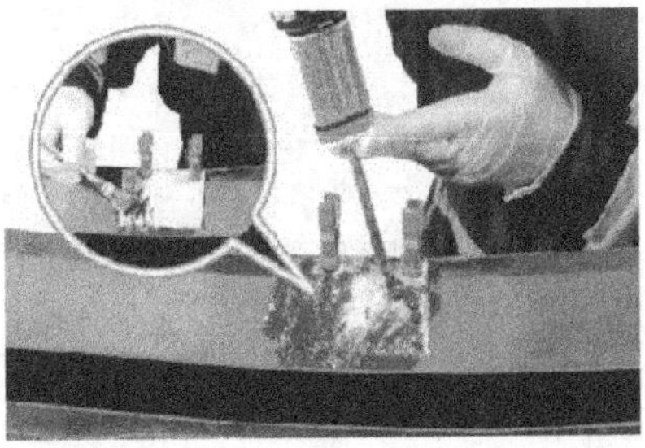

（续）

序号	步骤说明	维修图示
7	对维修部位正面进行粘接之前，应使用红外线烤灯将处理的背面烘烤硬化15min，温度60~70℃。加热时灯和修补表面应保持300~380mm的距离，要注意不允许修理部位的温度超过93℃，因为过高的温度会使材料产生变形	
8	粘接维修部位的正面，将黏结剂涂敷在正面时尽量不要渗入空气，用刮刀从维修部位中部向外刮平。在此过程中，应始终涂敷过量的黏结剂，以确保研磨时能够重新恢复塑料部件原来的形状。此外，涂敷时还要确保喷嘴尖始终在黏结剂内	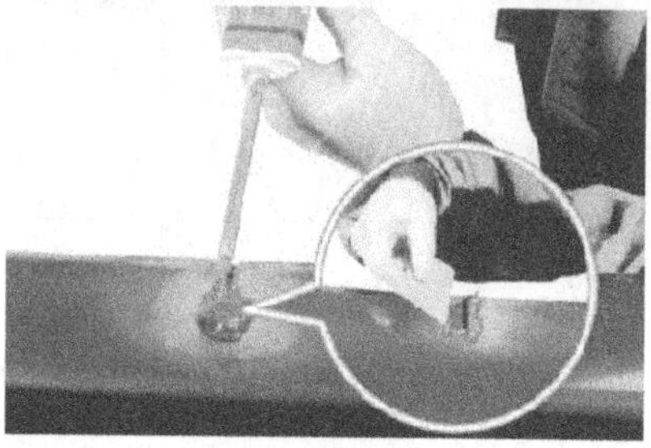
9	再次用红外线灯设置温度60~70℃对维修部位干燥15min，并使其在常温条件下冷却下来	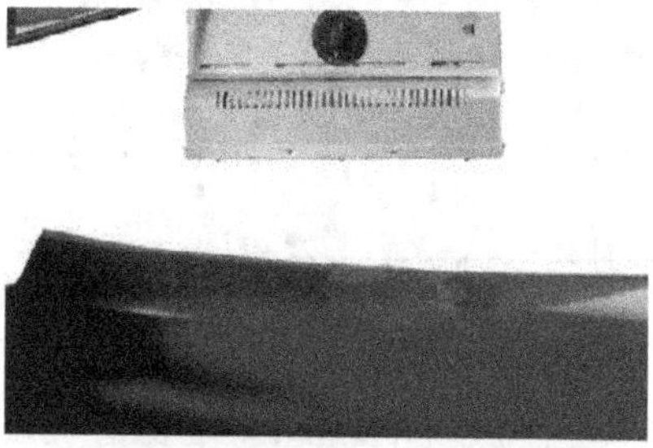
10	使用P120砂纸磨掉过量的黏结剂。要确保磨削出维修部件的原有形状。随后使用粒度越来越小的砂纸。用粒度P240的砂纸精磨后，用清洗液仔细清洁维修部件	
11	为进一步强化维修的质量，如果方便施工，在维修位置的背面至少将涂有树脂混合剂的玻璃纤维布粘上两层，必须保证布能覆盖住穿孔和切口打磨部位，并良好接触。至于碳纤维材料，维修的方法与修复玻璃纤维材料的方法是一样的	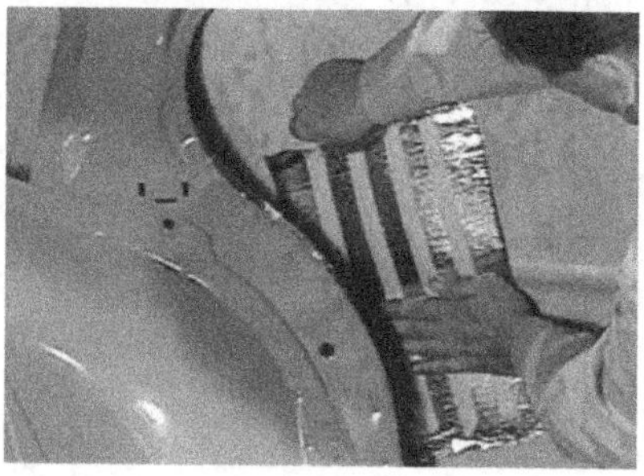

(续)

序号	步骤说明	维修图示
12	最后在维修部位上喷涂一层底漆，风干 10min 后即可进行涂装作业。为加速固化过程也可采用加热灯。当修补材料完全固化后，打磨掉多余的材料形成基本外形轮廓，再使用 P800 砂纸和打磨块进行打磨，最后用 P120 或更细粒度的砂纸打磨	

2. 玻璃纤维面板部件更换方法与流程

1）玻璃纤维板部件在车辆被撞时可能会破裂或撕裂，如果损坏严重，应更换面板，但要首先纠正内部钢架的损坏，如图 5-6 所示。

2）玻璃纤维板的粉尘附着在人体上会刺激人体皮肤，刺激胃膜。玻璃钢零件修理时，应注意安全操作。为确保操作人员的人身安全，打磨时一般要戴上护目镜、防毒面具、手套和长袖工作服，如图 5-7 所示。

图 5-6 隐藏的车架损伤

图 5-7 工作防护

3）为了从车身上切割面板，可以使用锤子和宽刃錾子。如果可能，也可以使用气动錾子（宽刃錾子）。使用气动錾子时不要用力过大，最好控制在只是削减面板接缝，如图 5-8 所示。如果要完整取下旧件，则需要使用加热烤枪在原粘接部位加热至 100℃，然后楔入撬具将旧板拆除。

4）将錾子插入间隙，分离并拆下损坏的面板。使用砂光机打磨所有间隙和间隙周围 7～100mm 的区域，以减少用于粘合和填充的面板厚度。同时，对新面板各连接部位表面进行打磨，以便去除残留的黏结剂和玻璃纤维颗粒，如图 5-9 所示。

5）正确放置新面板，检查相应的间隙和棱线，并重新安装预先拆下的其他部件，可以用夹钳或自攻螺钉暂时定位。检查并确保功能正常。调整新面板直至合适，然后将新面板拆下。

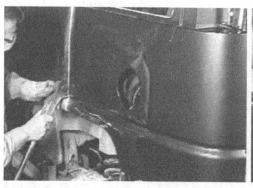

图5-8 使用切割工具切割损坏的侧围

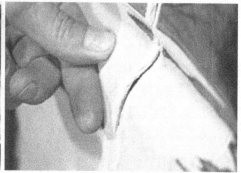

图5-9 清除残余的黏结剂和玻璃纤维（左图），安装新面板检查位置是否正确（右图）

6）检查面板的接合处，确保所有面板笔直一致，因为面板粘合后，无法再进行调整。

7）安装新件。将倒入容器中的树脂加入固化剂中，搅拌均匀。需要注意的是控制固化剂的用量，因为固化剂的用量会直接影响树脂的固化速度，定位需要时间。切割75mm宽的玻璃纤维垫圈，将其切成短条，并将浸渍的短条粘贴到需要组合的位置。面板干燥后，连接并定位面板。多次粘贴时注意清除气泡，不要使固化速度过快。在养护过程中，不要移动面板，否则会断开连接，使以前的工作前功尽弃。注意：如果是整板更换，可直接使用钣金胶粘接，然后安装紧固螺钉即可。

8）待固化后，拆除夹钳和固定螺钉，然后打磨缝隙处并填充增强玻璃纤维塑料腻子，使固化剂和填料腻子充分混合。等腻子固化后用车身锉将填充的腻子层锉平80%，再使用干磨机磨平，如图5-10所示。

9）将表面清理干净并检查被修复的表面，如果有小的缺陷可以填充增强玻璃纤维塑料腻子修复或使用专用填眼灰填平。

注意：在干燥时，如果使用烤灯烘烤时，需要调整好烘烤距离与温度，在无人监控的情况下要关掉烤灯，以防发生火灾。在

图5-10 先将维修区域表面进行打磨，再将背面进行打磨

工作现场需要放置灭火器材。

3. 对碰裂的玻璃纤维面板的修理

当汽车被撞时，会导致玻璃纤维板裂缝或分裂成几块。对原件进行维修，有时比更换新面板更省时、更经济。大多数破裂的零件在修理时，可以按照以下步骤进行：

1）使用清洁剂清除损坏零件表面的蜡和油脂。用36号磨盘去除受损部位75mm范围内的原漆层，并在受损部位75mm范围内附着的灰尘或其他物质清除。

2）制备玻璃纤维树脂与固化剂的混合物，然后在混合物中加入玻璃纤维进行增强。

如图5-11所示，倒入容器中的树脂严格按照使用说明书的说明加入固化剂，搅拌均匀。需要注意的是注意固化剂的加入量，它直接影响树脂的固化速度，因为安装、调整和定位都需要一定的时间。然后在待修复的表面涂一层树脂，如图5-12所示。

图5-11　将树脂与固化剂按比例调和，再将剪切的玻璃纤维片浸入调和的黏结剂中

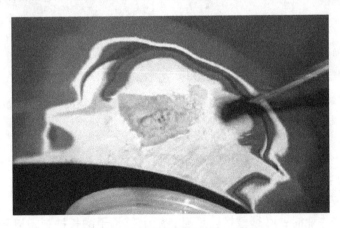

图5-12　在待修复的表面涂一层树脂

3）如图5-13和图5-14所示，切割75mm宽的玻璃纤维垫片，将其切割成短条，然后将浸渍的短条粘贴到需要粘合的位置。注意在多次粘贴过程中，清除内部气泡，不要使固化速度过快。如果裂纹部位的范围较大，可用玻璃纤维胶带或金属片固定在受损部位的面板背面，为修复部位提供足够的支撑。如图5-15所示，用塑料挂板将附着的玻璃纤维压平，去除内部气泡。

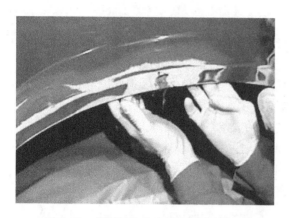

图 5-13 将浸透的玻璃纤维粘贴在背面

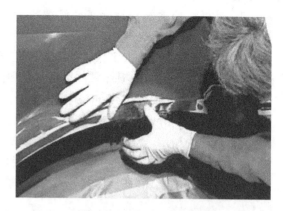

图 5-14 带背面修复后再用浸透的玻璃纤维将表面损伤的位置修复

4）当面板重新安装，填料固化后，拆下所有金属板和螺钉，用 36# 磨盘打磨修复部位，使修复部位光滑，如图 5-16 所示。

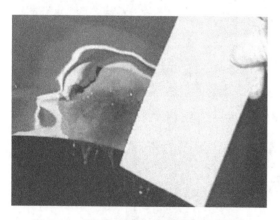

图 5-15 使用塑料挂板将粘贴的玻璃纤维压平并去除里面的气泡

图 5-16 待树脂凝固后使用打磨机将多余的部分磨平

由于玻璃钢中使用的混凝剂是甲乙酮过氧化合物，会产生有害气体，因此在维修工作中必须注意以下几点：

① 仔细阅读玻璃纤维材料的使用说明书和警告标志。

② 在进行维修作业时，必须戴橡胶手套，穿上带领子的长袖衫，以防打磨时灰尘沾到皮肤上，并在暴露的皮肤上涂抹保护油脂。如果树脂和固化剂与皮肤接触，立即用硼砂肥皂和水清洗，不要使用清漆或变性酒精。

③ 维修车间应确保良好的通风。

④ 修理玻璃纤维零件时，盖住周围区域，以防止树脂溅到油漆或装饰零件上。

⑤ 维修时使用过的工具和设备应立即用稀释剂清洗。

任务3 碳纤维电动汽车车身材料维修

电动汽车的车身结构与传统的汽车车身结构差异不大,主要还是根据电动汽车的动力特征与零部件的安装要求,从传统汽车车身技术上演变而来。目前有两种技术路线,一种路线秉承了传统的钢制车身改进,另一种路线走向轻量化方向,车身的材料选用多样,如铝合金、工业塑料、工业陶瓷、纤维基复合材料、碳纤维等。为解决汽车的轻量化发展要求与车身刚性设计的矛盾,碳纤维自从诞生以来就一直是汽车制造厂家的研究热点,例如中国前途汽车公司生产的K50、宝马公司的i3等汽车。就维修而言,钢制车身维修的方法与前面介绍的维修方法相同,铝制车身维修在后面的课程中会涉及,在此主要介绍碳纤维复合增强材料车身的维修。

1. 碳纤维材料的基本属性

碳纤维是一种由碳元素组成的无机纤维,具有类石墨结构,是一种力学性能非常优异的新材料。它的重量不到钢的1/4,是铝合金的1/2,现在钢制车身的超强度钢的抗拉力在1100~1800MPa,碳纤维树脂复合材料的拉伸强度一般都在3500MPa以上,是高强度钢的7~9倍,抗拉弹性模量为23000~43000MPa。但碳纤维材料也只是沿纤维轴方向表现出很高的强度,其柔韧性、耐冲击性却较差,容易损伤,因此在制造成为结构组件时,往往利用其耐拉质轻的优势而避免去做承受侧面冲击的部分。常见碳纤维材料类型见表5-8。

表5-8 常见碳纤维材料类型

碳纤维	T300	T700	T800	T1000
拉伸强度/GPa	3.54	4.90	5.50	7.01
抗拉模量/GPa	230	230	290	290
直径/μm	7.1	7.1	5.1	5.1

碳纤维复合材料是由环氧树脂与碳纤维复合材料组成。

碳纤维(CF)主要由碳组成,碳的质量分数一般在90%以上,碳纤维具有耐高温、耐磨、导电、导热、耐腐蚀等特性。与普通碳素材料不同,它具有明显的各向异性、柔软性,可以加工成各种织物,并沿纤维轴表现出高强度。制备碳纤维的主要原料是黏胶纤维、聚丙烯腈纤维和沥青。一般以聚丙烯腈为原料制备高强高模碳纤维。碳纤维的制备需要五个阶段:拉丝、牵伸、稳定、碳化和石墨化。

环氧树脂(EP)是一种具有环氧基的低聚物。当它与固化剂作用时,可以形成具有三维网络结构的固体。它具有以下特点:

① 从化学结构上看,具有活性环氧基、羟基、醚基等,附着力强,能将增强纤维牢固地粘合成一体,使其成为一个整体来承受外力。

② 固化过程中形成三维网状结构,交联密度高,固化收缩率低(一般小于2%)。

③ 高强度、高模量、大伸长率有利于提高丙烯酸酯橡胶的力学性能。

④ 耐热、耐寒,可在-50~180℃范围内使用,热膨胀小(39×10^{-6}/℃),比 T_g 低。

⑤ 成型工艺好,适应性强,成型工艺成熟。

⑥ 耐化学性好,耐腐蚀性强。

环氧树脂/碳纤维复合材料的性能主要取决于碳纤维、环氧树脂以及环氧树脂与碳纤维的结合性能。环氧树脂/碳纤维复合材料具有优异的性能，与钢相比，环氧树脂/碳纤维复合材料的比强度是钢的 4.8~7.2 倍，比模量是钢的 3.1~4.2 倍，疲劳强度是钢的 3.1~4.2 倍、是铝的 2.5 倍，具有良好的高温性能。当工作温度达到 400℃ 时，其强度和模量基本保持不变。此外，它具有低密度和线膨胀系数，耐腐蚀，抗蠕变，良好的完整性，抗分层，抗冲击。在现有的结构材料中，其比强度和比模量的综合指标最高。在成型过程中，环氧树脂/碳纤维复合材料具有容易大面积整体成型和成型稳定的独特优势。碳纤维结构模型如图 5-17 所示。

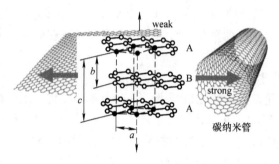

图 5-17 碳纤维结构模型
$a = 2.456Å \quad b = 3.354Å \quad c = 6.708Å$

生产碳纤维时是通过一个可溶的中间阶段对有机厚料进行碳化处理。

如图 5-18 所示，预氧化丝的碳化增加了碳纤维表面的含氧官能团和粗糙度，增加了纤维与本体树脂材料之间的粘附性，并提高了性能，特别是层间剪切强度。碳纤维表面改性处理方法主要包括表面氧化（图 5-19）、表面涂层和表面沉积。

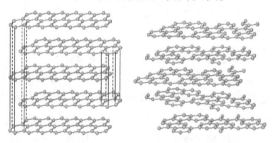

图 5-18 预氧化丝的碳化

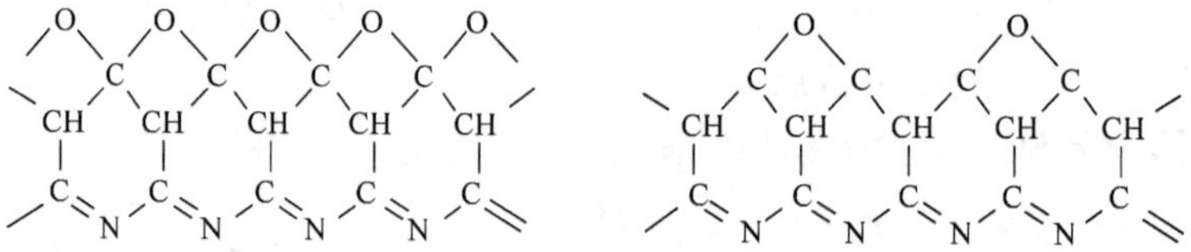

图 5-19 氧化反应

如图 5-20 所示，碳纤维板的制造原理与纸板的制造原理相同。当多层纸粘在一起时，纸板变得很硬。5~10 层或更多层就像蝉翼一样薄的碳纤维布，用环氧树脂黏结剂将多层碳纤维布层层粘合在一起，形成较厚版本的碳纤维布。

每根碳纤维由数千根直径约为 5～8μm 的较小碳纤维组成。碳纤维原子排列如图 5-21 所示。在原子水平上，碳纤维与石墨非常相似，由排列成六边形的碳原子层组成。两者的区别在于层与层之间的联系。石墨具有晶体结构，层间连接松散，而碳纤维不是晶体结构，层间连接不规则，这样可以防止打滑并提高材料强度。图 5-22 显示了复合材料和金属材料疲劳损伤变化的比较。

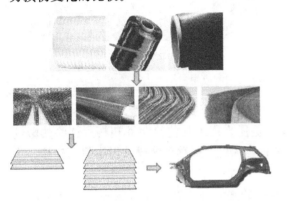

图 5-20　碳纤维车身的制造方法与过程

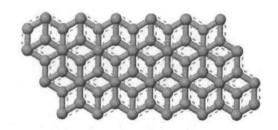

图 5-21　碳纤维原子排列结构

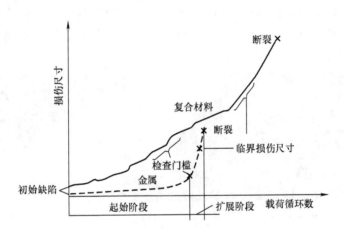

图 5-22　复合材料与金属材料疲劳损伤增长比较

车身上使用的碳纤维材料也叫汽车碳化纤维，一般碳纤维的密度为 1750kg/m³，它是一种由碳纤维编织或层合在中间层的材料。由于碳纤维是一种纤维织物材料，可以编织成碳纤维布。

半成品碳纤维为纤维长丝，制成类似塑料编织袋的纤维布，然后用环氧树脂在模具中逐层叠层粘合，每层之间不得有气泡。一旦有气泡，它就是一种废物。二维平面加工可以机械叠加，变化较大的三维曲面需要人工或机器人叠加。半成品胶接后，采用高温高压烘箱进一步压缩和加强胶接体积。最后，通过去毛刺、研磨和抛光来处理完成的部件毛坯。

在汽车轻量化应用领域，梅赛德斯－奔驰 SLR 迈凯伦（图 5-23a）采用碳纤维材料作为溃缩区域零部件材料。螺旋形碳纤维折叠柱是由大量的厚碳纤维编织而成的。这个结构很硬，但在正面碰撞中，它可以被分解成无数小块来吸收大量的能量。类似于汽车钢化玻璃的破碎原理，碎片不会对人造成伤害。

a) 奔驰SLR迈凯伦

b) 宝马i3车身

图 5-23 碳纤维材料在车身中的应用

在实际应用案例中，宝马 i3 车身采用了碳纤维来优化车身整体重量，如图 5-23b 所示。宝马 i3 车身除了全碳车身采用碳纤维外，车身外盖还采用了其他热塑性塑料。这些热塑性覆盖材料具有良好的韧性，即使与冲击强度与其相当的可变形移动障碍物发生侧面碰撞，也没有明显的皱纹出现。

聚丙烯腈纤维前体可以分解成气相，通过复杂的多阶段工艺，在温度高达 1400℃ 的炉内，采用不同的温度和压力条件，逐渐去除杂质，直至纤维几乎完全由碳组成，具有稳定的石墨结构。这种碳纤维的直径只有 7μm。在此过程中，原白色聚丙烯腈纤维长丝逐渐变黑。处理完成后，就像拧麻绳一样，大约每 50 000 根处理过的碳纤维将被编织成纤维束，如图 5-24 所示。

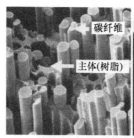 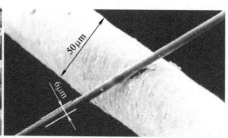

图 5-24 碳纤维束

在碳纤维板生产中，碳纤维表面缺陷气相沉积修复的补充工艺是利用聚焦电磁场对碳纤维进行感应加热，形成乙炔反应环境，将乙炔裂解成氢和碳原子。这是一种控制碳纤维和石墨化碳纤维质量的方法。碳原子沉积在碳纤维表面，特别是空隙中，以达到修复缺陷的目的。

如图 5-25 所示，宝马采用树脂传递模塑（RTM）工艺。首先对碳纤维织物进行预成型，然后将碳纤维放入模具中，高压注射环氧树脂。在模具中，聚丙烯腈（PAN）与聚丙烯纤维熔融并在 450℃ 下烘烤。颜色由金黄色变为黑色后，分别在 1300℃ 和 2550℃ 的烘箱中烘烤。在烘箱中加入大量氮气或其他惰性气体，防止纤维在烘烤过程中自燃。

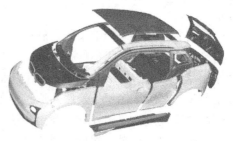

图 5-25 宝马 i3 车身整体结构与应用材料的分布

通过树脂传递模塑工艺，将 7~11 层碳纤维材料叠放在一起，通过精确的温度、压力和时间控制，将碳纤维与环氧树脂结合固化，最终形成碳纤维板。

2. 碳纤维车身的维修

在汽车碳纤维复合材料的大规模应用中，往往需要与其他材料相连接，如复合材料与其他复合材料、复合材料与金属等。

复合材料构件之间以及复合材料与金属构件之间通常有三种连接方式：胶接、机械连接和混合连接。在复合材料连接中，连接方式视情况而定。一般来说，对于需要传递较大集中载荷并强调可靠性的零件，通常采用机械连接的方法。对于需要传递均匀载荷或承受剪切载荷的零件，通常采用连接效率较高的胶接方法。混合连接适用于需要冗余连接的零件，如中厚板的连接。

碳纤维具有很好的耐久性，但一旦发生剐蹭，后果不堪设想，碳纤维的修复并不容易，如图 5-26 所示。碰撞时，碳纤维可能会粉碎性断开来吸收撞击能量，在维修时只能进行更换，对于轻度或中度损伤可以参考玻璃纤维的修复方法来修复，维修时所需的填充材料必须是碳纤维编织材料，使用双组合环氧树脂胶进行粘接。

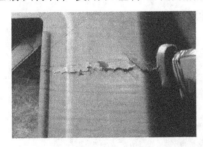 

图 5-26　碳纤维车身表面的损伤

胶接是指两个或多个部件通过黏结剂相互连接，是复合材料连接中较为常用的连接方法。胶接法可以避免因打孔而引起的应力集中导致影响层合板的强度，且连接效率高，结构轻，成本低，抗疲劳、减振、密封和绝缘性能好，可获得光滑的气动表面，无电化学腐蚀问题。缺点是缺乏可靠的检测方法，胶的固化会产生较大的残余应力，胶的质量难以控制。胶接强度分布广，剥离强度低，难以承受较大的载荷。涂胶前的表面处理要求比较严格。胶接是一种永久性连接，不能拆卸，材料回收困难，在维修时需要将板面加热到 100℃ 以上才能拆解。为了提高结构强度，胶接应选择胶层朝最大强度方向剪切的连接形式，尽量避免胶层受力，防止层压板端部剥离和层间剥离。在高温下工作时，所选用的黏结剂与连接件的热膨胀系数应尽可能一致。采用嵌入维修的胶接方法如图 5-27 所示。

机械连接主要是用紧固件将两部分连接在一起，如螺栓、铆钉和专用紧固件，如图 5-28 所示。其中，螺栓连接是一种可重复拆卸的连接，其承载力高于一般用于主承重结构连接的铆钉连接。铆接是不可重复的、不可拆卸的连接。虽然承载力很小，但它们可以通过表面更光滑的沉头铆钉的形式获得。对于一些特殊要求，如结构不开闭、接触困难、表面曲率大、密封要求高等情况，可酌情采用适当的特殊紧固连接。

因为碳基复合纤维材料不具有焊接连接能力，所以采用机械连接的结合方式，通常在板材上铆接拉铆螺母或者使用粘接方法进行连接，但是不能用这个方法来修理碳制车顶。

机械连接的优点是便于检验质量，有效保证检验的可靠性。对于螺栓连接，可在使用过

汽车车身覆盖件和结构件修复

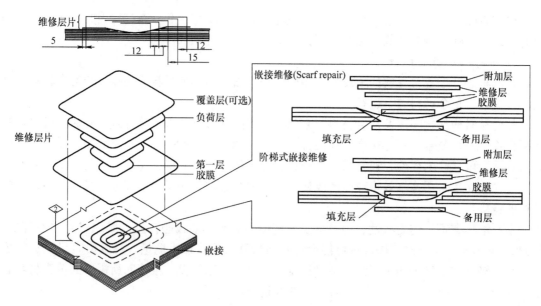

图 5-27　嵌入维修的胶接方法

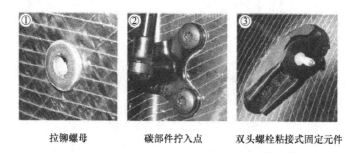

图 5-28　碳纤维车身零配件固定安装的方法

程中反复拆卸和安装。接头表面的制备和加工精度要求相对较低，可避免因黏结剂固化而产生的残余应力，特别是对剥离应力不敏感，接头厚度没有限制。

但是，采用机械连接制作螺栓孔时，会引起孔周围应力集中，降低连接性能，而制孔过程会对复合材料造成不同程度的损伤。为了减少制孔对层压板强度的影响，通常需要增加局部层压板的厚度，再加上使用紧固件，从而增加了连接部位的重量。部分钢材和几乎所有铝合金紧固件及复合材料接触都会引起电化学腐蚀，而与之接触的金属零件则容易出现金属疲劳问题。

基于上述粘接和机械连接的方法，在碳纤维汽车的维修中，通常需要将这两种方法结合起来，即混合连接。混合连接是使用至少两种连接方法连接两个或多个组件。通常机械连接和通过层合板厚度的胶接同时使用，如螺栓连接和胶接、铆接和胶接。如果从工艺上严格保证连接质量，使两者变形均匀，同时受力，可以起到防止或延缓粘结层损伤扩展，提高抗剥离、抗冲击、抗疲劳和抗蠕变等作用。同时，混合连接也带来了孔应力集中、结构重量增加、造价增加等不利影响。

碳纤维复合材料的力学连接按受力可分为单剪和双剪两种。根据是否有起连接作用的搭接板，分为对接和搭接两种。每种类型都分为等厚度以及变厚度连接。应注意的是，单剪连接会产生附加弯曲，从而导致节点承载力和连接效率的降低。应尽量采用双剪力连接，避免使用单剪力连接。采用单剪连接的非对称连接形式时，应采用排距最大的多排扣件，以尽量减少偏心荷载引起的弯曲应力降低。由于碳纤维复合材料的形状较差，多排紧固件的载荷分布将不均匀。在设计多钉连接形式时，应尽量采用不超过两排紧固件的连接形式。紧固件应尽量平行布置，避免错开布置，以提高连接强度。合理的斜削型可以提高节点的强度，但如果设计不合理，斜削位置的承载能力比等厚节点差，设计的关键是斜削厚度和紧固件直径的选择。

在车辆维修中，以上不同的连接方法可以参考铝车身胶粘铆接的维修方法，这里不再细述。不管采用哪一种连接方式，在维修时应特别注意每一条螺钉的拧紧力矩，防止造成固定元件和碳制结构部件损坏，在车间的维修手册中可以找到相关的维修说明。以宝马i3为例，如果乘员舱受损严重，则必须更换新的车舱，在更换车舱或安装车舱时应当先将车舱安装在底盘上面（图5-29），然后再安装其他的零部件。

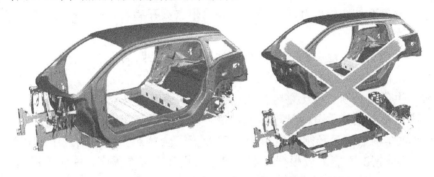

图5-29　宝马碳纤维车身与车架的连接方法

宝马i3的前车门外部面板由两个已在生产过程中粘接好的塑料部件构成。为了提高车门的整体强度，车门的支撑框架使用了铝合金材料。

如图5-30所示，前门外板用卡子固定在铝门框上，外板固定夹固定支架具有螺纹调整功能，可垂直于行驶方向调整外板，这样可以确保外部面板处于最佳位置。注意，车门外板的固定卡扣只能使用一次，制造商明确要求，在维护期间需要更换面板时，必须更换所有拆下的卡扣。后门的外板也通过卡扣和膨胀铆钉固定到后门支架上。此外，车身的A柱装饰板和车顶框装饰板也用这种方式固定，A柱装饰板的下边缘也用铆钉螺母固定在碳结构中。

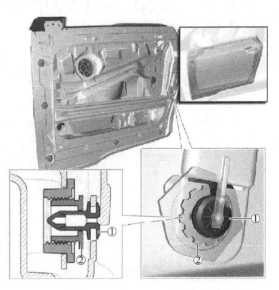

图5-30　宝马i3的车门结构
1—卡扣　2—位置调节器

3. 电动/混动事故车辆安全评估说明

对于宝马i3这样的电动/混动事故车，需要注意的是，只要涉及混合动力或纯电动汽车，就需要注意以下问题，不遵守操作规范和制造商要求将带来严重的后果，如人身伤害等。

只要高压系统正常，并且确认不需要接触高压部件和高压电线，任何维修人员都可以对混动和电动汽车进行一般维修工作（如更换轮胎）。为此，必须指导维修人员在开始工作前了解高压系统的电气危害，维修人员必须熟悉高压部件的标记以及如何安全操作车辆。从事高压部件维修工作的人员必须接受额外的培训和认证，只有通过培训、通过安全与技术认证的技师才可以从事维修工作，他们能够判断高压系统造成的电气危害，并熟悉高压系统的保护措施。培训认证的范围主要取决于维修人员的培训情况和实际经验，维修人员的能力和知识必须通过理论和实践来验证。

如果混合动力或纯电动汽车发生事故，应对高压系统采取以下附加安全措施：
① 保护事故现场。
② 立即通知救援人员、警察或消防人员，事故车辆有高压系统。
③ 变速杆置于P位，拉好驻车制动手柄并关闭点火开关。
④ 下车后锁上。
⑤ 不要吸入高压蓄电池中的气体，必要时与车辆保持距离。
⑥ 认真对待电动/混合动力汽车的安全提示。
⑦ 事故发生后，必须对高压蓄电池组进行外观检查和确认。
⑧ 了解高压蓄电池和蓄电池管理单元是否可以在维修车间操作和存放。

在修理事故车辆之前，必须确定事故车辆处于安全状态。具体情况下如何落实这些措施，要视现场具体情况而定。应根据当地法律、法规确定工作程序，并应采用当地适用的工作说明。图5-31中阴影区域需要进行安全确认评估。

专业人员完成安全评估后，必须以书面方式记录电气和外观评估的结果。如果车辆存在安全隐患或危险，必须向技术支持部门说明进一步的工作步骤，此外必须隔离车辆并通过隔离带限制其他人接触车辆，车间内应特别注意车辆上的高压电池的安全性，防止发生火灾。如果车辆处于安全状态，可以在维修车间按照正确的施工流程对车辆进行维修。

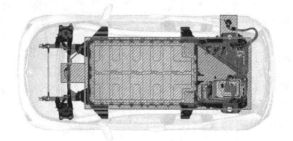

图5-31 电动车辆安全确认区域

对高电压组件或在其附近进行作业时，具备资质的相关工作人员必须事先切断车辆供电，如果涉及较复杂的维修项目或事故车辆，应当先将高压维修开关拆除并妥善保存。

电动汽车车身技术大多数是继承了传统汽车车身的技术特征，包括车身的设计。当然，由于动力系统的差异，使得车身底部与车舱的设备安装的安全性做了一些改动。因此，电动汽车车身与传统汽车车身的维修方法相同，维修的方法请参考传统钢制、铝制、纤维制车身的维修方法。由于电动汽车的动力电池的续驶能力与节能的需要，通常，纯电动汽车采用轻质材料来制造车身。

思 考 题

本项目的学习目标你已经达成了吗？请思考以下问题进行结果检验。

序号	问题	自检结果
1	汽车常用塑料主要有哪些？	
2	什么是热固性塑料？什么是热塑性塑料？	
3	修复塑料零件的方法主要方法有哪些？	
4	如何识别塑料类型？	
5	简述热塑性塑料焊接的方法。	
6	简述塑料粘接修复的方法与维修要点。	
7	简述纤维基塑料、PVC塑料部件的维修工艺流程。	
8	简述玻璃纤维面板部件更换方法与流程。	
9	碳纤维的优点有哪些？	
10	简述碳纤维车身材料维修方法的要点。	
11	电动汽车车身在维修时应当注意哪些问题？	

项目6 车身维修焊接

学习目标

1. 掌握车身板件连接知识与常见焊接的类型。
2. 了解气体保护焊机的组成。
3. 掌握气体保护焊机的使用。
4. 掌握气体保护焊接设备的参数与调整。
5. 掌握车身维修焊接工作安全规范。

情境描述

汽车行驶事故维修中根据变形情况的不同,有些钣金件可以进行修理,有些需要进行更换。常用的钣金技术比如零件的制作、加热、焊接等技术,掌握好这些过硬的焊接技术对车辆的维修至关重要。另外,基础的钣金加工技术与常用的 MIG 气体保护焊接技术也广泛运用在各行各业的金属加工中,这对未来职业的拓宽以及个人潜力发展是非常有益的。

任务1 了解焊接类型

1. 焊接技术简述

不同材料的连接有三种方式可以实现,如图 6-1 所示,主要手段有机械连接、化学连接和冶金连接。机械连接的方法是通过铆钉或螺栓连接或通过自身材料形成连接,例如冲孔咬口连接、接口咬缝连接等;化学连接主要采用胶粘的方法把两块材料连接到一起,常用于不同材料连接,例如 BMW5 系列、AUDI 的 A6 等车都是使用了双组分环氧聚酯胶来解决钢板与铝合金板件的连接问题。冶金连接也就是我们常说的焊接。

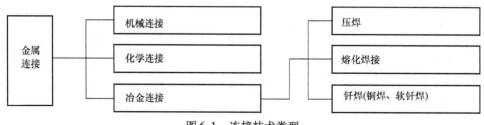

图 6-1 连接技术类型

焊接,是一种将两块或多块金属板、非金属板通过加热、加压,或两者并用,使两工件产生原子间结合的加工工艺(或者说是金属链与金属链之间的连接关系)连接在一起的有

项目6 车身维修焊接

效手段,是汽车车身维修中必须掌握的技术与维修方法,也应用于各个行业的金属加工中,应用很广泛。

现代焊接包括气体焰焊接、电弧焊接、激光焊接、电子束焊接、摩擦焊接和超声波焊接等。焊接过程中,工件和焊料熔化形成熔融区域,熔池冷却凝固后便形成材料之间的连接。

近些年来,通过组合不同的材料或通过不同的连接工艺都可实现汽车结构轻量化,但提高轻量化结构程度的同时还要面临成本、安全性、连接工艺选择方面的挑战。根据部件和设计方案进行选择要考虑很多不同的因素,例如考虑使用材料连接适合性、考虑结构设计和连接安全性等要求、考虑技术连接的可能性。现代焊接技术在汽车制造中的应用见表6-1。

表6-1 现代焊接技术应用

焊接工艺	应用车型-奥迪A8	应用车型-奥迪A6
点焊	—	5100个
MIG	—	6.9m
MIG/MAG	64m	3.6m
激光-MIG混合焊接	4.5m	—
激光焊接	20m	13.5m,含1m拼焊
螺柱焊	349个	330个
挤压缝焊	—	1m
冲压铆接/热融铆钉连接	2600个	300个
粘合	26m(咬接)	90m,24m咬接

焊接技术的种类很多,总体分类如图6-2所示,主要有压焊、熔焊、钎焊等焊接类型。

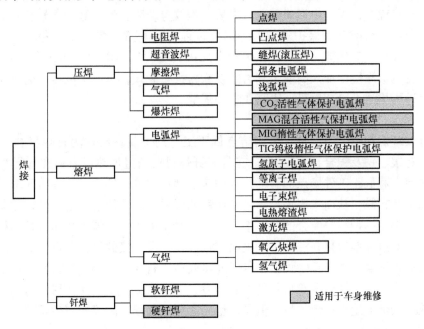

图6-2 焊接家谱

各种焊接方法的特征见表6-2。

表6-2 各种不同类型的焊接特征

条件	压焊	熔焊		钎焊
	点焊	气焊	二氧化碳电弧焊	铜焊
焊接温度	低	高	高	低
焊接时间	短	长	长	短
焊接材料	无	氧气 乙炔气 焊丝	二氧化碳气体 焊丝	氧气 乙炔气 焊料
可使用性	好	需要技巧	需要培训	需要培训
焊接强度	强	随工作质量而定	强	弱
热变形	小	大	小	小

(1) 压焊

压焊是在挤压条件下使两个工件以固态连接到金属链上。常用的压焊工艺是电阻对接焊，当电流通过两个工件的连接端时，由于电阻过大，温度升高。当加热到塑性状态时，连接位置在轴向压力的作用下变为一体。点焊是压焊的一种。

(2) 熔焊

熔焊是在焊接过程中将工件界面加热到熔融状态，在不施加压力的情况下完成焊接的一种方法。在熔焊过程中，热源迅速加热熔化待焊两工件之间的界面，形成熔池。熔池随热源向前移动，冷却后形成连续焊缝，将两个工件连成一体。在焊接过程中，如果大气与熔池直接接触，大气中的氧气会氧化金属和各种合金元素。如果大气中的氮、水蒸气等进入熔池，在随后的冷却过程中，焊缝中形成气孔、夹渣、裂纹等缺陷，使焊缝的质量和性能下降。为了提高焊接质量，目前采用保护气体保护焊接过程中的电弧、熔池和速度，不受大气的破坏，如氩、二氧化碳等气体。此外，在焊丝中加入具有脱氧作用的金属元素，如锰、硅等。钢焊接时，在电极涂层中加入高氧亲和力的钛铁粉进行脱氧，可保护电极中的有益元素锰和硅不被氧化进入熔池，冷却后可获得高质量的焊缝。

(3) 钎焊

钎焊有软钎焊和硬钎焊，是指使用熔点低于工件的金属材料作为钎焊材料（常用的钎焊材料主要有银、铜及铜合金、锡等）。工件和钎焊材料通过加热或电弧在钎焊材料上方加热，材料的熔点和低于工件熔点的温度，利用液态焊料润湿工件，填充界面间隙，实现原子与工件间的相互扩散，从而实现焊接。目前使用的钎料大多采用铜合金焊丝，因此又称铜钎焊或铜焊。钎焊是一种材料配合的热连接工艺，相对于熔焊，钎焊不会超过基础材料的固相温度，其连接通过焊剂熔化并浸湿工件表面实现焊接，可焊接的材料非常广泛，例如，可以焊接金、银等贵金属，在车身的焊接中可以连接同质材料与非同类金属材料，包括了高强度钢、铝合金、镁合金、钛合金等材料的焊接维修。在使用调节式短电弧技术进行MIG钎焊时，可以通过较低的适度局部加热，但是，也应避免湿气侵入间隙而产生腐蚀。

2. 汽车车身装焊连接类型

汽车车身的焊接因为使用了不同材料，而作业要求不同于其他金属的焊接加工，所以在维修焊接时应根据位置的不同，要求有各种不同的强度等级，在考虑了位置、用途、零件形状、厚度等因素后，采用最适合的焊接方法。此类结构特性必须予以重视，以便在对损坏部位进行维修时，采用最恰当的焊接方法，以保持车身原来的强度和耐久性。

如图 6-3 所示，为了将各种挤压钣金件结合在一起，车身的制造需要约 3000~6000 个焊接点与现代高强度材料和其他轻材料焊接在一起，常用的焊接方法主要有电阻点焊、激光焊接，气体保护焊（除所有铝合金体的粘接铆接外，其余焊缝均采用气体保护焊连接结构件）、粘接、铆接等。

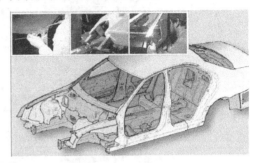

图 6-3 车身结构连接

车身焊接工艺的好坏直接影响到车身结构的质量和车身使用的耐久性和安全性，是汽车制造业非常重要的组成部分。目前，车身焊接主要包括激光拼焊技术、激光复合焊接技术、机器人应用技术、电阻点焊技术、磁脉冲焊接技术、汽车板 MAG/MIG/TIG 焊接技术、压力铆接连接技术和胶接技术。

（1）激光拼焊板技术

拼焊板是将几种不同材料、不同厚度、不同涂层的钢材边缘进行对接焊接，将其焊接成一个整体板，以满足构件对材料性能的不同要求，再通过冲压等工序成为汽车零部件。20 世纪 90 年代，欧洲、北美和日本的主要汽车制造商开始在制造车身时大规模使用激光焊接技术，如奔驰、宝马、通用等主要汽车制造商相继在车身上采用激光焊接技术。现代汽车采用大量冷轧板进行激光拼焊，最高比例可能达到总用板量的 40% 以上，其中包括强度差的拼焊、厚度差的拼焊和等强度、等厚度钢的拼焊。激光拼焊可以在保证汽车性能的同时，最大限度地减少汽车零部件数量，减轻汽车重量，优化零部件公差，降低成本，代表了汽车新技术的发展方向。大多数先进车身的车门内板、地板和侧梁均采用了激光焊接技术。

（2）激光 - MIG 复合焊接技术

激光焊接原理是通过发射高频激光束轰击焊接表面形成熔池的焊接方法。激光焊接和电弧焊接是两种不同的焊接工艺。激光焊接利用光纤将能量传输到工件上，这种形成过程在很短的时间就能形成熔池和焊缝，从而有效地破坏热量。在传统电弧焊接中，能量通过电弧柱传递，焊接变形范围大，但由于焦距小，搭接焊能力较差。激光复合焊接技术是这两种焊接技术的有机结合，激光束和电弧同时作用于焊接区域，相互影响，相互作用。它弥补了"搭桥"能力的不足，提高了效率和成本比。这种焊接方法为铝合金车身的焊接提供了一种全新的焊接工艺。激光热丝钎焊可以减少车身上的焊点数量，优化材料用量，减轻零件重量，提高尺寸精度。它主要用于制造新车，不仅减少了板料的用量和车身的刚度，而且减轻了车身的重量。

（3）电阻点焊技术

电阻点焊技术是压焊中的一种，在汽车制造中的应用如图 6-4 所示。电阻点焊技术的原理是利用逆变技术将工频电转换成 1000Hz；焊夹采用集成焊夹，变压器为中频变压器。点焊电极对要焊接的工件施加并保持一定的压力，使工件处于稳定的接触状态，然后焊接电源输出电流通过工件及其接触面产生热量，升高温度，熔化接触点，在局部形成焊点。电阻点焊技术可满足铝合金、不锈钢、电镀钢板的焊接。

图6-4　电阻焊接技术在汽车制造中的应用

（4）MAG/MIG气体保护焊技术

所谓的气体保护焊是指MAG或MIG熔化极气体保护焊。车身修理中的气体保护焊案例如图6-5所示。在焊接过程中，用保护气体将电极、电弧区、金属熔池与周围气体隔离，减少周围空气对焊缝的影响。MAG/MIG气体保护焊技术在汽车制造和维修中得到了广泛的应用，但由于焊接产生的热量过高，焊接件的内应力增大，最终会影响焊接质量。还有一种TIG焊是采用了钨钢的非熔化极焊接。

图6-5　气体保护焊接在车身维修中的应用

（5）TOX板件冲压连接技术

如图6-6所示，TOX钣金冲压连接技术是利用一个简单的原型冲头在TOX气液增压器冲压设备上通过冲压工艺，即将连接板挤压入相应的模具，在挤压作用下，冲头侧面的板材挤压模具侧面的板材，使其在模具中"流动"并变形形成咬接。这样就可以产生无边无毛刺

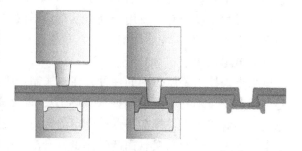

图6-6　TOX板件冲压连接原理

的铆接点，实现多层板的连接。

课堂活动：请识别图 6-7 中车身上的不同焊接位置，并把焊接类型填入图中。

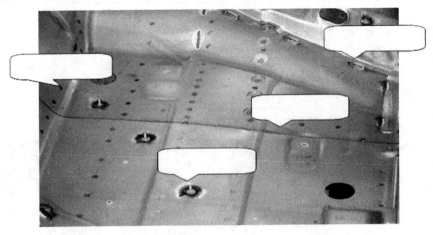

图 6-7　车身底板

问题卡：

为什么要采用激光拼板焊接技术，试举几点说明原因。不同的焊接各有什么用处？
原因：

用途：

任务 2　车身维修焊接种类

汽车车身维修时采用的焊接方法与工厂制造时的焊接方法大体相同，大多为点焊和气体保护焊接。为了保证汽车车身在维修后能达到或接近原厂的焊接工艺，在原则上，能够使用电阻点焊的位置应当采用电阻点焊，对无法采用点焊的部位，应采用气体保护电弧焊（塞焊、角焊）完成焊接工作。必须注意焊接工艺并控制焊接时因焊接热量引起的变形。

注意：除了汽车制造厂指定要求使用铜焊的部位以外结构性构件的连接，不得采用气焊和铜焊。在汽车 4S 店里常用的焊接设备见表 6-3。

汽车车身覆盖件和结构件修复

表6-3 焊接设备与维修使用范围

焊接设备	在车身维修中焊接用处
气焊 	氧乙炔焊接不可以应用于现代车身的维修焊接，对于高强度钢的结构修复，其混合气体调整后的温度在3000℃左右，因此在对车身损伤部位维修时一定要严格控制加热温度标准（650℃以内），特别重要的部件（纵向梁、门柱、保险杠、门槛、加强肋）的加热温度在370~480℃之间，加热时间不能超过3min
气体保护焊 	主要用于车身结构件对接、塞焊等维修 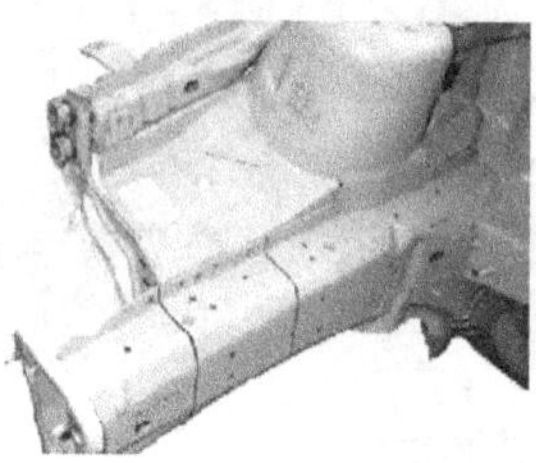  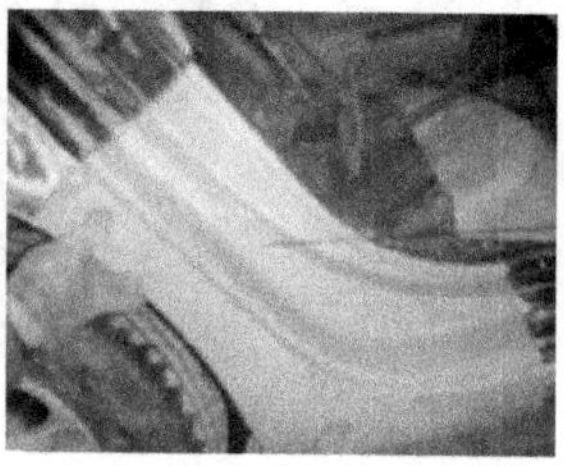
点焊 	主要用于结构更换等作业。   

1. 气体保护焊的焊接特性

气体保护焊的保护气体可分为惰性气体和活性气体。在金属活性气体保护焊（MAG焊）中，使用含有二氧化碳或含有氩气与二氧化碳的混合气体作为保护气体。MAG焊是一种对非合金钢或合金钢进行气体保护焊的方法。在有二氧化碳和氧气的条件下，保护气体含有与熔池反应的活性成分。因此，焊丝中含有锰和硅，硅锰元素是焊接熔池脱氧的重要成分。无论是二氧化碳分解时释放出的氧气，还是作为混合气体组成成分的氧气，锰和硅都会与这些氧气结合。

在现代汽车钢板的焊接工艺中有一种冷焊接工艺，其技术是从传统的MAG焊接设备技术上改进而来，焊接的原理、技术操作方法与传统的气体保护焊接相同，这里就不做详细的介绍。

还有一种在结构与使用上相同的焊接方法采用了惰性气体作为保护气体的焊接方法，这种方法称为MIG焊，MIG焊接又称为熔化极惰性气体保护焊，保护气体为纯氩气。其工作原理和MAG焊接一样，都是利用连续送进的焊丝与工件之间燃烧的电弧作热源，由焊枪嘴喷出的气体来保护电弧进行焊接。另外还有一种使用氩气作为屏蔽气体的焊接方法是氩弧焊，也称为TIG焊接。

气体保护焊使用的填充材料是焊丝，MAG焊接使用合金钢焊丝，MIG焊接根据焊接材料的不同，使用的填充材料多为铜合金、铝合金、不锈钢、钛合金焊丝，焊丝和电极以一定的速度自动送进，在母材和焊丝之间出现短电弧。短电弧产生的热量使焊丝熔化，从而使母材能够连接起来，保护气体用于防止空气进入焊缝造成氧化和硝化。目前，气体保护焊接设备大多采用弧焊整流直流电源和逆变弧焊电源技术，焊接电源的额定功率取决于每次应用所需的电流范围，熔化极气体保护焊所需电流一般在 100～500A 之间，电源的暂载率在 60%～100% 之间，空载电压在 55～85V 之间。

MIG 设备通常采用直流反接方式，电弧稳定，焊缝熔深较深。采用直流正接连接方式时，电弧沿焊丝爬升，电弧不稳定，焊缝熔深较浅，容易出现熔接不良、突出量大等问题。

在焊接中通常会用到脉冲模式，脉冲 MIG 焊接是在直流正脉冲和直流反脉冲之间交替进行。在焊接时，当焊丝为正极时，熔化焊丝并控制熔滴转移。基底工件材料的表面氧化膜被清除，热量被直接输入基底材料。在脉冲焊接时，熔滴过渡到熔池，并且不易产生火花飞溅。当焊丝为负极时，电弧沿焊丝爬升，促进焊丝熔化，减小电弧对熔池的加热作用，减小焊缝深度，提高焊丝熔化速度，提高熔敷率，这对焊接薄板是非常有效的，电流波形保证了间隙覆盖能力。电弧围绕着焊丝的末端，热量被输入到焊丝中，熔池处于冷却状态，焊丝的极性在短时间内（以 ms 为单位）发生变化，使其处于负极，熔化速度加快，电流迅速改变方向，使焊丝恢复到正常状态，促进熔滴过渡，来回往复循环脉冲焊接过程。在焊接时，电流过零的速度必须足够快，以防止电弧熄灭。脉冲 MIG 焊的主要参数有正极性脉冲基值、正极性脉冲峰值、正极性脉冲峰值时间、反极性脉冲时间和反极性脉冲峰值等。焊接时应当根据焊接速度选择低频调制脉冲，焊接脉冲频率一般控制在 2～4Hz 之间，这样得到的焊缝较好。

如图 6-8 所示，双脉冲焊接时，强脉冲群的强大电弧能使接头两边都熔化，提高熔池的质量，弱脉冲群在焊接时使熔池的温度相对降低，可以避免熔池被烧穿，并增加焊丝填充能力。

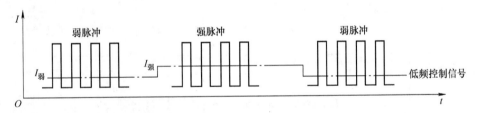

图 6-8　双脉冲焊接示意图

为防止焊接时带来的个人身体危害，需要注意：

1. 气体保护焊电流密度大、弧光强、温度高，且在高温电弧和强烈紫外线作用下产生的高浓度有害气体可达手工电弧焊的 4～7 倍，要特别注意通风。

2. 引弧所用的高频振荡器会产生一定强度的电磁辐射，焊工接触较多，会头昏、疲乏无力、心悸等，因此有心脏病的人或身体内安装有心脏起搏器的人不得走进焊接现场。

3. 氩弧焊钨极材料中的钍、铈等稀有金属带有放射性，尤其在修磨电极时形成放射性粉尘，接触较多，容易造成各种焊工疾病，如电光性眼炎、尘肺等。

2. 气体保护焊的焊接方法

气体保护焊机由焊接电源、送丝机构、焊枪、供气系统、控制系统组成。气体保护焊机的组成如图 6-9 所示。

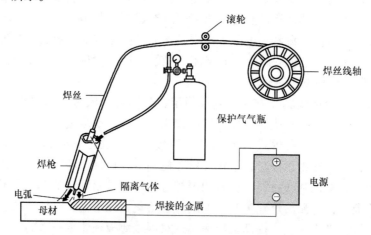

图 6-9　气体保护焊机的组成

气体保护焊接设备由半自动送出的焊丝配合搭铁，以低电压高电流使之产生电弧，并以短路焊法，产生高热达到焊接目的，其电弧产生的过程见表 6-4。

表 6-4　电弧产生的过程

序号	焊接送丝过程	图示
1	焊丝转动驱动轮和夹紧从动轮，使焊丝通过电动机的焊枪导管送出	
2	焊接时，需要先从焊枪中喷出保护气体，隔离空气中的氧分子，保护焊接区域。因此，当按下焊接开关后，保护气体首先从焊枪口喷出	
3	保护气体喷出来后，整个焊接池被覆盖。当松开焊接开关后，保护气体将持续喷射约 2s，以防止氧分子在熔池凝固前进入 保护气体流量一般控制在 10L/min 左右，不允许在风速过大的区域作业，以免保护气体流失	

(续)

序号	焊接送丝过程	图示
4	当带正电的焊丝接触钢板时，会发生短路现象，产生高热。此时，高热区空气中的氧分子也瞬间活跃起来，并容易与铁分子结合形成氧化铁而变脆。因此，需要对焊接区域的氧分子进行隔离，以保证焊接质量	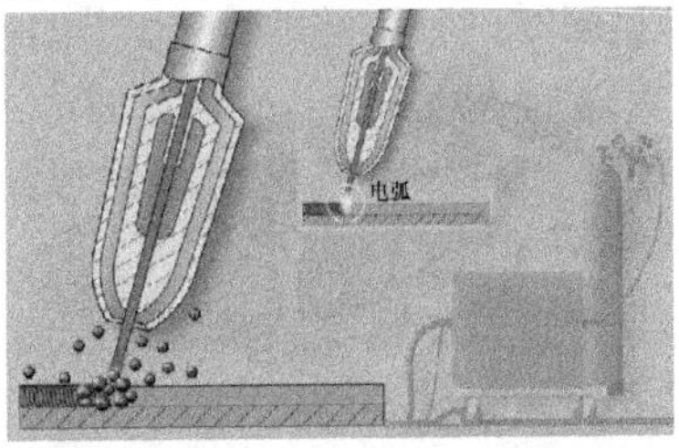

在焊接钢板时，如果碳质量分数大于0.4%，需要进行焊前预热，焊接后通过缓慢冷却或热处理来降低钢板在焊接中的淬硬倾向。

钢板的抗拉强度越大，碳的含量越高，其焊接塑形能力就越差。

钢在不同温度变化时晶体结构的变化见表6-5。

表6-5 钢在不同温度变化时晶体结构的变化

温度/℃	晶体结构	表现特征
0~790	α-Fe 体心立方体结构	具有强磁性，不含碳
790~910	β-Fe 体心立方体结构	不含碳，磁性比较弱
910~1400	γ-Fe 面心立方体结构	含碳，没有磁性
1400~1535	δ-Fe 体心立方体结构	温度比较高，研究的意义不同
>1535	纯液态铁	

在车身修理工作中，气体保护焊机主要用于薄金属板的焊接。为了获得更高质量的焊缝，设备的性能、稳定性至关重要，较好的焊接设备的电压控制比较稳定，易起弧，对材料的热影响较小，焊接功耗相对较低，具有节能作用，当然，不是所有的保护焊接设备都能做到。普通焊接设备在焊接厚度大于等于1.0mm的钢板时具有良好的性能。但由于引弧能力不足，焊丝的穿刺力不稳定，波动较大，很容易焊穿钢板。现代焊接设备大多采用数字集成电路控制系统，采用先进的变压器技术，焊接电流设计精细，能焊接铝合金、铜合金、钢板、不锈钢等多种材料。

焊机控制面板的操作说明如图6-10所示。

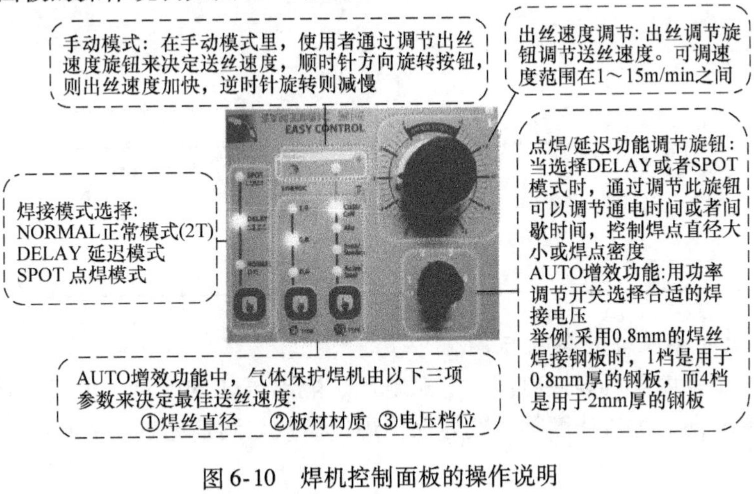

图6-10 焊机控制面板的操作说明

为了更好地提高焊接的质量，应当参考如下要求：

① 必须增加焊接变压器的电流。

② 同时调整焊丝的给进，因为只增加电流仅仅产生较大的电弧（减少融化渗透，形成多孔接缝）。

③ 用圆柱形喷气嘴代替锥形喷气嘴（如果喷气嘴太窄，产生的溅洒将使焊缝产生微孔）。

④ 手握焊枪喷嘴距金属焊道约12mm，同时焊枪与工件表面夹角10°~30°。

⑤ 二氧化碳（CO_2）和混合气体都可以用作保护焊气体。

课堂活动：取两块40mm×150mm的薄钢板进行定位对缝焊接，并将实训的步骤、焊接时产生的问题与解决措施填入到表6-6当中。

表6-6 课堂实训记录

序号	工作步骤	工具材料	质量、安全、现场监管	计划工时
1				
2				
3				
4				
5				
6				
7				
8				

决策：计划提交小组讨论，形成实施性意见。

实施过程中出现的问题：

原因分析：

解决方法：

3. 气体保护焊接设备的参数与调整

影响焊接的主要因素有焊接电流、电弧电压、隔离气体的流量、电极与母材间的距离、焊枪角度、焊接方向、焊接速度等。气体保护焊参数与调整见表6-7所示。

项目6 车身维修焊接

表6-7 气体保护焊接参数与调整表

参数	参数说明
电弧电压	如图6-11所示,气体保护焊机的电弧电压必须与焊接电流相匹配。当焊丝直径一定时,电弧电压随焊接电流的增大而相应增大。短路过渡焊时,电弧电压一般在17~24V之间。颗粒过渡时,直径为1.2~1.6mm的焊丝电弧电压一般在26~42V之间。为了在实际焊接中获得良好的焊接效果,有必要选择合适的弧长。电弧长度取决于电弧电压。明确地说,焊接姿态需要稳定,扎实的焊接工艺也是焊接质量的保证 当电弧电压合适时,可获得良好的焊接效果。当电弧电压升高时,电弧长度相应增加,使熔池宽度变宽,熔深变浅。如果降低电弧电压,电弧长度将相应缩短,这将导致更深的熔深、更多的熔渣和更高的焊珠
焊接电流	焊接电流根据焊件厚度、焊丝直径、焊缝空间位置和所需熔滴过渡形式确定。一般直径为0.8~1.6mm的焊丝,短路过渡焊可选择50~230A的焊接电流,颗粒过渡焊可选择250~500A的焊接电流
气体流量	目前采用的标准流量约为焊丝直径×10,焊接铝合金时气体流量加倍。流量应根据喷嘴到母材的距离、焊接电流、焊接速度和周围环境(风速)进行调整
焊丝直径	焊丝直径根据焊件厚度、焊缝位置和生产率要求来确定,焊丝的尺寸将直接影响焊接电流。薄板焊接采用立焊、水平焊和仰焊时,多采用直径小于1.2mm的焊丝。承载车身的维修大多采用直径小于1.0mm的焊丝。在平焊位置焊接中厚板时,可使用直径大于1.2mm的焊丝。不同直径焊丝匹配的导电电极必须对应
电源极性	气体保护焊直流正接。正接、反接是指焊机电流输出的正负极。一般来说,正极焊件负极焊钳属于正接法,否则属于反接法。电弧焊正接法和反接法有很大的区别,用直流焊机焊接薄板时,最好采用直流反接。为了获得较大的熔深和焊接电流,厚板焊接一般采用直流正接
束紧力	通常,当电流流过圆柱形液体(含有熔融金属)或弧形物体时,同一方向的电流会相互吸引。因此,电流会在液体中心产生收缩力,这种现象称为束紧效应。这种收缩力称为束紧力,束紧力的大小与电流成正比
回路电感	焊接回路的电感值直接影响焊接质量,对焊接过程的顺利进行起着决定性的作用。如果电感值太小,焊接时会有大量小颗粒飞溅;如果电感值太大,液态金属桥难以形成,表面不易破碎,大颗粒飞溅。严重时,实心焊丝会短路,大段焊丝被吹散,焊缝难以形成,焊接过程甚至中断。 焊接回路电感参考值如下: | 焊丝直径/mm	焊接电流/A	电弧电压/V	电感/mH | |---|---|---|---| | 0.8 | 100 | 18 | 0.01~0.08 | | 1.2 | 130 | 19 | 0.02~0.20 | | 1.6 | 150 | 20 | 0.30~0.70 |
焊接距离	焊接距离如图6-12所示,应在8~15mm,如果距离过大,焊丝熔化速度会更快。这是因为焊丝的伸出长度太长,过长的部分产生预热,所以电流会减小,焊道熔深。并且,距离过大会降低保护气体的隔离效果。如果距离太小,操作者很难看到焊接区域,影响焊接质量
焊接角度方向	如图6-13所示,有两个焊接方向:前进法熔深较浅,焊道间隙较大;后退法熔深较深,焊道平整。焊枪与母材垂直面的夹角一般在10°~30°
焊接速度	在进行焊接操作时,必须根据母材的厚度调整焊接电流和焊接速度,以获得良好的熔深和焊道宽度。如果焊接电流不变,提高焊接速度会降低熔深和焊道宽度,使焊道凸出,不符合焊接强度要求。如果焊接速度太慢,母材会过热,导致熔透。一般来说,板厚为0.8mm的薄钢板的焊接速度为105~115cm/min,一般来说,钢板越厚,焊接速度越慢

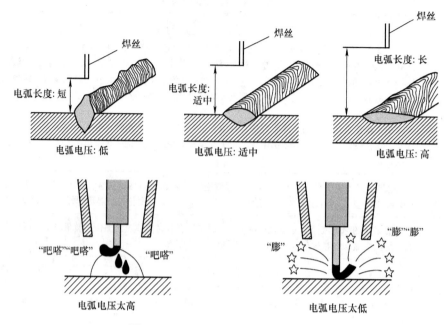

图 6-11 电弧长度与电压的控制关系

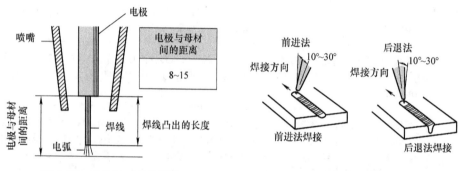

图 6-12 焊枪与工件的距离　　图 6-13 焊枪与焊接工件的角度

技术参考：送丝机构的调整

1）按照图 6-14 所示说明调整去送辊轮之间的压力，焊丝送进速度为 3.4m/min。

2）把焊枪的枪口置于光滑的平面，焊枪倾斜 45°，按动焊接开关，焊丝能顺利通过焊枪为准。

4. 焊接准备与焊枪维护

（1）焊接前的准备

1）彻底清理焊接母材表面上的漆层或其他污物。

2）检查焊丝突出长度及其端部。如果焊丝突出过长，或焊丝端部呈圆形，则无法顺利起弧，此时，应调整焊丝突出长度并用切割钳切割焊丝端部。

警告：切割焊丝时，应将焊枪朝向下方，并远离脸部，以防被切掉的焊丝头击伤。

3）起弧，扣动扳机（开关）时，保护气体被送出，随后焊丝被送出。

使焊丝端部接触工件表面，以便起弧。使触尖与工件间保持稍小的间隙，可以使起弧容

项目6 车身维修焊接

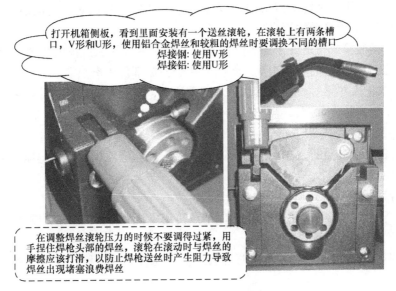

图6-14 送丝机构的调整

易些。

警告：防止焊接时发生眼睛伤害或烧伤，请佩戴可靠的头盔面罩、手套和安全靴。

（2）焊枪基本保养

焊枪保养与保养钳的使用方法如图6-15所示。关于焊枪基本保养要素如下：

1）焊丝。如果焊丝的末端形成较大圆珠，将难以产生电弧，必须使用尖嘴钳将焊丝末端切除。

2）喷嘴。如果焊渣物附着在喷嘴上，隔离气体将无法正常地流动，请依照下列方法清除焊渣物：

① 刮除焊枪喷嘴焊渣物。

② 拆除喷嘴及导电嘴，然后做彻底清洁。

③ 安装导电嘴喷嘴至焊枪。

④ 喷涂防焊渣剂在喷嘴上。

⑤ 检查出气孔，防止隔离气体被阻。

3）检查接触电极。如果焊渣附着于接触电极的末端，则焊丝将不能平顺地送出，必须使用合适的工具清除焊渣。如果电极孔磨损，就不能形成稳定的电弧，必须更换电极。

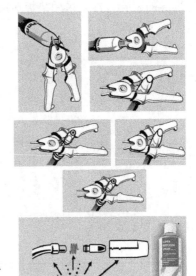

图6-15 焊枪保养与保养钳使用

（3）在车辆上进行焊接前的注意事项

1）保护电气和电子设备免受焊接设备导致的电流影响（ECU、蓄电池和气囊点火元件等）。

2）无论采用哪种用电的焊接系统，必须断开车辆的蓄电池。

3）防止火花。使用防火罩保护危险设备和油漆免受火花损坏。

117

4）防热。必须用一个防护罩或防火屏保护危险部件免受焊接产生的热量或火焰损坏，或者将部件拆下，免受热量的损伤。

5）切勿在燃油箱或管道处于未关闭状态时，或在装有易燃液体的管道或燃油箱旁边焊接，不得在空管道或空燃油箱旁边执行焊接操作。根据部件距离热源或火花的远近，应使用保护屏防热或防止火花溅射，或将其移开。特别注意，附近有加油或抽油作业时严禁焊接。

6）遵守安全和防火条例；遵守车辆保护注意事项；操作者应穿着合适的防护装备。

（4）焊接钢板的保护

钢板的内表面未镀层的，在任何情况下，在装配前均应使用导电镀锌涂层进行保护并使用推荐的保护层。

（5）车身钢板焊接时必须注意的几个事项

1）对于高弹性的钢板，在进行装配时允许使用电阻焊、MAG 或 MIG 焊。但是，还是应遵循在维修工艺中所推荐焊接方案。

2）根据钢板的厚度，采用推荐的焊点直径。不同材质的钢板，电阻焊机的调整值略微有差异。

3）对于镀锌板，在焊接时所需的电流比无镀层的钢板略微高一些。

（6）技术参考

1）连接方法。

常用的连接方法主要有接口对接、搭接、垫板对接，如图 6-16 所示。为防止焊接温度对焊缝的影响，常常采用垫板对接与搭接的方法。焊接完成后标准焊缝如图 6-17 所示。焊接方法见表 6-8。

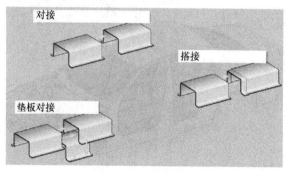

图 6-16 对焊连接方法

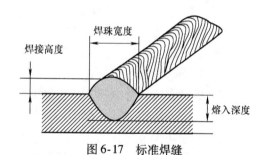

图 6-17 标准焊缝

表 6-8 焊接方法参考

焊接过程	焊接工艺处理
焊接	进行 MIG/MAG 焊时焊缝必须尽可能小（4~5mm） 焊缝越大，连接处的牢固性就越小 点焊时待接合的板材突出部分结合时应尽可能无空隙 间隙越大，连接的牢固性就越小 塞焊与间隙焊接时焊点与焊缝之间的最小距离25mm，塞焊的焊点数量为原本焊点数量的3倍
焊接再处理	在磨削焊缝时，不能磨薄周边的基础材料 所有的焊缝和焊点在接合后用钢丝刷清洁干净 燃烧过的油漆用钢丝刷去除

项目 6 车身维修焊接

2）焊接方法

① 以稳定的姿势移动,防止焊枪晃动。

② 对准定点焊接的末端。

③ 重复地按压焊枪的开关。

④ 压住焊蚕开始焊接,在焊接时应压住前面焊点的 1/3。

3）MIG/MAG 焊的焊接规范

① 将焊缝或焊点周围约 30mm 范围内的油漆层去除。

② 在 MIG/MAG 焊接方法中,必须去除下面的锌层。

在车身上进行 MIG/MAG 焊时,为了保持短时电子流,必须将搭铁夹直接夹在待焊部件上。维修结束后,焊接位置所有原车身的密封剂在焊接后必须重新进行打底和密封处理,受损或去除的抗噪声衬垫要更新,对于空腔发泡的部位应重新注入发泡剂,防止在行驶时产生风噪。

焊接案例见表 6-9、表 6-10。

表 6-9 对接焊操作步骤

焊接步骤	焊接步骤说明	图片参考
1. 定位焊接	① 将工件边缘紧紧靠在一起 ② 为防止变形并确保精度,应焊几个临时焊点 ③ 板件越薄,焊点间距越小	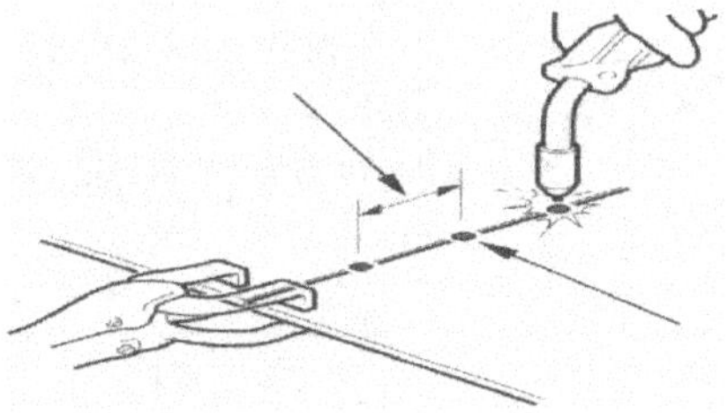
2. 正式焊接	① 将焊枪倾斜 10°~15°,并使用左焊法沿对接线施焊 ② 为防止焊接过程中的手不稳定,焊工应保持一种舒适且有支撑的姿势,以便保持正确的触尖至工件间隙和焊枪角度 ③ 在确认正确的熔深状态的同时,以稳定的速度移动焊枪 ④ 焊接薄板件如外板时,用左焊法向前移动,并按一定间隔进行分段焊接,以防止吹孔和收缩变形	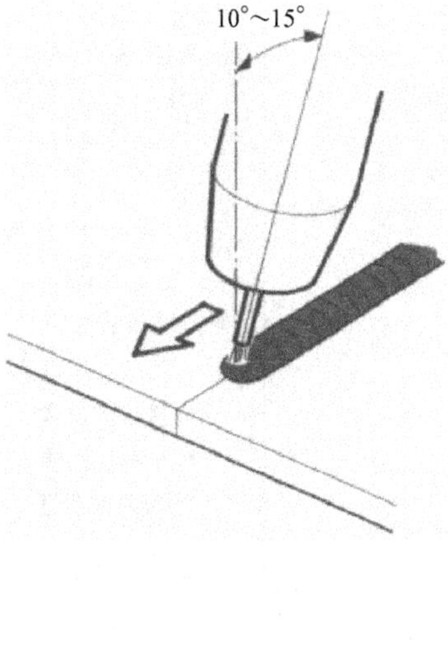

（续）

焊接步骤	焊接步骤说明	图片参考
3. 焊道的重新接续	① 如果对接焊缝较长，则焊道需要分若干段完成 ② 在靠近原焊道 A 的端部处轻轻起弧，然后迅速将焊枪移至已有焊道 B，并保持稳定的焊道宽度和高度 C 进行焊接	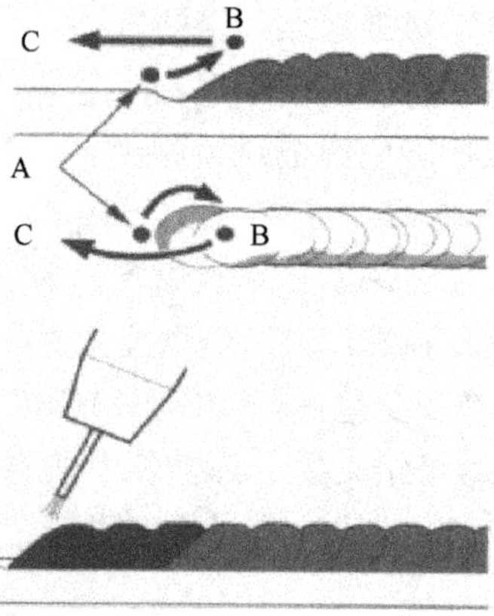
4. 防止焊接材料发生扭曲	① 要减少扭曲，应使工件内的热量尽可能多地被分散 ② 通常，焊接从焊缝中心处开始，或者从中心向接头外侧依次进行。薄板件的扭曲量要比厚板件大 ③ 薄板件应保持较短的焊道	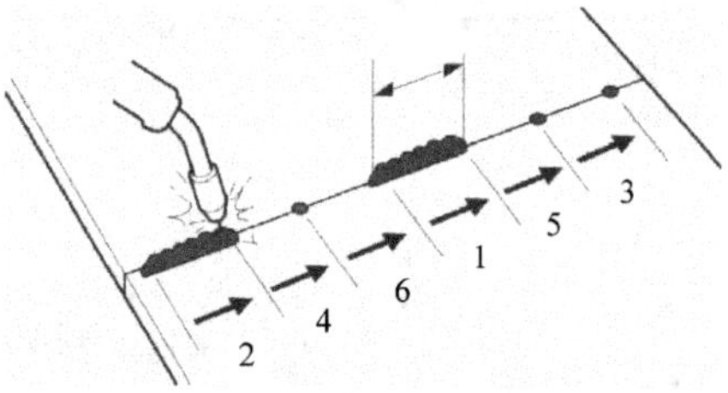
5. 焊接部位的检验	典型缺陷示例1：熔深不足 ① 降低焊接强度，造成材料分离 ② 焊接电流不足 ③ 电弧过长 ④ 尽管熔深足够，但如果焊道过高，将花费较多磨平时间 典型缺陷示例2：形状不良 ① 焊枪移动过慢，工件熔化形成残缺 ② 焊接电流过大 ③ 焊枪移动过快，熔深不足 ④ 焊接电流不足	

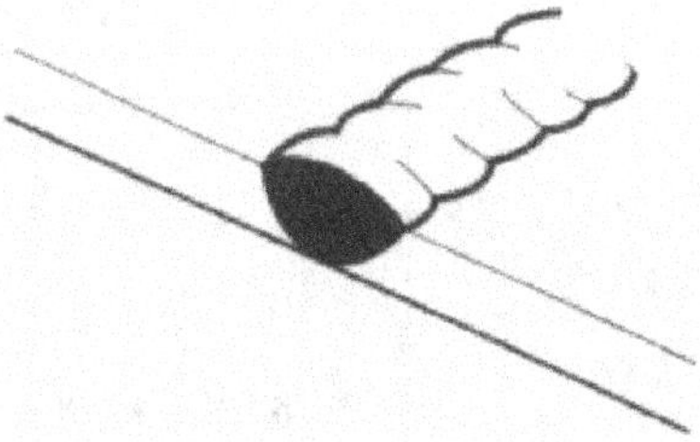

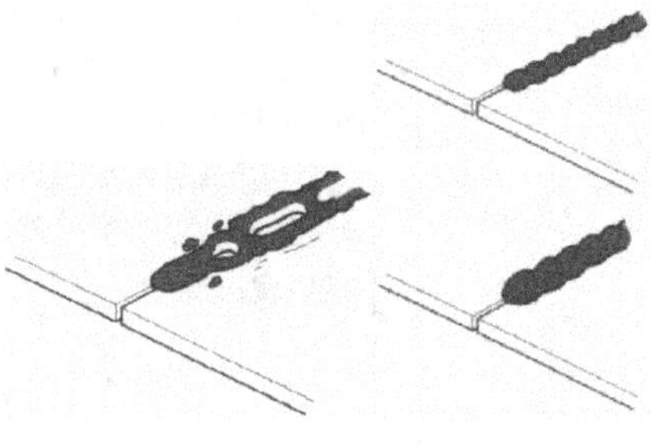

项目 6　车身维修焊接

表 6-10　塞焊焊接步骤

焊接步骤	焊接参考
（1）钻制塞焊孔 ① 在上部工件上钻制塞焊孔 ② 为保持焊接强度，必须按金属材料的厚度选择正确的孔径 | 厚度/mm | <1.0 | 1.0~1.5 | >1.5 | | 孔径/mm | >5 | >6.5 | >8 |	
（2）工件夹紧 用夹力钳将需要焊接的板材加紧在一起。焊接前用锤子修整所有变形，使两块板件焊接的部位紧密贴住	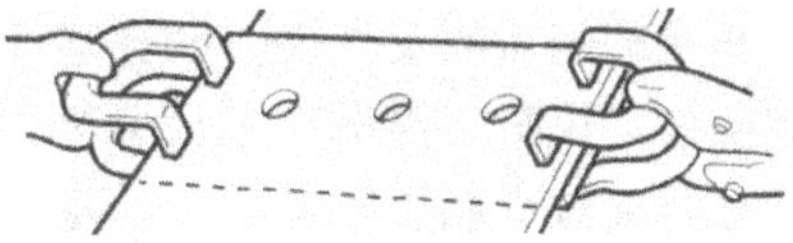
（3）塞孔焊接 ① 握紧焊枪，垂直将其定位于塞焊孔 ② 沿开孔边移动焊枪，绕圆圈焊接 ③ 检查熔深，确保底部板件有足够熔深 ④ 当塞焊直径为大约 5mm 时，将焊枪定位于孔中心进行焊接，无须移动焊枪	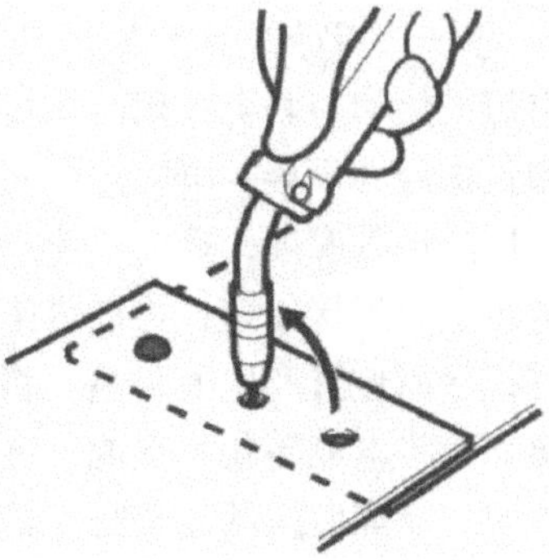
（4）焊接部位检验 如果下部板件的底部出现背面焊道（圆形印迹），说明已达到足够的熔深。较好的焊点应具有适中的凸起	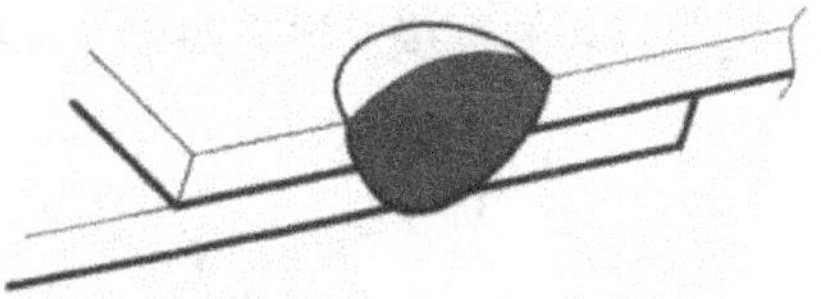
典型缺陷： ① 熔深不足，降低焊接强度。 ② 焊接电流不足。 ③ 尽管熔深足够，但如果焊道过高，将花费较多磨平时间	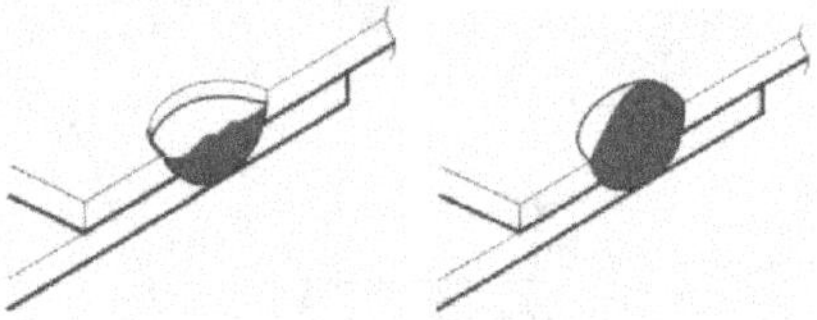

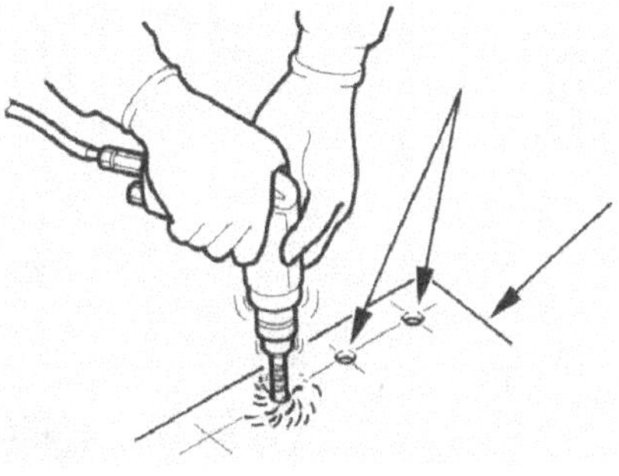

课堂活动：使用钢板进行对缝焊接与塞孔焊接。

对缝焊接方法和流程如图 6-18 所示。

警告：为防止焊接过程中发生眼睛伤害或烧伤，请务必佩戴可靠的头盔、手套和安全靴。

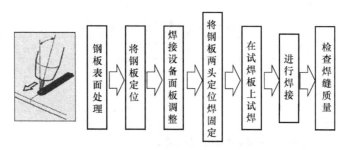

图 6-18 对接焊接练习流程

任务 3　使用电阻点焊焊接更换的新件

车身的焊接质量直接决定着车身安全性。车身的焊接质量不良不仅影响整车外观，还会导致漏雨、风噪、路噪和车身装配不良等问题，因此，焊接质量在车身装配修复中至关重要。在目前汽车制造行业中，主要的焊接方法有电阻点焊、气体保护焊和激光焊，此外还有氩弧焊和电子束焊等，在钢制车身的焊装中大约有 90% 的焊点采用了电阻点焊。

1. 电阻点焊的焊接特性

点焊是热和力联合作用的焊接过程，是一种高效、经济的重要焊接方法，适用于薄板壳体或型钢构件的焊接。电阻点焊只在焊点中心的镀锌层造成轻微的燃烧，同时在周围形成的锌环可以防止其腐蚀，目前广泛应用于汽车制造及维修中。

电阻点焊焊接原理：将被焊工件置于两电极之间加压，并在焊接处通以电流，在电流流经工件接触面位置产生电阻热，将其加热到熔化或可塑性状态，在持续压力的作用下形成一个熔核。为将电能转化为热能，在此利用钢板接触电阻产生焦耳热，从而达到焊接的目的。在焊接时，点焊电极的任务是传输焊接电流和施加电极压力。根据焊接的工作条件，电阻点焊可分为双面点焊与单面点焊。

电阻点焊的焊接过程有四个：加压→通电→持续加压→冷却，如图 6-19 所示。

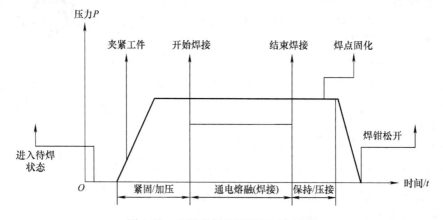

图 6-19　电阻点焊的原理与工作过程

1）加压。将母材置于两电极间，在通电前先加压，使大电流能集中由某一小区域通过。

2)通电。在电极上通以大电流,当电流流经两片母材时,接合部位(此处电阻最大)产生焦耳热,使该部位的温度急剧上升。

3)持续加压。再继续通以电流,使母材的接合部位熔化并由于电极所加的压力而接合成一体。

4)冷却。当停止通电时,母材的接合部位将逐渐地冷却,然后形成焊点,焊点因为施加压力的缘故,所以组织紧密而提高了机械性能。

2. 钢制车身点焊的焊接工艺要求与焊接方法

点焊对被焊接板件的塑形要求比较高。焊接时,先把焊接表面清理干净,再把被焊的板料搭接装配好,然后压在两柱铜合金电极之间,用焊钳的压力压紧。当通过足够大的电流时,在板的接触处产生大量的电阻热,将中心最热区域的金属很快加热至高塑性或熔化状态,形成一个透镜形的液态熔池。继续保持压力,断开电流,金属冷却后,就形成了一个焊点。

采用点焊焊接镀锌面板时要注意以下要点:

1)适当增加焊接电流10%,最高可以增加到30%。

2)使用带"施焊时间控制"的焊接变压器时,最好增加施焊时间,施焊时间增加取决于面板厚度(参考值):

0.7mm—最少7个周期;

0.8mm—最少9个周期;

1mm—最少11个周期。

3)在选用焊接钳时应选用具有高耐热性(>400℃)的硬铜电极(黄铜,铬钢,锆合金),清理硬铜合金电极或使用专用修复工具将其修复到$\phi 4$mm,增加电极的接触压力(一般在300~500daN)。

4)焊接间距应在20~30mm的范围之内,如图6-20所示。

焊点间距(mm)公式:$D = 10t + 10$。

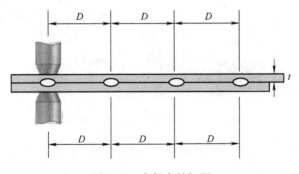

图6-20 点焊点的间距

5)焊点分离试验。先焊接试验板,再对其进行分离试验,检查试焊点的质量。

作为施行点焊的设备,点焊机的技术标准和性能无疑是影响点焊工艺施工质量的首要因素。为保证焊接的质量,避免脱焊,大多数品牌信誉高的4S店多使用高质量的点焊接设备,例如逆变水冷型点焊机等。合格的电阻焊点与不合格的焊点对比如图6-21所示。

作为车身结构件更换维修常用的焊接技术,焊点的强度与质量是至关重要的。低劣的焊

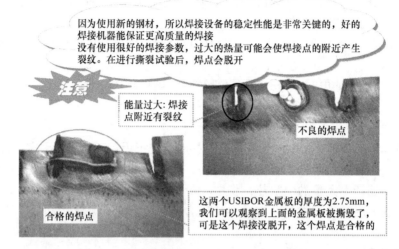

图 6-21 合格的电阻焊点与不合格的焊点对比

接强度在维修后的使用中因为应力作用与振动、金属疲劳而引起的事故隐患应引起每一位行业人员的重视。

在维修中，正确地鉴别钢板的类别与强度对维修车辆焊接质量的提高有很重要的作用。在焊接前正确的做法是，使用钢板强度测试仪（图 6-22）对要焊接的钢板进行测试，再通过测试的数据比对来调整焊接参数，确定钢板的强度等级。以测出的数值在测量设备附带的图标上找到对应的值即可以得知钢板是什么类型、多大强度，然后再根据取得的参数去选择设定焊接设备的焊接模式、电流强度与焊接时间。

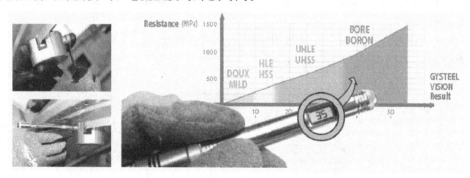

图 6-22 钢板强度测试仪的使用

在焊接前必须要注意夹紧的位置必须是原来的焊点，如图 6-23 所示。如果维修工违反这个规定，则焊接效果就会很差。

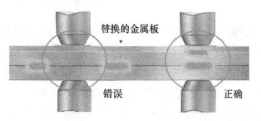

图 6-23 错误的焊接位置和正确的焊接位置

在焊接时需要注意同一个焊接强度的电极,直径越大焊接点就会越小,会影响到它的强度,如图6-24所示,就像被粘住了一样。

另外,点焊位置同样很重要,在焊接时适当减小焊点间距可提高强度,但是,当焊点间距过小时(图6-25),焊接电流会在导电好的位置优先通过已焊接的焊点,这种现象也称为电流旁通现象。在焊接时应当避免,否则会直接降低作用电流的强度而影响焊接质量。维修时点焊点的数量应该是原厂数量的基础上增加30%的焊点。在车身上焊接时,两个焊点的间距不应小于2.5cm。

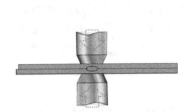

图6-24 熔核的形成

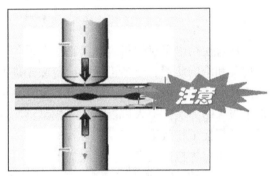

图6-25 焊接电流旁通现象

注意:在电阻点焊机焊接时,会产生很强的电磁辐射,心脏病或体内放置心脏起搏器的患者请不要靠近工作区域,防止产生的高频磁场给病人带来危险。需要说明的是有的设备具有消磁的功能,对人体的影响会更低,在使用时更安全。

单面点焊功能的应用如图6-26所示。单面焊枪在维修汽车和焊接卡车的金属板时经常被使用,它的使用范围很丰富,比如:焊接车顶、踏脚板、后地板。但是单面点焊不能在车身安全构架上使用,现在,所有制造商都不允许使用这个焊接方法,原因是焊点无法再复制,而且金属板需要特别准备。在做单面焊接的时候应该从远处向近处进行焊接,防止电流分流。将搭铁铜板放在金属板上,为防止金属板材的变形,金属板上不能施加太大压力。

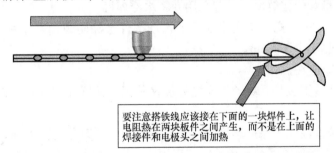

图6-26 单面点焊的方法与焊接要点

说明:如果压力过低会导致接触不良,引起瞬间电流,烧坏钢板。如果压力过大,又会因为通电良好,导致被焊接的接触点电阻热降低,影响焊接质量。不管是双面点焊还是单面点焊,为保证焊点质量合格,必须通过破坏性实验来检查焊点的强度,避免因焊接质量问题导致在使用过程中出现焊点分离的现象,如图6-27所示,右图中取两个焊点使用楔子楔入焊缝当中,检查焊缝完好后应当使用钣金锤与垫铁将其修平。

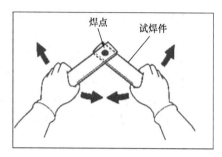 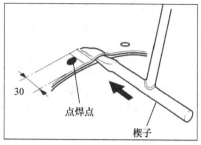

图 6-27 点焊接强度试验

通过使用电阻点焊机，焊接工作变得更简单。在实际维修中，我们经常提到如何提高维修进度和维修质量，选择正确的设备和先进的技术是非常重要的。电阻点焊机可挖掘的维修功能和方法的空间比较大，这种设备操作简单，特别是焊钳的远程操作功能，给焊接工作带来了极大的方便。一人可以轻松完成调整和焊接，无须助手相助。更换焊臂也很简单，大大提高了焊接工作效率。

电阻点焊机的规范工作流程如下：

1）待焊工件必须保持清洁。焊接前必须清除上下电极及工件上的油污和污垢，焊接前检查电气设备、操作机构、冷却系统、气路系统，还要检查设备外壳是否漏电。

2）起动前，先检查水箱水位是否在正确范围内、气源是否正常，将面板菜单功能调到测试模式，进行两电极焊接间隙调整及压力试验。

3）必须拧紧上电极（气缸体下方）的工作行程调整螺母。根据焊接规范的要求，通过旋转减压阀手柄调节电极压力。

4）严禁在点火电路中增加熔丝，以免损坏点火管和硅整流器。当负载太小，导频管内不能起弧时，严禁关闭控制箱导频回路。

5）焊机停止工作时，应先切断电源和气源，关闭水源，清除杂物和焊渣。

6）传统的电阻焊机在使用过程中由于过热启动自动保护功能后，应在设备冷却后再使用。为保证焊接质量和焊接效率，推荐采用变频水冷焊机。

7）如果焊机长时间停机，应在未喷漆的运动部件上涂防锈油。每月通电 30min，正常工作的控制箱应预热不少于 5min。

在车身上施焊时应注意：

1）许多车型在后围板与后翼子板连接的位置采用了铜钎焊的焊缝，在拆卸的过程中应小心。

2）汽车上实施惰性气体保护焊接或电阻点焊前，必须充分清洁表面，焊接面应使用导电喷剂处理，也可以待导电喷剂干燥后在其表面涂一层导电结构胶来加强密封，防止出现锈蚀，用来防腐、抗振、防锈、去除金属杂音等。

3）在车身上焊接时一定要对车辆做好防护，防止烫伤玻璃和其他编织物等部件，特别要注意防火。如图 6-28 所示。

后翼子板更换的技术要求如图 6-29 所示。点焊：2 层板焊接时错开原焊点焊接；3 层板必须在原焊点上焊接。

车身被维修后，常不同程度地出现漏风漏水、行驶异响、噪声大等问题，并且很难甚至无法排除。因此，维修的流程管控与预先防范处理措施不容忽视。在切割车身的时候注意不要破坏部件内部的隔音泡沫或海绵等填充物，在安装时涂上车身密封胶粘复。有拆除的隔音板要及时更换与安装，为保证维修后车身的整体强度，在焊接前应在连接的位置涂覆具有导电性能的双组分车身黏结剂。焊接时应当选用性能优异的焊接设备并正确地焊接，这样有助于降低行驶中产生振动与金属摩擦。正确的维修和处理对最终解决问题是非常关键的，在新技术高速发展与技术革新时代，不断学习与更新质量及维修的先进理念，除了会给维修商家带来高回报和满意度的提升外，更会对维修后的车辆使用安全提供至关重要的保障。

图 6-28　焊接防护

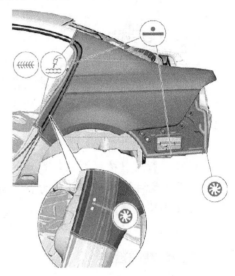

图 6-29　后翼子板更换的技术图示说明

⋘ ：连续气体保护焊接　　✳：胶接

━：电阻点焊或塞孔焊接

思　考　题

本项目的学习目标你已经达成了吗？请思考以下问题进行结果检验。

序号	问题	自检结果
1	什么是机械连接？什么是化学连接？什么是冶金连接？	
2	车身维修中焊接的种类有哪些？	
3	什么是压焊？什么是熔焊？什么是钎焊？它们各有什么优点？	
4	请复述 MAG 气体保护焊的焊接特征与焊接方法。	
5	请复述 MIG 气体保护焊的焊接特征与焊接方法。	
6	气体保护焊接设备的参数有哪些？应如何调整？	
7	气体保护焊接的注意事项有哪些？	
8	请详细说出电阻点焊焊接的过程的四个工作过程。	
9	双面点焊与单面点焊在焊接工艺上要注意哪些问题？	
10	电阻点焊的安全注意事项有哪些？	

项目 7 车身构件的更换与调整

学习目标

1. 掌握车身构件更换与修理依据以及截断维修切割要点。
2. 掌握混合结构车身前部减振器支承包更换技术。
3. 掌握车身覆盖件的更换与调整要求。
4. 掌握汽车玻璃更换技术。
5. 掌握车门部件检查与维修的方法。
6. 掌握行驶异响、漏水等疑难故障检查与维修的方法。
7. 提高动手解决问题的能力,促进专业技能经验培养。
8. 提高语言表达能力与沟通能力。

情境描述

车身受损后,根据损失情况的判断,哪些损伤是可以修复的,哪些损伤需要更换新的零部件,以保证修复的使用质量。外部可拆卸的覆盖件可以随时更换,对于直接焊接在车架结构上的部件,其维修的程序较复杂,对维修工艺要求相对较高,另外维修人员的技能素养的高低也会影响到维修质量。

如何能保证正确维修与质量标准,本项目将重点阐述这方面的内容。

任务1 车身损坏板件的更换

1. 车身板件修换评估依据

在日常的事故汽车维修中,我们经常遇到各种各样的问题。例如,车身外板受冲击较大、翘曲比较严重、冷硬化严重、无法很好地修复、零件产生了一些严重的腐蚀等,甚至发生碰撞变形的是高强度钢板区域。

考虑到修理的成本、效率和使用风险,有些零件可以修理后再使用,有些零件需要及时更换新零件,以保证修理后的质量。

在损失评估中,对损坏零件的修理和更换评估是汽车维修企业面临的难题,是汽车车身修理人员必须掌握的技术,也是衡量汽车车身维修水平的重要指标。在保证汽车修理质量的前提下,以最小的成本修理损坏的零部件是制定碰撞事故汽车修理计划的重要原则之一。在事故中损坏的承载式车身结构,是更换还是修复,几乎是车身修理者每天都要面对的问题。事实上,做出这样一个决定的过程就是一个寻找损伤与判断的过程。为了规范维修标准,美

项目7 车身构件的更换与调整

国汽车碰撞维修行业协会经过大量的研究，确定了事故车辆的损伤修复原则：如果事故车辆发生弯曲变形，可以采用修复方法。如果发生折曲变形，可以更换新配件。注意：为了防止对车身整体性能（如密封性、防腐性、刚度等）造成过度损坏，在更换新零件之前，应确定更换方法。

虽然弯曲和折曲是判断损坏零件更换的依据，但汽车修理技术人员必须知道：

① 在我国，"弯曲变形应该修理，折曲变形可以更换，不是必须更换"。

② 在任何情况下，都不应通过加热来校正较高强度钢和超高强度钢。300～500MPa 的高强度钢需要加热校正时，其表面加热温度不得超过 400℃。

2. 车身上外部板件更换的要求

汽车覆盖件的损伤更换有两种：外覆盖件的更换和车身结构件的更换。外覆盖件是指可直接拆卸或焊接到车身整体结构上的外部所有部件（车门、车顶、后翼子板等）。主体结构是指由不同构件直接连接成为整体的框架结构。拆装时，这些零件的一些高强度零件不能通过加热来维修，如果有大变形应直接更换。例如，保险杠加强件和侧护门横梁损坏后，不能通过加热较高强度钢板来矫直，即使是可以安全焊接的高强度合金钢，也不能通过容易产生高热的焊接或切割方法（如氧乙炔焊、焊条电弧焊、等离子切割）来维修，必须通过研磨、钻孔或铣切焊点。气体保护焊接的焊点可以通过打磨分离，激光焊接焊缝窄而长，当分离焊缝时，可以用切割片或气动锯进行切割。注意，无论是焊点还是焊缝的分离，都必须确保操作过程中的安全和工作保护。

在进行车身结构板件更换作业时，应将车上所有影响到焊接安全的零部件拆除并妥善保管，防止烫伤车内饰板与皮制物件，包括车门玻璃，玻璃容易烫伤且很难修复，如果有必要请拆掉玻璃后再进行下一步的切割工作。不要心存侥幸地工作，如果出现真皮、内饰等物件烫伤或引起车内火灾将是不可弥补的损失，严重的火灾甚至会引发大火烧毁整个维修店。

车内零部件拆卸的方法请参考维修手册，包括所有粘接玻璃的拆卸与安装方法，在每个厂家所提供的维修手册里都有明确指导与说明，并要求遵循厂家的维修规范，这里不再赘述。

现代汽车的整体式车身，通过焊接方式连接而形成一个整体。其最大的优点是车辆一旦受到撞击时，车身的设计弯曲处、预留的开口处等应力区域发生变形，能吸收碰撞能量，以达到保护乘员安全的目的。因此在切割时，要尽量避开这些应力、负载集中区，同时还要避开一些孔和加强件，以保证车辆的原有安全性能。在选择切割位置时，还应避开影响关键尺寸的区域，并尽量选择在焊接后需要涂装的面积小和涂装容易的区域。

车身上外部板件更换的要求如下：

① 碰撞后，造成车身边缘和外部翘曲且有严重的加工硬化，例如车门等。

② 后侧围板碰撞损坏严重，需局部切割去除损坏零件。

③ 车身侧板损坏。切割后需要换新的，然后焊接到位。

④ 对于严重的腐蚀损伤，通常只有更换钢板，切割生锈的金属板并将新的部分板焊接到原来的位置。对于容易生锈的区域，通常需要局部更换钢板。

⑤ 对于某些板件，当损坏无法修复时，需要局部或全部更换。

以上板件更换焊接时，无论采用何种焊接方式，车身结构连接的每个弧形转角的中心位置都不得进行焊接，以防止应力损伤，以免在使用过程中因共振而导致断裂。不正确的修理会给车辆的使用带来不可估量的损失，或者让车辆失去二次碰撞的保护能力，这对车辆的安全和性能是极其危险的。几乎所有制造商都强调：不要切断可能降低构件安全性的能量吸收区域，以免降低汽车性能。另外，使用气动锯切割车身时，注意气动锯的正确切割角度和切割深度，避免损坏内部加强件，特别是更换门槛件时。

注意：钢板的更换可分为插入件平接、交错平接和搭接三种方式。对于采用何种连接方式，在各种技术资料中都有详细介绍，手册给出了更换的要求和标准及具体切割位置的明确说明。一些制造商不允许重复分割结构面板，一些制造商只允许遵循厂家给出的正确工艺程序和标记切割的参考位置来操作，如梅赛德斯－奔驰B柱维修标志如图7-1所示。在实际维修中，应根据板的损伤程度、冲击位置、金属的材质和结构等采取灵活合理的方法，因为如果只使用简单的平面连接，由于焊接热，很难控制板面的膨胀和收缩。因为钢板很薄，在焊接过程中很容易烧穿，所以在焊接时使用的焊接电流一般很小。为了在焊接后获得良好的表面平整度，必须用砂轮打磨焊缝，但这样容易使其强度变差，很难保证焊接后的钢板强度。因此，在切割和更换钢板时，接口的形式有时可以基于平接，在平接时为保证焊接后的钢板强度，建议在背面插入垫板焊接，插入的垫板不宜过长，大约4－6cm，过长时可能会引起行驶异响，焊缝的两边要塞孔焊接。另外，需要注意的是，车身前部的重要承载部件和车身的保护结构不能盲目修理，尤其是铝合金车身的部件。

如图7-2所示，车身是所有结构件通过焊接形成的整体结构。这些结构包括发动机舱侧梁、后侧梁、车身地板、门槛、散热器支架、减振器拱形座、内部挡泥板槽、行李舱地板和备用轮胎槽等部件。

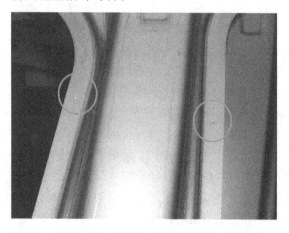

图7-1 奔驰B柱上允许切割截断维修位置标示记号

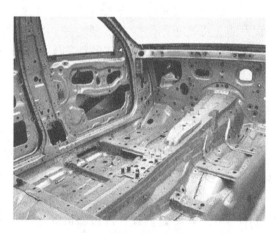

图7-2 白车身车舱内部

车身是车辆内外所有功能附件安装的基础，因此结构附件更换后的精度将直接影响到悬架等重要附件以及其他附件的顺利安装。

更换结构件时，在新件焊接前，结构板必须准确定位。

如果是截断维修，对接接头不得直接对焊。为了保证焊接质量和焊缝的强度，如车身门槛的对接，需要插入垫板，如图7-3所示。注意，门槛的插入件的长度大约为12cm，焊接接缝的两边要打孔塞焊。如果垫板焊接不牢固，可能会产生车身异响。

切割作业除了要参照厂家的规定之外，也可以遵循如下维修原则来选择分割的位置：

① 切割点的位置应远离支撑点、应力集中区、筋线和接头的位置，以防止意外损坏以

及影响维修后的整体强度和性能，如图 7-4 所示。

② 在分割之前，考虑切割的难度以及焊接和焊后处理的难易程度。正确选择切割位置，不仅可以保证维修质量，而且可以提高维修效率。

③ 切割位置的选择应尽量避免对高强度钢（大于 500MPa）进行切割，否则会破坏车辆原有的安全设计，维修难度更大。

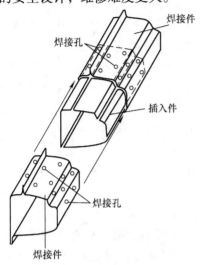

图 7-3 插入件

图 7-4 奔驰车门槛的内部结构

更换汽车结构件的修理程序如下：

① 移除车身上所有妨碍维修的部件，防止焊接引起火灾或烫伤内饰、玻璃等。

② 检查并测量结构损坏的位置，检查传力路径上的部件是否存在隐形变形，有些损伤只有在拆零件后才能看到。

③ 切割前，使用车身矫正台拉动并校正可修复板。

④ 打磨或钻掉被替换部件的焊点。

⑤ 分离并拆下损坏的部件。

⑥ 清洁、打磨和修整要更换的板件所有边缘，打磨时应尽量使用干磨机或帆布打磨片，砂轮磨削后的粗糙表面会影响焊接电流强度，不建议使用。

⑦ 用开孔钳在新板上开孔塞焊（注：如果采用电阻点焊焊接，则不需要切割新零件的塞焊孔），并在打磨的裸面上喷涂导电喷剂，以防腐蚀。必要时，应使用双组分环氧树脂胶辅助焊接维修。

⑧ 用夹钳或螺钉将新板装配并固定到车辆上，测量并定位新部件的数据。

⑨ 用电钻钻孔并用自攻螺钉固定新零件，或用专用定位器固定新零件，然后在车上装配其他附件以检查间隙配合情况，确认无误后，再将装配的附件拆下妥善保存。

⑩ 用电阻点焊或气体保护焊机将已定位的新部件焊接到车身上，直至完成。注意在焊接时不管采用哪种焊接方式，为防止应力变形，都应采用跳焊的方法减少温度的影响。

除了焊接方法外，还可以采用胶铆接的方法进行连接。胶铆修复钢制车身的方法和维修铝合金车身的方法相同。具体维护方法请参考后面关于铝车身维修的内容，此处不再赘述。

在维修结束时，应采取防腐措施，并根据需要在新板上涂上保护层和防腐材料（如喷涂防腐剂和空腔喷蜡)。

施工注意事项:
① 密封剂、底盘保护剂等不得明火燃烧,会产生有毒气体。例如,如果燃烧PVC,就会产生含有盐酸的气体。因此,焊接时应始终使用适当的焊烟抽排装置。
② 使用含溶剂材料时,应确保通风良好,佩戴呼吸设备,使用焊烟抽排装置。
③ 切割、打磨或矫直金属时,务必佩戴护耳器,因为噪声可能达到或超过85dB。
④ 为避免产生有害气体,严禁对充满泡沫的位置进行焊接或切割。
⑤ 焊接镀锌钢板时会产生有毒氧化锌和有害烟雾,施工现场必须保证良好的通风。
⑥ 车辆焊接时,必须用防火毯或屏风保护车辆周围的工作区域,并与其他车辆隔开,以防止飞溅的火花烫伤其他车辆。
⑦ 焊接时,必须将灭火器的安全销拔出使其始终处于待工作状态。如果在焊接过程中看不到焊接区域的内部,则应在助手的协助下进行。
⑧ 在对车辆执行任何焊接工作之前,请拆下车辆蓄电池负极并断开电气控制单元的搭铁连接。
⑨ 不要在空调部件上施焊。在干燥箱或预热区喷漆时,空调系统部件的温度不得高于80℃,否则会引起爆炸。如果必须在制冷剂软管附近进行焊接,则必须排空制冷剂管路。因为在焊接过程中,肉眼看不见的紫外线被释放出来,紫外线可以穿透制冷剂软管并分解制冷剂。排空制冷剂时,请戴上橡胶手套并保护眼睛。制冷剂对人体有害,会导致冻伤。如果液体制冷剂意外进入眼睛,必须用水冲洗眼睛约15min,并及时咨询医生,告知医生冻伤是由何种制冷剂引起的。
⑩ 应特别注意油箱或其他含油零件周围的焊接或打磨操作。如果不确定,必须拆下这些零件。从车辆上拆下的油箱或管路的存放必须符合安全防护措施的规定。
⑪ 不要将焊接设备的搭铁连接到电子控制单元的公共搭铁点和车上的电线上,以防止空载电压损坏电气部件。
⑫ 焊接设备的搭铁线和负极线不得与发动机和变速器连接,以免焊接时引起电弧烧蚀发动机和变速器内部零件的表面,影响使用寿命。
⑬ 在切割、对齐和展平安全带预紧器区域中的车身板件之前,必须拆下安全带预紧器单元。

3. 车身结构件切割更换作业常用工具

车身结构件在切割更换作业中经常要用到五花八门的工具,好的工具与设备能使工作事半功倍,主要有电动工具、气动工具、测量工具、焊接设备等,常用工具如图7-5所示。

更换铝合金车身部件时常用的设备不能和维修钢制车身的设备共用,需要专门配置一套工具,除图7-5所示的工具与设备之外,还需要图7-6所示的工具与设备。

车身板件更换常用工具的使用方法:

1) 气动焊点铣切钻。如图7-5d所示,用于焊点的去除。通常板件更换维修时需要将焊点分离才能将需要更换的板件取下。使用气动焊点铣切钻的优点是钻孔的深度可调,因为在分离钢板的时候只把需要更换的板件换掉即可,不需要将双层板或多层板都钻穿,只需钻切掉单层板件即可。过多地钻穿多层板也会破坏车身的整体强度,且焊接后的防腐能力也无法保证。

项目7　车身构件的更换与调整

a) 气动打磨工具

b) 手工工具

c) 气动打孔钳

d) 气动焊点铣切钻

e) 手砂轮

f) 带式打磨机

g) 气动錾

h) 气动锯

i) 等离子切割机

j) 气动铆钉枪

k) 钻头研磨机

l) 护手錾

m) 激光焊缝切割机

n) 大力夹钳组

o) 吹尘枪

p) 电阻点焊机

q) 气动钻

r) 气体保护焊接

图7-5　钢制车身钣金件更换常用工具

s) 气动切割机

t) 钢板测试仪

u) 防腐锌粉漆

图 7-5　钢制车身钣金件更换常用工具（续）

a) 多脉冲铝焊接

b) 铝车身整形机

c) 电池感应加热器

d) 火焰图层

e) 铝粉

f) 气动铆接钳

g) 热风枪

h) 手动铆钉枪

i) 斜口切割钳

图 7-6　铝合金车身或钢铝混合结构车身钣金件更换常用工具

2）钻头研磨机气动焊点铣切钻通过高扭力低钻速来实现钻铣，不可以将钻速调得过高，否则容易造成钻头因温度过高而损坏。专用的钻铣钻头（图 7-7）是非常昂贵的，通常分为三刃和两刃钨钢合金定心钻头，损坏后只能使用专用研磨机（图 7-5k）修复使用。

3）气动打孔钳　如图 7-5c 所示，是切孔专用工具。使用打孔钳切孔比较规范，工作效率非常高。常用于塞焊打孔。

4）气动锯如图 7-5h 所示，是切割板件的专用工具。使用气动锯在车身上切割时应注意保持 30°倾斜切割，防止锯条受损以及避免内部结构件被切坏。注意气动锯的锯条有粗齿与细齿之分，切割薄钢板时应选择粗齿锯条。

图 7-7　钻铣钻头

5）带式打磨机如图 7-5f 所示，主要用在盘式打磨机难以打磨的位置，磨具使用的是专用砂带。

4. 结构性板件的分离与拆卸方法

(1) 电阻点焊位置确定

车身底部由于需要喷涂具有缓冲石子冲击作用的防腐涂层，焊点查找难度较大。通常做法是首先除去底漆、保护层或其他覆盖物。可使用粗钢丝轮打磨去除涂层，去除底漆时应注意防止金属板变色。对于保护层，也可以采用去除底漆的方法，加热软化后用铲刀去除底漆。

注意：在铝合金车身中，结构件的连接大多采用高强度合金铆钉，拆卸时应按铝合金车身维修工艺进行。

(2) 电阻点焊焊点的分离方法

1) 使用钻孔工具分离焊点。先采用点冲工具在焊点的中心冲出定位点，然后用专用焊点铣刀或钻头、专用划孔器把要更换的旧板件分开。在去除焊点时应注意钻头的钻切深度，因为我们只需把更换的零件分开即可，如果深度太深，将破坏到下面的结构层。应特别注意，如果内板是高强度钢，若被破坏将影响结构强度。因为在后期焊接时如果熔池的熔深不足，会直接引起车辆行驶时钢板与钢板之间的振动与整体结构强度弱化。

2) 切割旧件。等离子切割机的切割火焰，可以快速去除旧零件。但这种方法的缺点是切割时不能保证下板的完整性，下板容易损坏，安全性较差。

3) 去除焊点。在实际维修中，车身上的焊点有很多地方不能直接钻切，或者塞焊的焊点太大，在这种情况下，可以用打磨机将其去除。研磨时只需研磨上板，不要损坏下板。

(3) 结构件连续焊缝的分离

激光焊接或气体保护焊常用于连续焊接，焊缝较长且难以分离。分离时，可用砂轮直接磨掉上层，然后分离。也可以用切割片来切割，切割时注意切口的深度。使用切割片时，注意工作规范正确使用切割片，防止切割片断裂后飞出伤人。

5. B柱与下门槛切割要点

下门槛的切口位置如图7-8所示。下坎结构较为复杂，车身侧围是车身整体强度最高的部位，下槛内部用多层高强度钢加固，在切割时容易破坏内部加固结构。

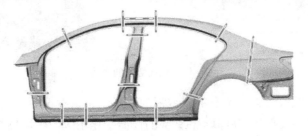

图7-8 参考切口位置

车身下门槛损坏的结构部件拉伸校正后，可进行局部切割。例如，使用高速电动锯和等离子切割机进行其他相关部件切割，或在边梁围板上开一个较大的"窗口"，以便于变形点的整形和加工校正，方便焊接时用惰性气体保护焊接，也有利于车门槛内壁防腐。在切割时必须注意车身可切割的位置，可以参考图7-9所示的切割线。

如图7-10所示，对于B柱的切割维修，在工作中应当格外注意，在侧面柱碰撞与侧面碰撞中，虽然都是车辆侧面受到撞击，但二者的碰撞形式和乘员受伤机理截然不同。在车身

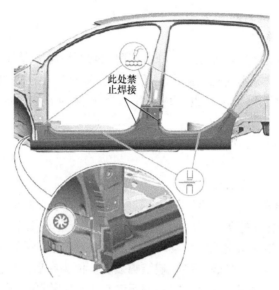

图 7-9　门槛外板的更换维修参考

的整体结构中，车舱的强度最大，尤其是 B 柱的强度，通常 B 柱使用的钢板强度为 800～1800MPa。

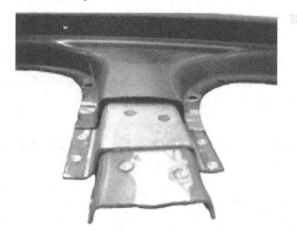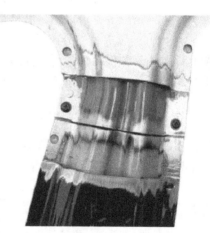

图 7-10　B 柱切割的方法

注意：在选择切割线时必须考虑不同钢板的强度。一般情况下，如图 7-11 所示，采用气体保护焊后，抗拉强度低于 200MPa 的钢板的性能变化不大，但防腐能力会受到影响。当焊接 200MPa 以上的钢板时，钢板的强度会相对减弱，降低性能和维修质量。当焊接强度大于 980MPa 的钢板时，强度降低 50%。因此，超高强度钢原则上禁止切割、焊接和过热处理。更换 B 柱时要特别注意。

更换新零件后的工艺质量高于维修质量，但焊接方法会直接影响后续维修工艺。例如，为了保证维修时车身的整体强度和密封性能，更换部件之间应涂上导电双组分环氧胶。焊接时不能采用气焊，应当尽量采用高性能电阻点焊以及气体保护焊，以保证焊后质量和工艺要求。

项目7 车身构件的更换与调整

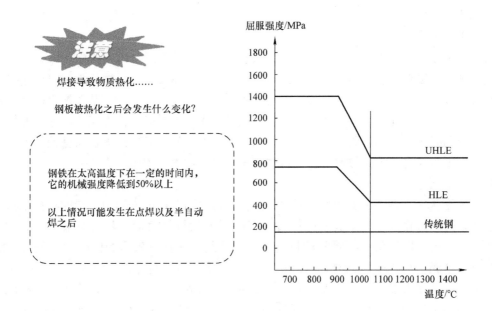

图7-11 焊接温度对钢板强度的影响

6. 结构性板件的分割与连接

以车身后翼子板切割更换为例：

更换车身后翼子板，应首先确定需要更换的范围，判断是否需要更换整个后翼子板。如果后翼子板的损坏仅为轮廓或范围较小，但范围内严重损坏，建议用局部切断代替整体更换，这样可以最大限度地减少车辆维修的损失。从维修工艺处理和质量保证的前提来看，更换面积越大，更换的零件越多，对车身原质量和工艺的损伤就越大，焊接后由于热影响而产生的残余应力损伤会使强度降低。而且，车身的密封、防腐等质量难以恢复。

修理时，先将损伤部位拉伸，整形消除应力，灰度变形部位的尺寸，然后切割需要更换的部位（后翼子板的切割位置如图7-12所示），并采用合理的焊接方法焊接新的部件，避免对原车的二次伤害，保证原车受伤部位的形状和功能得到最大限度的恢复。

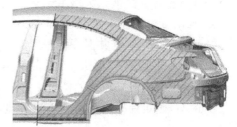

图7-12 后翼子板更换切割位置

为了提高车身的整体强度，一些厂家采用先粘后焊的方法，这种方法弥补了钢板强度下降、车身使用时产生异响、胶接耐高温性能差、持久强度低、胶层老化、性能分散性大等缺点。

胶接接头中的黏结剂减少了焊点附近的应力集中，提高了连接强度，特别是抗疲劳性能（机械性能和声学性能）得到了很大的改善。粘合层还可防止腐蚀、改善接头的噪声阻尼特性，使胶接结构具有优异的声学性能。这样，胶接不仅具有静态强度高（铆接剪切强度340%、点焊强度200%）、可靠性好的优点，而且具有良好的密封性。为了保证车辆维修后的性能，在实际维修中，应按照原厂家的要求安装黏结剂，并保证其具有良好的导电性。

7. 胶接机理

（1）机械理论

机械理论是最早提出的键合理论。液体黏结剂填补了被粘表面的空隙或凹陷，固化后，在界面区域产生接合连接或锚固效应。这一理论把胶接作用归因于机械粘附。机械连接的形式与渗透力和分子间力无关，通常称为锚固或紧固。当黏结剂固化时，基底被机械地固定在一起。在显微镜下，固体表面并非完全光滑，而是由无数的波峰和波谷组成。为了发挥粘合效果，黏结剂必须渗透到表面凹坑中，并排出表面中的空气。黏结剂的机械粘接是多孔基材粘接的主要因素，对于无孔材料，机械打磨要比未经处理的好得多。

（2）吸附理论

吸附理论认为，键合是由两种材料之间的分子接触而产生的表面力。形成与被粘物直接接触的黏结剂的过程称为"湿润"。对于黏结剂，要润湿固体表面，其表面张力应低于固体的临界表面张力，以达到"润湿"的目的。当黏结剂进入基材表面的凹陷和缝隙时，润湿效果良好。当黏结剂桥接凹陷时，润湿效果差，会导致黏结剂与被粘物的实际接触面积减小。因此，整体接头强度较低。大多数有机黏结剂容易弄湿金属固体，但许多固体有机基底的表面张力比常用的黏结剂要小。良好的润湿性要求黏结剂的表面张力低于基材的表面张力，这一事实表明有机黏结剂（例如环氧黏结剂）对金属具有良好的粘合性，但对未经处理的聚合物基材（例如聚乙烯、聚丙烯和氟碳化合物）具有较差的粘合性。

（3）静电理论

这一理论表明，在黏结剂和被粘物体的界面上有一个电双层，从而形成一个抗分离的静电力。

（4）扩散理论

这个理论假设结合力是由粘着分子和被粘着分子之间的相互扩散产生的。这种扩散理论主要应用于黏结剂和被粘物体为聚合物且具有可移动长链分子的情况，如溶剂键合或热塑性塑料的热熔键合，这被认为是由于分子间扩散所致的结果。

8. 维修案例：宝马5系前部减振器支承包更换

说明，为规范维修并保证维修后能恢复到原厂的数据，应优先使用带有模具组的大梁校正台先将车身进行锚定。宝马5系前部避减振器支承包更换的步骤见图7-13所示。

步骤1：确定需要更换的位置。

步骤2：确定要拆除的焊点，如果焊点被密封胶覆盖，应先使用专用铲刀或打磨工具清除。

步骤3：使用样冲在需要拆除的焊点中心冲出定位的点。

步骤4：使用带式打磨机清除焊点上的涂膜。

步骤5：用焊点铣切钻分离焊点，钻切深度为需要拆除的板材厚度，注意不要全部钻穿。

步骤6：用护手錾分离外层钢板，并将外层覆盖的钢板卸除。

步骤7：用同样的方法拆除内部的连接加强件。

步骤8：用气动钻或焊点铣切钻将减振器支承包与车身以及纵向梁的焊点去除。

步骤9：使用加热枪对连接部分加热，黏结剂软化后将减振器支承包从车身上整个拆除。

步骤10：使用加热枪将车身上残留的余胶清除，再用气动打磨机将连接部位打磨干净，注意不要使用砂轮打磨，防止损坏钢板的厚度以及保持打磨后的光洁。

步骤11：准备新件，并从新件总成上拆除多余的部件，先使用样冲在焊点中心冲出定位点，再用气动钻钻切焊点并使用加热枪对焊点连接部位加热。

步骤12：拆除不需要的多余连接件，然后使用带式打磨机打磨连接的位置。

步骤13：如果是钢铝合金混合连接的车身，新件与纵梁的结合应使用高强度铝合金铆钉进行连接，这就需要预先打好定位连接的孔，按图7-13s中方法先在处理好的纵梁上用纸胶带把准备的白纸粘好，拓出纵梁上的连接孔，然后将处理好的新件安装在车身上。

步骤14：使用模具定位，用螺钉连接好每一个安装孔（零件安装的螺钉孔），并锁好模具上的定位销，如果发现定位孔或定位销发生偏差，说明车身存在未修复的变形，应对车身变形损伤及时校正后锁定。

步骤15：先不要把新件与车身连接，要先检查并确认所有数据是正确的。如果是铝合金部件，为了能更准确地找出纵梁上原来铆钉连接的孔，先在白纸上画出新件与纵梁连接处的轮廓并做好标记，然后卸除安装在车身上的新件，揭下贴在从梁上的白纸，将它按照画好的位置与标记贴在新件上面。

步骤16：使用样冲冲出每一个铆钉孔的中心点，并用气动钻钻孔。

步骤17：用打磨工具对纵梁与新件连接接触的面打磨并使用干净的无纺布擦拭干净，在处理时应使用专用厌氧清洁剂清洁，产生环氧涂层。

步骤18：在步骤1~7拆卸后处理的位置喷涂有导电性能的锌粉剂，在新件连接的面使用火焰喷枪对清洁后的部分进行烘烤，使表面处理更干净并快速形成氧化膜。

步骤19：在连接位置涂覆双组分专用车身连接环氧胶。

步骤20：小心安装好新件，用厂家指定的专用高强度铆钉铆接，并对要求焊接的位置进行焊接，待黏结剂完全干燥后拆除定位夹具，处理焊点与焊缝。至此，车辆的维修结束，待油漆后装复完成。一般焊接完成需要安装上所有的附件并进行检查，包括翼子板、发动机舱盖、前部框架、前照灯、前杠灯所有附件。模具组维修后可达到原厂数据，在定位时有数据不对需要校正时禁止安装该点的定位夹具进行拉伸，防止出现变形，影响其他部位正常正确地维修。

a) 步骤1

b) 步骤2

图7-13　宝马5系前部减振器支承包更换步骤

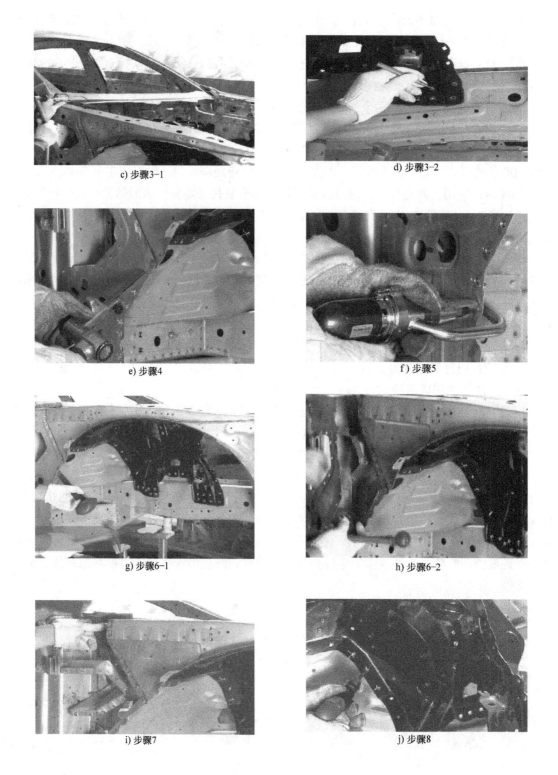

图7-13 宝马5系前部减振器支承包更换步骤（续）

项目7　车身构件的更换与调整

k) 步骤9-1　　　　　　　　　　　l) 步骤9-2

m) 步骤10-1　　　　　　　　　　　n) 步骤10-2

o) 步骤11-1　　　　　　　　　　　p) 步骤11-2

q) 步骤12-1　　　　　　　　　　　r) 步骤12-2

图7-13　宝马5系前部减振器支承包更换步骤（续）

s) 步骤13-1

t) 步骤13-2

u) 步骤14-1

v) 步骤14-2

w) 步骤15-1

x) 步骤15-2

y) 步骤16-1

z) 步骤16-2

图7-13 宝马5系前部减振器支承包更换步骤（续）

a′) 步骤17-1

b′) 步骤17-2

c′) 步骤18-1

d′) 步骤18-2

e′) 步骤19-1

f′) 步骤19-2

g′) 步骤20-1

h′) 步骤20-2

图7-13 宝马5系前部减振器支承包更换步骤（续）

9. 车身整体分割与连接注意事项

（1）车身板件切割更换注意事项

1）维修方法和维修计划措施应事先向客户说明，以便客户能够理解为什么有必要这样做，让客户知道这样维修的好处。例如，原来汽车的结构连接没有使用黏结剂。原则上，这种加固工作是不需要的，但问题是，不管用什么方法修补，维修后的强度肯定会降低。只有采用胶粘加焊接的方法去维修才能提高车身的整体强度，但这种修复方法会增加修复的复杂性和高成本。事先向客户说明的好处是透明，让客户自己选择。

2）为了提高维修质量，更换的零件必须是同类型、同质量的零件，否则会存在使用安全隐患。

3）定位数据点必须准确，以确保底盘悬架、元宝梁、转向机构等部件安装正确，避免修理后再次发生故障。

4）损坏的旧件在切割前必须校正。检查车身两部分前后是否对齐，因为车身结构在碰撞过程中会发生位移和变形，虽然碰撞力消失后车身结构部分会反弹，但不排除导致结构数据严重位移，这是人眼很难看到的。如果矫正不正确，车身板件的配合间隙将不能保证准确，会给维修带来很大困难。

5）在维修车身地板时，有时需要拆下车身地板上的加强件。为了便于在安装过程中顺利对齐，应等待地板定位好后再将其拆下进行处理。

6）在切割时，首先要确定搭接方案和连接的方便性。例如，当纵梁被分割和更换时，切割部分只能在制造商指定的区域切割。

（2）更换配件焊接注意事项

1）在连接前，为了减少焊接的冲击，应对截面进行修整，以确保其不影响装配质量和装配操作。

2）如需塞孔焊，钻孔前应将塞焊孔使用切孔器切开。在需要电阻点焊的部位，应将焊接端面正反面的漆层清理干净后喷上导电防腐涂层。

3）连接部分应在焊件背面插入垫板进行加固，并确保位置准确对齐。焊接垫板时，应焊接牢固，以防维修后行车时产生意外的噪音。

4）在正式焊接中，可以使用电钻安装自攻螺钉或铆接铆钉进行定位，也可以用定位焊接来定位，确认正确定位后才可以进行焊接。焊接时应采用跳焊的方法，以减少焊接时的热影响，防止焊后残余应力过大而引起变形。为保证焊接质量，应使用试焊板先行试焊，待焊接调试完全正常后才能正式焊接。

5）焊接工作完成后，应对烧蚀区域进行防腐处理，如腔内注蜡、喷涂防腐涂层等。

工作案例：奔驰承载式车身原厂的防腐密封的标准如图7-14所示。

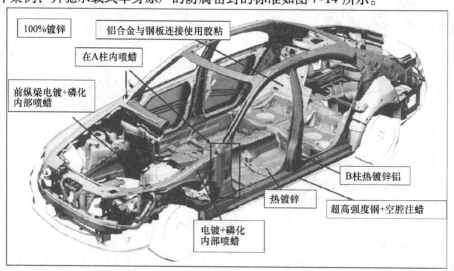

图7-14　奔驰承载式车身原厂的防腐密封要求

项目7 车身构件的更换与调整

6）要进行密封、隔热处理，密封、隔热处理的部位与方法如图 7-15～图 7-17 所示。

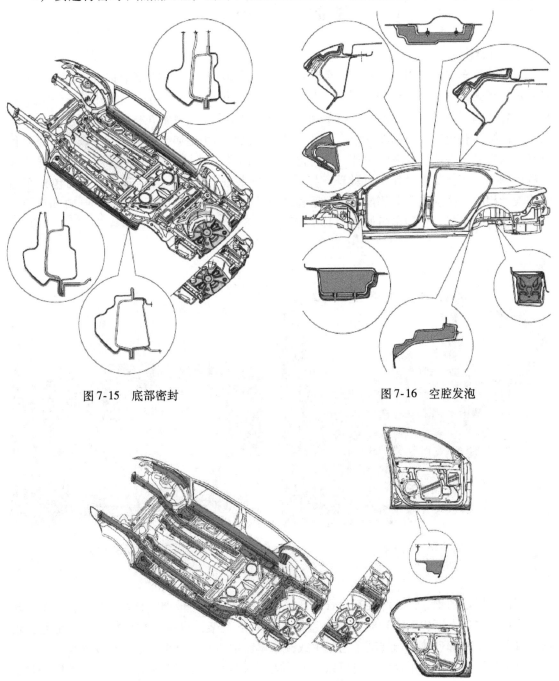

图 7-15　底部密封　　　　　　　　　图 7-16　空腔发泡

图 7-17　车身注蜡

7）外围覆盖件损伤位置如果撕裂或起皱折叠变形，但范围不是太大，应考虑最大化保留原厂工艺，降低损伤程度，减少部件整体更换后的整体强度破坏与防腐、密封等问题。局部性截断更换修理才是正确的维修之道，而不是把问题与维修工程复杂化，不要轻易更换整个后部翼子板、门槛边梁、后围等。

任务2 车门维修

1. 车门结构

车门是汽车中最常用的部件,要经受几千次的开闭和汽车行驶时各种路况的颠簸,车门必须足够坚固,发生事故时保持关闭,以保护驾驶员和乘客不受伤害。此外,车门必须密封,防止水和风的噪声,以保持车内干燥和安静。但是,车门经常在碰撞时损坏。

车门结构有包框车门和硬顶车门两种类型。包框车门用金属框架覆盖车门玻璃的侧面和顶部。这有助于保持车窗玻璃对齐,车门框紧靠车门开口密封。如图7-18所示,门框是车门的主钢架。其他部件(铰链、玻璃、把手等)安装在门框上。硬顶车门下部与包框车门结构设计相同。区别在于上部没有车门框和玻璃导槽。玻璃必须用车门下部的导轨和车门开口上的密封条密封。硬顶车门如图7-19所示。

图7-18 包框车门

图7-19 硬顶车门

车门板可以由钢、铝、纤维基复合材料或塑料制成,车门玻璃有很好的透光性。车门玻璃夹框用作玻璃上下移动的导向装置。它是一个U形夹架,内衬低摩擦材料,如毛毡。玻璃升降器用来升降玻璃。当转动车窗把手或按下车窗按钮时,升降器上下移动玻璃。

玻璃升降器可以是手动的,也可以是电动的,这两种升降器非常相似,唯一的区别是手动升降器使用曲柄摇把手工摇动车门玻璃,而电动升降器使用电动机驱动齿轮机构升降车门玻璃,在现代汽车中,都采用了电动升降器。

2. 车门故障检查

汽车车门常见的主要故障见表7-1所示。

项目7 车身构件的更换与调整

表 7-1 汽车车门常见的主要故障

序号	故障现象	问题出现的原因	解决措施
1	车门下垂	结构损坏、固定件移动或机械部件磨损而错位引起车门缝隙不均匀并且会造成车门间的摩擦或车门行驶异响	1）定期润滑铰销转轴 2）适当调整铰链位置使车门调正 注：适当调整车门锁的锁闩也可以缓解部分问题，但可能会因为车门承重问题使得锁闩的摩擦力增大而引起锁闩损坏
2	车门关闭过紧或不严	车门铰链故障	维修或更换铰链
		车门门闩调整不当	正确调整门闩
		结构损坏、固定件移动	对损伤变形的位置进行牵拉矫正
3	车门出现漏风或漏水以及灰尘进入	密封胶条的破裂与老化	更换损坏的密封胶条
		车门门闩调整不当引起密封不严	正确调整门闩
		结构损坏、固定件移动	对因为碰撞引起的变形进行修复
		车门内部防水隔音板安装不当或损坏	更换或维修防水隔音板
4	车门行驶异响	车门铰链磨损或车门锁闩磨损或限位器异常	更换车门损坏铰链或检查修换限位器
		车门锁机构故障或拉杆保护缓冲海绵丢失或破坏	重新安装海绵保护
		车门附件安装的螺钉有松动或有些部件与车身钢板间隙过小引起共振	检查螺钉或铆钉松动并紧固
		有干固的胶块碎落的地方	清理碎胶块并注入新胶使其干固
		车门铰链安装位置强度设计不够或铰链与车身紧贴面积设计过小引起	改进车身设计与制造质量
5	车门玻璃升降异常	车门导轨出现变形	矫正导轨变形
		车门玻璃橡胶导槽老化或安装不当以及喷涂了保护蜡引起升降异常	清洗或更换老化的橡胶导槽
		车门玻璃升降器钢丝拉索出现断丝或升降器损坏	修复或更换玻璃升降器
		升降器的导向胶块损坏	更换导向胶块
		升降电动机出现故障或电路故障	检修升降模块与开关或更换升降模块或升降开关 检修电路或更换升降电动机 注：由于车门属于经常使用和开关的附件，车门与立柱的线束在故障检查中经常出现线束断裂的现象
6	车门外把手故障	衬套磨损	更换锁扣与锁闩的衬套
		锁芯杆弯曲或调整不正确	重新调整锁芯拉杆
		把手、连杆或锁闩没有润滑	对门锁机构、把手、连杆进行润滑
		锁闩磨损或损坏	更换门锁或锁闩

147

(续)

序号	故障现象	问题出现的原因	解决措施
7	车门门锁故障或门灯故障	门锁关闭出现异常	检查线路故障修复或更换门锁
		车门锁保险拨杆发生卡滞，拨动行程不到位	检查保险拨动行程
		门锁异响	检查自吸装置与线路
		门锁内部或外部打不开以及里外打不开	修复或更换中控模块
		门灯不亮	检查门灯灯泡、门灯开关和线路故障
		中控出现异常	修复程序或模块编程
8	车门控制系统失灵等故障	车门关闭后自动开启 车门玻璃完全关闭后自动下降 车门玻璃升降时始终停留在错误的位置	检查更换门锁控制模块 修复程序或模块编程

对于车门故障，除了车门铰链轴的磨损外，由于车身的承载问题或整体设计强度问题，在行车过程中产生的颠簸会引起弹性变形，长期使用也会容易造成金属疲劳损伤。除了车门自身重量外，车门还要承载车门玻璃等附件的重量。在颠簸和惯性的作用下，车门铰链安装的位置如果所用钢板的强度较弱或铰链与车身的紧固接触面积不够，都会导致车门变形下垂。直接修理方法是重新调整门的铰链位置。此外，车门框也会因惯性而变形。

目视检查可以检查车门的间隙以确定车门的下垂程度。需要注意的是，应松开车门锁闩的锁紧螺钉，以便更直观地判断车门下垂的变形量，然后尝试在铰链位置上下移动车门总成。对于较轻的车门，可以尝试用手升高或降低车门。对于较重的车门，使用可移动千斤顶向上支撑车门，同时观察铰链的位移情况，待合适后将车门铰链的螺钉紧固。调整车门时，注意车外平整度和间隙，然后调整车门锁的锁闩并紧固螺钉，如图7-20所示。

图7-20 车门调整后的标准

如果在车门关闭时车门被迫升高或降低，则锁板未正确调整。当车门关闭时，锁闩应平稳滑动并接合锁闩。如图7-21所示，锁闩可以上下、内外、前后移动。固定板是一块厚钢板，上面有螺纹孔，用来装锁闩的螺栓，可以向各个方向移动以实现锁闩可以向任何方向调整。

项目7 车身构件的更换与调整

车门密封件的保养和更换检查主要取决于橡胶密封件是否老化或损坏。密封件可能被切割或磨损。如果发现任何小孔或破裂，应更换车门密封条，以防止空气、灰尘和水进入车内。为了更方便地将橡胶密封条安装在卡槽中，可以在安装前喷肥皂水或涂一薄层凡士林辅助密封条安装。注意：不要在橡胶或车门玻璃导槽上涂油，也不要使用润滑脂润滑橡胶密封条，否则会导致橡胶在化学作用下过早老化。另外要注意，也不要使用表板蜡来润滑车门玻璃的导槽，以免玻璃升降时产生摩擦异响。

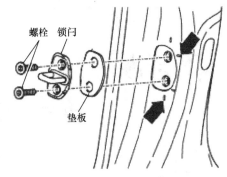

图 7-21 车门锁闩的分解与调整

课堂活动：参考以上的学习内容，回答表 7-2 中的问题。

表 7-2 答题卡

1. 工作检查时，车门下垂并且无法关闭。接下来你应该怎么做？

课堂记录

2. 车门在铰链处上下摆动，怎样修复这样的问题？

课堂记录

思 考 题

本项目的学习目标你已经达成了吗？请思考以下问题进行结果检验。

序号	问题	自检结果
1	零件发生弯曲变形的特征有哪些？	
2	损坏零件修换的依据是什么？	
3	车身上外部板件更换的要求有哪些？	
4	在切割更换维修时，对车身分割位置的切割要求有哪些？	
5	更换汽车结构件的修理程序有哪些？	
6	更换汽车结构件的修理要注意哪些问题？	
7	请详细说出结构性板件的分离与拆卸方法。	
8	对B柱维修时需要注意哪些问题？	
9	汽车车门常见的故障有哪些？应如何解决？	
10	车门调整时要注意哪些问题？	

项目8 车身结构测量与校正

学习目标

1. 掌握目测方法判断碰撞损坏的程度。
2. 掌握各种类型和形式的车身测量工具的正确使用。
3. 掌握通过测量车身尺寸来分析诊断各种形式的车身损伤。
4. 掌握承载式车身修理有关的基准面和中心线的概念。
5. 学会使用车身数据图和车身手册在车上找到关键参考点。
6. 掌握车身、车架矫正设备装配和各种维修工具设备的使用。
7. 学会通过分析损伤,确定拉伸方向。
8. 学会恰当地计划和执行碰撞修理程序。
9. 掌握承载式车身正确的校正与维修方法。
10. 掌握生产车间安全注意事项与维修规范。
11. 提高动手解决问题的能力和促进专业技能经验培养。
12. 提高语言表达能力与沟通能力。

情境描述

前面学习了车身的损伤分析,车辆碰撞所引起的车身损伤不仅包括车身本体的损伤,也包括车辆其他的机械、电子总成和零部件等,对这样复杂的情况进行细致的判断是一个系统的工作。

损伤检查,无论是对车辆数据能否得到准确恢复还是对车辆保险的善后评估都具有很重要的意义,不同的损伤鉴定对问题处理的程度也不相同,若有些情况可通过目测就能鉴定判断不需要在工作台上完成。为了准确地做好损伤判定,提高工作效率,我们要按照一定的工作法则,有顺序有步骤地对车辆进行检验。

任务1 使用校正仪对故障车进行尺寸测量

1. 车身损伤测量的重要性

就车身而言,只有测量车身尺寸才能准确表示碰撞损伤的变形程度;在车辆的初始损伤检查中,除了要仔细检查外,车身主要控制尺寸的测量也是一个重要的环节。通过这些测量,可以判断车身的变形形式,为以后的精确测量和维修提供依据。

此外,即使轻微碰撞也会导致车辆性能不稳定。因此,测量总成与车身的相对安装位置，也有助于确定车辆的损坏状态，并指导维修作业。例如，在轻微正面碰撞的情况下，可能无法仅从车身损坏的角度发现车辆的隐藏故障。为了恢复车辆的性能，需要将底盘调整等项目结合起来完成整个维修工作，因此对车身主控尺寸的检查也是必要的。转向系统和悬架装配在车身上，部分悬架是根据装配要求进行设计的。车身的损坏将严重影响悬架的正确安装。这些部件在车身上的变形会导致转向器或悬架出现故障，如减振性能下降、转向操作失灵、传动系统振动和异响，以及连杆端部、轮胎、齿条和小齿轮等转向系统过度磨损等。

2. 车身主要控制尺寸的测量

根据汽车车身工艺修复理念，测量一般分为三个步骤：

① 维修前：在维修前进行测量，准确确认车身损坏状态，掌握变形程度。

② 修理中：测量伴随修理作业过程，有效控制修理过程的质量。

③ 修复后：完工后测量，提供可靠数据。

为了保证汽车的良好性能，总成的安装位置必须正确，因此修理后车身尺寸的公差不得超过 ±3mm。

车身测量主要包括量规测量系统、通用测量系统、专业模具测量系统、中心规测量系统、电子测量系统（机械臂测量系统、激光测量系统和超声波测量系统）。

车辆损伤评估的一般做法如下：

（1）问诊

主要询问碰撞时车辆的行驶速度、碰撞物体的速度和近似质量、碰撞时的处理方法、碰撞的具体位置等一系列问题。通过问诊来帮助分析车辆损坏情况，制定维修计划，具有一定的指导意义。

（2）分析

分析车辆碰撞过程中破坏力的传递路径和冲击范围，检查事故造成的直接损伤（可见损伤）或间接损伤（隐藏或间接因素引起的波纹损伤）。碰撞过程中产生的强振动频率具有很强的破坏作用，也就是说，它会在波纹效应（传力过程中产生的损伤）下造成其他损伤。

（3）定性测量

根据受力分析结果，将车辆的损伤分为几个区域，有针对性地对车辆进行必要的定性测量。对于严重的损伤，需要固定在大梁校正台上进行测量以确定损伤程度，并打印出测量结果作为维修判断的依据。

（4）拆检

通过零部件的拆卸检查，对不能准确确定的关键损坏部位进行测量，并仔细检查。

（5）数据归档

汇总测量数据，对车身损伤做出准确判断，准备制订维修计划。

维修中常用的测量系统大致可分为三类：量规测量系统、专用测量系统和通用测量系统。车身损坏后，必须对汽车进行测量，以确定车架或地板总成是否变形，车身测量的基础数据应以汽车制造商的尺寸数据为基础，作为维修的依据。注意：所有尺寸都是从零位线、中心线和公共水平基准面测量的。除非另有规定，否则所有尺寸均为对称尺寸。所有尺寸均以直接尺寸表示，包括长度、宽度、对角线和高度。长度、宽度和对角线表示两个参考点之间的距离。高度表示参考点和假设标准线之间的距离。直接尺寸是使用中最典型的尺寸，是用车身量规或卷尺测量的。长度、宽度和高度表示基准点和假设标准线之间的距离，平面尺寸是车身矫正台上使用的一种特殊尺寸。

通过这些测量，可以确定车辆整体是否变形。此外，通过测量车辆的轮距、轴距或做简单的车轮定位检测，也能反映出车身各个部件的损坏情况。这些测量相对容易操作，使用的测量工具也相对简单。可以使用卷尺（图8-1）或滑动量规非常精确地进行测量，但不是每个零件都需要测量，必须根据车辆的具体损坏情况来决定。

图8-1　卷尺的应用

3. 车身测量的基准

（1）定位参数

定位参数是汽车主装配系统的基本装配数据，涵盖汽车发动机、底盘、车身等零部件。如每个底盘总成的装配位置、车轮定位、轴距等，参考点通常是工艺孔的参考点、一些非常重要的螺栓螺母安装点以及凸块结构件的棱角，如图8-2所示。

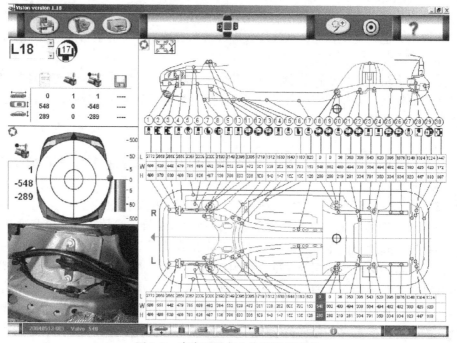

图8-2　车身测量各个位置的基准点

项目 8　车身结构测量与校正

（2）控制点原则

控制点用于检测车身的移位损伤和变形程度。车身设计和制造中有多个控制点，可作为组焊和焊接的定位参考，这些参考孔也可用作测量车身时的定位参考。在检查过程中，可以测量车身上各个控制点之间的尺寸，如图 8-3 所示。当超过规定的极限尺寸时，应进行校正，使其达到技术标准规定的范围。

注意：制造过程中使用的控制点不一定与维护过程中使用的控制点相同。

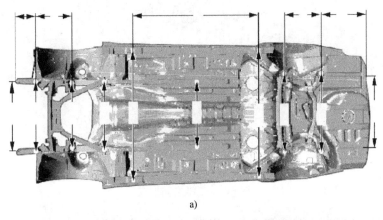

a)

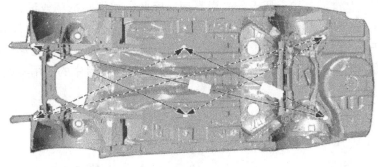

b)

图 8-3　各个数据点的测量方法

（3）车辆的三维测量

车辆的三维测量相当于将汽车定位在一个精确的空间，如图 8-4 所示。一般来说，汽车可以想象成一个长方形，然后把这个长方形分成多个零平面。被分割的零平面将汽车划分为三个区域：车身前部、中间驾驶室和车身后部。零平面的分界线通常被认为是抗扭箱体结构的位置。无论是米桥式测量还是一般测量，都是基于这一原理进行的。

在测量车身的实际尺寸时，必须有相应的基准线或基准面，将这些基准线或基准面作为测量的依据。车身测量常用的基准面有水平面、中心面和零平面。基于这些平面，车辆制造商或测量设备供应商才可以为特定车型提供特定控制点的尺寸。

1）水平面。通常是基于对校正平台表面的测量，水平面是一个假设的平滑表面，与车身地板平行，并与车身地板保持固定。车身的高度以它为基准进行测量。由于基准面是一个假设平面，因此基准面高度可以增大或减小，使测量读数更加方便。在汽车设计中，为了便

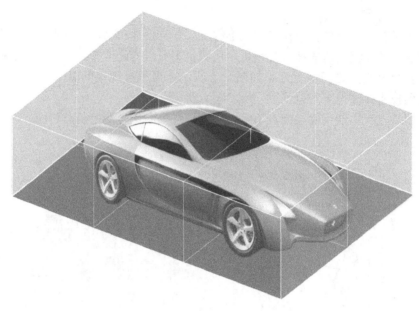

图8-4 三维空间形成

于测量车身高度,基准面是一个假设的光滑平面。因此,根据制造厂或设备制造厂的要求,在测量前需要在车身的中部找到四个或四个以上的基准点,以确定车辆的基准面和中心线,这是实现车身任意点测量工作的主要条件和依据。一旦发现基准点可能变形,应在其他多个点之间重新选择或测量。图8-5给出了三维测量在实际校正平台中的应用实例和原理。

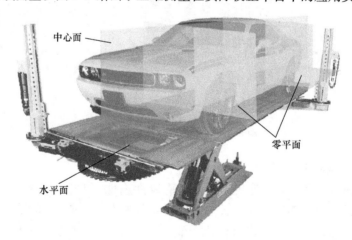

图8-5 在实际校正平台中三维测量应用

2)中心面。中心面如图8-6所示(或中心线,M—M平面)。它也是一个想象的平面,将车辆纵向分成两个相等的部分,左右两边对称。汽车的所有宽度或横向尺寸都是从中心平面开始测量的,即从中心平面到车身右侧某一特定点的测量值与左侧同一点开始的测量值完全相同。

3)零平面。零平面设计的位置是汽车中舱的前后端,理论上,应该是车身不易变形的位置,测量孔在地板下面的横梁上方,通常为车身底部四个支撑点位置的孔。为了正确分析

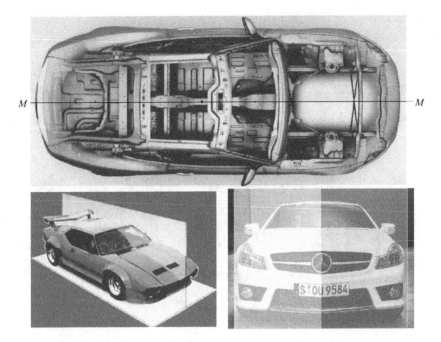

图 8-6　中心面

汽车的损伤，必须将汽车视为一个方形结构，将其分为前、中、后三部分，这三部分的基准面称为零平面，这三个部分是在汽车设计中形成的，在碰撞过程中容易受到冲击。无论是非承载式还是承载式结构，中间区域都是具有相当强度的平面刚性区域。这个刚性中心区域可以作为观察车身结构对中的基础。所有测量和对中观测结果均与零平面有关，车身长度方向的尺寸也以零平面为零位点。

任何一辆车的地板上的控制点都是前梁、颈梁、后门梁和后梁。中心区域或颈部与后门横梁之间的区域是需要校正的主要部分，在碰撞过程中经常会损坏车辆的前后端。

4. 车身测量方法

车身平面数据测量的方法主要有点对点测量、对角线测量和对中测量三种。对于三维数据的测量，还需要测量车身的高度数据，长度和宽度数据通常为投影的数据和直线数据。

测量车身损坏区的步骤：

① 了解受损车身结构的类型。

② 目测并确定碰撞位置。

③ 目测并确定碰撞的方向和碰撞力的大小，并检查可能的损坏范围。

④ 确定是否仅限于车身损坏还是包括了功能部件或其他部件（如车轮、悬架、发动机等）的损坏。

⑤ 沿碰撞力传递路线或自定义力传递路线逐个检查零件是否损坏，直到没有损坏痕迹为止，并通过检查车身外板的装配间隙来确定支柱是否损坏。

⑥ 测量车身上的主要部件，对于小碰撞，可以通过比较车身尺寸表上的校准尺寸和汽车上的实际尺寸来进行检查。为了便于测量和检查，可以使用轨道式量规和定心规来比较车身上的尺寸。除了卷尺、轨道式量规、定心规等测量工具外，还可以使用三维测量系统检查

悬架和整个车身的损坏，确保测量的精度。

课堂活动：参观实车，指出控制点，并在图 8-7 中标出 8 个控制点，完成表 8-1 答题卡中的问题。

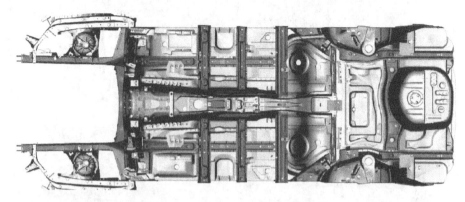

图 8-7　在车身底部标注出控制点

表 8-1　答题卡

什么是控制点，有什么作用？
车身控制点出现变形时正确的做法应该是：

尺寸测量时比较原厂车辆的技术数据会更准确些，但就损伤的判定而言，也可用一辆没有损伤过、同一厂牌、同一年份、同一车型的车辆作为参照。对角线测量法如图 8-8 所示。如果仅仅车身的一侧受到损伤，也可以测得未损伤一侧的数据并以此作为对照，在没有原厂技术资料或维修说明的情况下，用这种方法得到相关的数据还是比较可靠的。

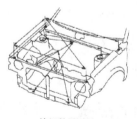  

前部数据测量　　　　　侧面数据测量　　　　　后部数据测量

图 8-8　实际维修中常用对角线数据测量方法

测量点和测量公差由受损区域的检查确定，车身板件和结构件的校正和维修需要遵循

"后进先出"的原则,即最后损坏的部分必须先校正,因此需要确定第一个变形区域和最后一个变形区域出现的位置。在校正过程中,必须对照原车身尺寸数据图反复检查受伤部位的所有主要控制点。在修复过程中恢复的数据是下一次准确修复的先决条件。

无论是量规测量系统、通用测量系统还是专用测量系统,中心规和轨道式量尺可以单独使用,也可以相互配合使用。标尺由一个带有刻度的滑块和一个可自由调节的指针组成。轨道式量尺主要用于常规测量,中心规经常用于检查车身的整体变形和部件是否错位。分规用于确定长度、宽度和对角线尺寸。例如,在右前和左后桥悬架之间进行对角线测量检查出尺寸有偏差,说明底板已经出现了变形。中心规通常由三根测量杆组成,安装在底板总成的特定测量点上。测量杆中的瞄准杆起着重要的作用,用它可以固定位置。如果瞄准杆在车身的长度上都能对齐,则车架和地板总成良好。坐标法适用于多曲面车辆的车身表面测量。原理是采用测量架采集 X(横向)、Y(纵向)、Z(垂直)三个测量方向的数据。

注意:为了保证测量的准确性,测量工具必须校准到零,特别是对于带有许多滑动部件的测量工具,如车身尺寸量规,不仅要在使用前校准,而且在使用后也必须要校准。在使用中心量规和轨道式量尺等测量工具之前,应使用卷尺进行检查,以防止出现错误。在测量操作过程中,指针不得接触任何东西,否则重新校准。如果指针长度或角度发生变化,则必须重新校准。底板二维测量及底板中心吊尺的使用如图 8-9 ~ 图 8-11 所示。

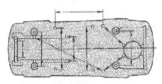

图 8-9 底板二维测量与中心挂规在底板的使用方法

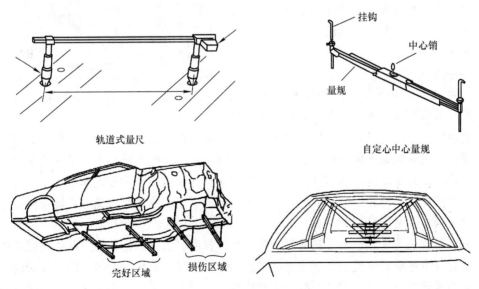

图 8-10 中心量规的使用

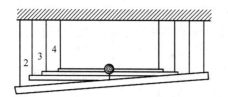 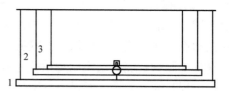

图 8-11 扭转变形与上下变形的测量判定

5. 通用测量系统

通用测量系统使用相对简单，如图 8-12 所示，通用测量系统能够同时测量多个控制点。通用测量系统可分为两类：机械式通用测量系统和电子式通用测量系统。常用的机械式通用测量系统包括米桥测量系统和专用定位测量系统。

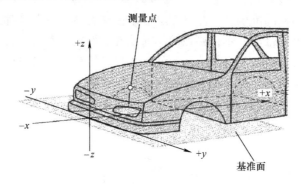

图 8-12 三维度测量原理

米桥式机械测量系统是一种通用的测量系统。在米桥式机械测量系统中，机械指针安装在测量桥上，可根据需要测量的位置进行调整和移动。在车身的三维测量中，通过对车身长、宽、高的三维测量，可以确定车身的各个点。这种方法适用于精确的车身测量。机械测量系统和校正平台如图 8-13 所示。

6. 机械臂电子测量系统

机械臂电子测量系统（图 8-14）使车辆的损伤识别和维修更加方便和准确，机械臂类似机

图 8-13 通用机械测量系统和校正平台

器人的自由臂。电子测量系统将机械测量系统的测量指针变为电子测量头，测量头测量的车身数据通过传感装置直接传送到电子计算机。在使用中，必须先选择三个带有测量触点的未损坏车身点，以确定车身的基本点。然后，测量触点必须位于要测量的车身点上。将测量的实际值与存储在测量计算机程序中的设定值进行比较。如果存在测量偏差，则误差信息被输出或自动记录在测量记录仪中。

机械自由臂的测量原理是已知的每个关节臂的长度和选择的已知测量头，传感器被植入每个关节臂自由移动的位置。每个传感器将感知到的信号转换为一个电位值。旋转时，机器人臂的自由旋转夹角、臂长和自由滑动的变化量成为计算的依据，最终得到正确的计算值。

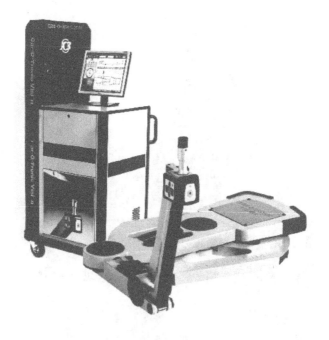

图 8-14　电子测量系统

因此，电子测量系统可以说是一个智能化的车身测量系统，对损伤鉴定人员和维修人员来说是非常有用的助手。使用电子测量设备，可以借助测量臂自由选择车身上的测量点。测量臂在测量轨上移动，并具有合适的测量触点。精确的测量点由安装在测量臂上的传感器检测，测量值通过无线电信号传输到测量计算机。计算机预先存储了大量的各种车型的车身数据，因此利用计算机强大的计算能力对测量数据进行分析比较。经过计算，可以直接得到物体的变形量，也可以给出一些变形量和维修建议。

7. 专用定位测量系统

专用定位测量系统的测量原理不同于其他主要测量尺寸的测量系统。它使用"是或否"类型的测量原理。待检车辆固定在专用工作平台上后，根据车身上的测量点和车身尺寸图，在工作平台上安装专用定位模具。如果要测量的点可以连接到专用定位模具上，则证明这些点没有变形。如果待测点与专用定位模具之间存在一定距离差，且无法连接，则表示该点存在尺寸差，需要使用校正方法进行复位和修复。定位式测量系统在使用中的优越性体现在人们可以用肉眼在汽车周围检测出各种控制点，直观地反映出变形的形状和数量。专用定位测量系统最大的优点是不需要使用量尺进行测量，节省了大量测量时间。

如图 8-15 所示，在使用机械式多功能测量装置校准台时，用车身锚定夹具将损坏的车辆固定在校准台上夹紧车身夹具。然后，滑动车下测量桥上的滑动支架并将其对正。

滑动和对正时，必须选择三个未损坏的车身测量点，其中两个应与车辆纵轴平行，第三个测量点必须尽可能远。滑动支架安装在测量桥上。这些支架可以精确地测量到每个测量点，以确定长度和宽度尺寸。每个滑动支架上都有一个伸缩测量套，测量套上有合适的测量触头。当测量触头伸出时，它们将与车身的测量点接触，以便能够准确测量，并且高度尺寸也能精确地测量。专用定位模具还可协助固定，即当车辆进行拉伸校正时，每次校准到位

图 8-15　免测量模具组系统

时，定位模具可进行固定，该点在拉伸过程中不会变形和移位。

另外，如图 8-16 所示，定位式测量系统也可以安装米桥量尺系统和电子测量系统，在使用时非常方便，许多维修企业在配置了定位式矫正平台后，加配一套电子测量系统协助车身的测量维修工作。在部件更换过程中，可以直接使用定位模具对新零件进行固定定位，可以大大提高安装精度和工作效率，对车身维修工作也起到很大的作用。

图 8-16　专用定位器测量系统（车型通用）

项目 8　车身结构测量与校正

但定位模具式通用测量系统最大的弱点是针对性太强，每款车型都必须配备一套专用定位模具，这对于非专业维修店来说非常昂贵。因为专用定位测量系统有许多优点，使用非常方便，所以，一些车身维修设备制造商开发了组合式通用定位模具对传统的专用定位测量系统进行了改进，通过不同的组合可以应用于各种车辆各个控制点的固定与测量。

课堂活动：参考如图 8-17 所示，组织学生利用车间的实训用车使用米桥式量尺与轨道式量尺测量车身数据并填写准确的数值。

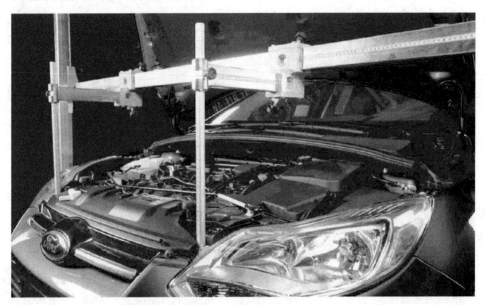

图 8-17　前部测量参考

测量参考：请参照实际实训车型测量相关的数值并填写到图 8-18 中。

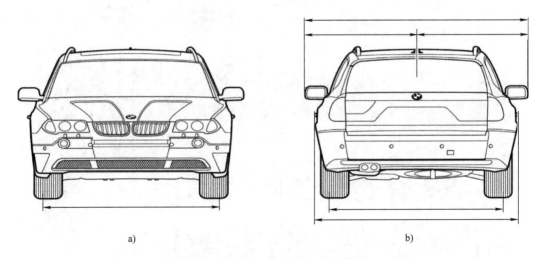

a)　　　　　　　　　　　　　　b)

图 8-18　请标注出图中所示基本数据

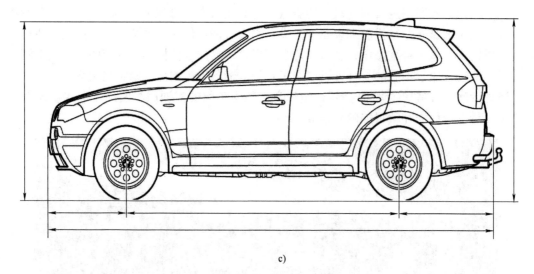

c)

图 8-18 请标注出图中所示基本数据（续）

8. 激光测量系统

激光测量系统利用激光束对车身进行测量，测量设备安装在标定台底座外侧。将汽车放置在大梁校正台上或升降平台上，也可以在没有校准台的情况下进行测量。

如图 8-19 所示，测量用的两个导轨在车身周围以相互垂直布置。如图 8-20 所示，激光装置、光束分离器和几个棱镜安装在导轨上。激光装置产生平行的小光束，这些光束在碰到障碍物之前是看不见的。光束分离器将激光束以短角度导向短测量导轨并使光束直线前进。棱镜以直角反射光束并将其引导到汽车地板下。

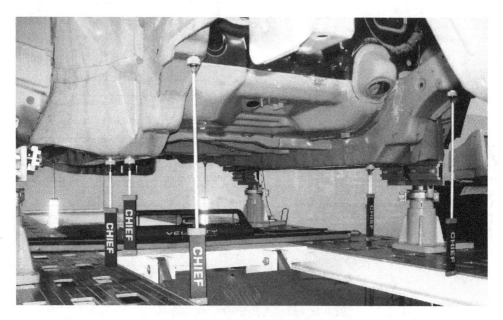

图 8-19 激光测量系统中标靶应用

测量尺由透明塑料及相关连接件制成。根据测量数据表，它被悬挂并设置在至少三个未损坏的车身测量点上。一旦激光装置打开，测量导轨开始调整，直到激光束击中测量尺设置的区域。该区域由测量尺上的红圈点确定。这确保激光束平行于汽车地板发射。为了确定更多的车身高度尺寸，在车身下面的不同测量点处需要额外的测量杆。现在，通过移动棱镜，也可以读取测量尺上的高度尺寸、测量导轨上的长度尺寸，并将测量数据与计算机内存储的数据进行比较。

注意：使用光学测量设备时，操作人员不得直视激光束，会带来眼炎疾病，严重可致盲！

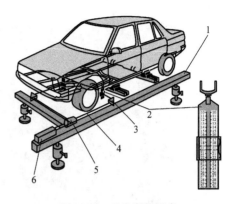

图 8-20　光学测量设备
1—测量导轨　2—测量尺　3—棱镜　4—激光束
5—光束分离器　6—激光装置

通用电子测量系统中常用的品牌很多，代表性的主要有汽车 O-Vision Classic、Spines、bantam 等测量系统，这些测量系统在应用方法上是相似的。电子测量的测量方法是接触测量，相比之下，它比普通机械测量、激光测量和超声波测量更可靠、更准确。在测量系统的测量臂顶部安装一个测量头，在测量臂之间的每个检测臂连接处安装一个角度位置传感器。测量车身时，将测量头移到需要测量的车身位置。计算机是将角度位移传感器的角位移在各检测臂的连接处得到，从而得到测量点的空间坐标。电子测量的测量精度为 ±1.0mm。电子测量通信系统主要是红外、声波或蓝牙无线传输系统。其中，蓝牙系统以 3Hz 的传输频率将电子测量的所有传感器的状态发送到计算机，不受任何设备或其他外部环境的影响。

电子测量系统提供车身维修过程中各参考点的数据测量，将测量数据与出厂时的标准车身数据进行比较，指导维修人员进行维修，从而提高车身维修的准确性，降低事故车维修难度，使整个维修过程有理有据。车身测量系统不仅可以在维修前后对车身进行测量，还可以配合矫正台在拉伸修理过程中进行同步检测。计算机显示的拉伸数据可以精确地控制拉伸的方向和拉伸力度。

任务2　使用校正仪对故障车进行拉伸

1. 车身校正的作用

承载式车身碰撞后，需要通过拉伸来修正变形。拉伸校正的主要目的是将车身上的主要控制点恢复到原来的正确位置，消除变形应力，恢复车辆的原始状态。

在拉伸作业中，会使用到一些专用的拉伸校正设备和工具，如图8-21所示。在拉伸时应尽量采用多点固定多向拉伸复合拉伸的方法，以提高工作效率，降低单点的拉伸力。无论使用何种拉伸校正设备，工作人员都应根据实际情况提前设计拉伸方案，并在工作中不断测量和检查，不断修改，最终达到良好的校正效果。非承重车身的框架非常坚固。当框架变形时，常规的钣金维修方法无法使其恢复到原来的形状和尺寸，必须使用大型拉伸校正设备，其校正维修工作与承载式车身维修略有差异。

图 8-21　拉伸校正设备

整体承载式车身和各种高强度钢广泛应用于车身上。整体式车身的整体承载能力，此类车辆在碰撞变形后往往会在各个部位产生各种变形效应。因此，校正工作比非承载式车身的校正工作更困难。

对于车身损伤的牵拉，应根据损伤情况和损伤部位选择拉伸点。拉伸的方法有单点连续拉伸（图 8-22）和复合拉伸等方法，单点连续拉伸适用于车身原始损伤相对较小的部位。为了纠正大损伤，必须采用复合拉伸方法。塔架和大梁校正平台的固定如图 8-23 和图 8-24 所示。

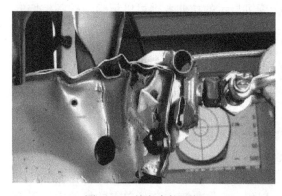

图 8-22　单点牵拉图例

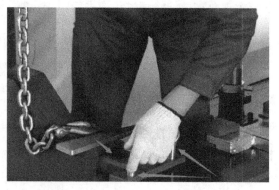

图 8-23　塔架和大梁校正平台的固定

复合式牵引能同时从多个点精确地向所需方向牵引，从而有效地控制车身整体的校正进度和校正量，提高了工作效率和校正精度。

此外，多点复合拉伸有效地分散了各点所受的拉力，避免了变形零件被破坏的可能性。

校正时，不仅要对损伤部位进行拉拔，还要考虑其他间接变形部位；在某处位置拉拔时，还要考虑拉力对被拉拔构件周围构件的影响。

如果有后续的校正操作，则必须固定车身上先前已修复的位置和未损坏的数据点，以避免在拉伸过程中发生位移。

由于车身在不同部位使用了不同的材料，在拉伸时需要根据不同的材料来设计拉力。不同材料的拉伸标准见表8-2、表8-3。

图8-24　固定支撑卡具

表8-2　钢材料在拉伸工作中的参考

钢制车身材料	拉延限度 $Rp0.2/(N/mm^2)$	抗拉强度 $Rm/(N/mm^2)$	断裂伸长率 A80（%）
深拉延钢板	140~300	270~420	≥26
高强度钢板	180~480	350~560	≥19
较高强度钢板	≥300	≥600	≥10
超高强度钢板	≥600	≥1000	≥5
热成形超高强度钢板	≥1500	≥1000	≥5

表8-3　铝合金材料在拉伸工作中的参考

铝合金车身材料	拉延限度 $Rp0.2/(N/mm^2)$	抗拉强度 $Rm/(N/mm^2)$	断裂伸长率 A80（%）
铝合金板材	≥210	≥260	≥10
铝合金挤压型材	241~280	≥29	≥10
铝合金铸件	120~150	≥180	≥10

进行整体拉伸校正时，固定点至少需要4个。根据车身结构，有时可能需要更多的固定点。为防止拉伸夹具滑脱飞出伤人，在拉伸时，请务必配置安全绳，并将安全绳连接到汽车底盘的坚固结构部分或大梁校正平台上。对于损坏区域的维修可以找到多个拉点。双拉力使拉力加倍，拉伸夹具的接触点损伤最小，多个牵拉会使金属板很容易被矫正。但是也必须要注意不可以过度牵拉，不正确的拉伸更容易增加对车身的损伤。在牵拉时，必须认真遵循"先进后出"的原则，并尽量减少拉伸操作次数，避免对同一损伤进行多次拉伸。由于整体结构多为空间薄壁结构，在损伤时变形部位积累了较大的变形应力，如果对车身某一变形区域进行反复变形校正，会使车身上更多区域变形损坏，甚至导致部件断裂。为了防止变形位置被拉伸断裂，可以在拉伸时使用重磅钢锤辅以木质垫块击打，将应力释放，或使用加热工具对损坏区域加热以释放应力，注意：在加热时要严格控制温度在钢的临界温度（650℃）以下，对于高强度钢（大于500MPa）加热温度应控制在400℃以下。在操作时应注意自身工作的绝对安全。每次校正后，必须将已校正部分固定，以防止在拉伸其他区域时引起已修

复区域变形。再次重申，车身校正工作存在潜在危险，一定要做好防护注意工作安全，在操作时，不得将手习惯性地放在拉直的链条上。

非承载式汽车车身碰撞变形修复时，通常将修复的重点放在车架上。

冲击力沿着车身部件和面板传递，导致车身许多部位变形。

两者都是非常大的力量组合的结果。必须用更大的力来校正这些力。承载式车身不能像非承载车身那样拆卸，因此车身的变形校正必须作为一个整体进行。

专用的车身校正工作台通常配备有一个三维车身测量系统，在拉动和校正车身时控制各个零件的尺寸，直到校正完成。

校正整体变形的主要目的是消除整体变形量和变形应力，恢复整体轮廓和主要定位尺寸。

需要更换的主要部件，只能在校正整个车身后才能将其拆下。因为如果车身的整体控制尺寸没有修好，要更换的部件就没有相对尺寸的依据，所以必须先进行。更换前车身校正。

整体校正完成后，车身需要分成几个小区域分段修复。

整体式车身的维修过程可以简单地分为以下几步：

① 目视检查并测量损坏部分，以确定损坏部分和损坏程度。

② 利用校正设备平台对车身变形进行校正，恢复所有车身尺寸数据。

③ 更换或修理车身损坏的主要结构件。

④ 更换或修理车身损坏的外板。

2. 车辆损伤修换的标准与鉴定

为了正确地评估车身碰撞损坏的部件，首先要了解车身结构的类型。沿碰撞力传递路线系统地检查各部件是否损坏；在维修时，要反复测量汽车的主要部件，并将维修手册中车身尺寸表的校准尺寸与实际尺寸进行比较，用适当的工具或仪器检查悬架和整个车身是否变形。

车身在碰撞中变形一般可分为左右弯曲、上下弯曲、起皱和断裂损伤、平行四边形变形和扭转变形。是修复旧件还是更换新件，原则是修复弯曲变形、更换折曲变形。

3. 车身变形的修复

覆盖件的修复：外覆盖件一般采用薄钢板，如低碳钢或超高强度钢、高强度钢、高强度低合金钢、热镀锌钢板、铝合金等，还包括复合纤维材料等。如果发生褶皱变形，一般会进行修复。

塑料件的修复：当塑料件变形或损坏时，修复的可能性不高，通常需要更换。对于保险杠，如果是热塑性塑料，一般可以通过加热、软化和焊接来修复。还有一些热固性硬质塑料在碰撞后会直接开裂，重新修理的价值不大，应该更换。

车身横梁的维修：汽车横梁结构一般采用锻造制造。通常采用拉伸校正、切割、焊接等方法修复，损坏部分需要更换，但在制定和确定维修计划时，必须严格控制更换范围，避免维修过程中不必要的二次损坏，降低维修质量。

门柱结构的修复：门柱可以通过整形、焊接等方法进行修复，损坏的地方需要更换，如果变形严重，不建议维修，建议更换，更不能使用焊枪去烧烤加热，特别是B柱。

由于车身碰撞损伤的复杂性，在对车身进行校正时基本上没有固定的程序可遵循，但应按照"先进后出"的要求进行修复。车身维修人员应根据车身的具体损坏情况设计维修方案，并用测量方法不断验证。能够达到维修目的的拉伸计划才是正确的计划，否则需要调整。

在校正车身时，首先将车身固定在大梁校正台上的多个点上，使车身在拉伸校正操作时处于稳定状态，并对车身的各个方向进行拉伸。使用带有测量系统的模具组校正平台如图8-25所示。

图8-25 带测量系统的模具组式校正平台

对于轻微碰撞造成的轻微损伤，施加与碰撞力相反的拉力可以很容易地恢复变形零件。对于较严重的变形，应仔细研究车身的变形，通过测量找出车身变形的位置和程度，并仔细分析变形过程，确定先变形在哪里，后变形在哪里，变形是直接损伤的区域还是间接损伤，间接损害应在直接损害之前予以纠正，再沿破坏力的传递方向修正变形。拉伸时应设计正确的拉伸力，对于较难修复的变形，可以使用其他的校正设备辅助车身校正，例如，液压千斤顶、撑杆等设备。

在修理铝合金车身时，应注意铝合金车身的维修特性与钢结构的维修特性有本质区别。同时，在有条件的情况下，校正平台应选择模具组校正平台。由于铝合金车身无论是碰撞还是拉伸过程中都容易产生断裂或裂纹，容易开裂和起皱，不像钢那样有弹性。如果是铝合金车辆拉伸校正，请参照铝合金车身维修手册的说明进行牵引。各厂家对铝合金车身的维修要求、规范和方法各不相同。

在维修前制定维修计划时，除了降低维修成本外，还必须考虑整体的维修质量，例如，如何保证在局部拉伸时不影响周围零件，如何保证在切割时尽可能不出现金属内部结构损坏，还有焊接的选择等，整体维修计划应考虑得更详细、更好，以便在后续工作中顺利进行。

校正车身的方法是在破坏力的相反方向施加拉力，将损坏的部分恢复到原来的位置。液压校正装置可提供高达50~100kN的力，配合牵拉设备可校正车身任何部位的变形。

车身碰撞变形复杂，要在所需的作用点上执行拉伸校正操作，需要使用各种夹具来实现。如图8-26和图8-27所示，每个车身校正设备制造商都有与其拉伸校正设备相匹配的各种夹具和拉伸工具。这些工装夹具中有相当一部分是针对特殊结构设计的，但大多数工装夹具可以通用，也可以在一定的使用范围内组合使用。

图 8-26　夹具固定的位置参考

图 8-27　拉伸夹具使用

在使用中，修身人员可以根据需要创造性地使用这些工具和夹具。对于大面积损伤的矫正，必须采用复合拉伸的工作方法，复合牵引系统具有支撑车身和牵引作业的双重能力，拉伸作业可实现双向或多向牵引，对修复整体承载车身的复杂变形非常有用。

在矫正时要注意：

① 对于整个承载体，在拉伸过程中必须采用多点固定法固定。一般情况下，必须保证至少 4 个正确的固定点，并根据车身结构和拉伸时的受力情况，增加所需的固定点。

② 对于损坏部位周围的固定，必须保证位置准确。找到尽可能多的固定点，确保其能承受大梁校正台的拉伸力。

③ 在对车身部位和面板进行拉伸校正时，应尽量采用多点拉伸和多向拉伸，减少各点的应力，保证面板的安全，扩大校正范围，提高校正精度。

④ 在设计车身的夹持点和固定点以及进行拉伸作业时，要充分发挥想象力和创造力，充分利用一切可用的工具和设备，达到矫正的目的。

⑤ 拉伸矫正时，要注意自身与他人的安全，有人员经过时要特别注意，在操作设备时，操作人员的站位要与拉伸链条的方向保持一定的夹角（40°以上），在车间，每一位工作人员都应当知道通过维修区域的危险性。链条在拉伸时，禁止将手放在被拉紧的链条上。

避免过度拉伸。如果拉伸效果不够，可以反复纠正。但是，由于拉伸造成的严重过度拉伸可能会导致车身因过度拉伸而报废。另外，将约束杆固定在车身上，可防止因拉伸矫正而导致车身变形，如图 8-28 所示。在拉伸过程中不断地测量是防止过度拉伸的最佳方法。

图 8-28　约束杆的使用

拉伸过程中确实存在弹性变形现象，适度的过拉可以有效提高拉伸效率。因此，在利用金属的弹性变形特性时，必须控制过拉量，并做好消除变形应力的工作。

4. 变形应力的消除

通过修正变形来恢复车辆的原始状态有两层含义，一是恢复位置尺寸和形状，二是恢复部件的正常使用性能。为了恢复其正常使用性能，必须消除由于变形和校正操作而对部件造成的应力。

在进行拉伸校正作业的同时，必须做好变形构件及其周围构件的应力消除工作。消除内应力的方法有三种：一是通过长时间的自然恢复，二是不断地敲击并通过振动来消除应力，三是通过加热软化钢板来消除应力。在外力作用下，金属的晶粒排列发生畸变，产生内应力，变形的金属也会产生硬化现象。当变形得到修正时，随着变形的消除，内应力不会完全消失，而会保留5%~20%左右的内应力，称为残余应力。残余应力在一定时间后会逐渐减弱或消失。在拉伸校正中保持拉力，并在消除内应力之前等待一段时间。构件在拉伸到一定位置后，其回弹量要比立即取消拉力的回弹量小得多。在消除应力的操作中，要注意受碰撞变形的物体不仅在变形位置有应力，而且在没有明显变形的区域可能有较大的内应力。

车身上有很多复杂的箱形构件，维修时单侧弯曲比较复杂。这些部件包括车身纵梁、横梁、门槛、风挡立柱、中柱、顶梁等，在对箱体结构进行矫正时，弯曲处会发生硬化，如果拉伸时处理方法不当，会造成更严重的凹陷或断裂。矫正时应适度加热。在校正过程中，如果变形和弯曲直接恢复到原来的状态，则会在原来凹陷的铰接部分的两侧形成新的凹陷，导致长度比原来短。如果此时采用拉伸修复，则凹陷部分的硬化被变得较硬，且不易变形，这可能导致需要拉伸的凹陷部分不变形，而其他部分可能变形。正确的修复方法是加热凹陷部分，消除加工硬化引起的应力，然后在拉伸时恢复弯曲。最后，凹进去的变形可以恢复到原来的状态。

拉伸和校正车身是一项非常复杂的任务。在工作中，我们必须注意许多问题。维修人员还必须善于总结经验，不断改进操作方法，提高自身专业素质，做好维修工作。

车辆维修工作完成后，应将维修部位做好密封，并采取防腐措施（如注入空腔保护蜡、喷锌、防腐胶等），防止维修后出现氧化、腐蚀等问题。

5. 车身校正台使用说明

车身在碰撞过程中发生结构变形，需要专用设备和工具来维修车辆，如图8-29所示。车辆的冲击力评估已在前面提到：就变形而言，车辆的维修是一个非常复杂的过程，必须利用力学设计方法和专用的拉伸校正设备。事故车辆维修中常用的设备主要有大梁校正台、拉伸工具、液压支撑杆、焊接切割设备等。

车身矫正中必须注意以下问题：

1）根据使用设备的说明正确使用车身矫正设备。严禁非熟练人员或未经正式培训的人员操作矫正设备。根据设备的使用规范和承载能力，正确合理地选择，做好车身保护，防止安全隐患。

图8-29 维修车辆

2）使用拉伸工具和拆卸工具后，确保工具和设备清洁。不要留下任何影响夹紧效果的油或污垢。

3）安装拉伸工具、夹具时，注意不要损坏车身的电气和油路设施，防止拉伸工具、夹具对车身造成损坏，夹具必须牢固可靠。

4）用安全绳索将拉伸链条、拉伸工具或夹具与车身系紧或钩住，防止滑落后飞出。

5）在进行拉伸操作时，应始终观察拉伸工具和设备的夹紧位置是否发生变化，以避免滑动，如果有滑动现象，应立即停止拉伸，泄压后重新固定，注意，不得在拉紧的情况下紧固夹具。

6）控制拉伸力的大小，使其不超过拉伸工具和设备的承载能力；观察拉伸过程中车身面板和部件的局部变形，倾听声音变化，以防损坏车身。

拉伸校正的应用要点如下：

1）对于承载体，特别是高强度钢板的承载体，由于高强度钢板对加热敏感，不要试图一步纠正拉伸。一定要先设计拉伸方案，然后在拉伸、测量、调整时随时掌握拉伸部位的变化。正确的拉伸过程应该是"少量拉伸，保持测量，调整，再拉伸，然后再保持……"重复的循环，在预定的位置施加拉力，缓慢而小心地恢复钢板的尺寸和形状，并完全消除钢板弯曲的应力。

2）拉伸时，确保车身牢固，夹具紧固。拉伸时，将拉伸塔柱及校正平台固定，并将螺栓拧紧。尽量多点拉伸，避免单个夹具超载对车身造成伤害和人身危险，提高工作效率。当塔柱链条拉伸时，链条严禁扭曲，各环节应形成直线，否则，可能会造成链条断裂。

3）在拉伸过程中，必须注意消除内应力。通过锤击和控制加热，释放变形应力和拉伸过程中产生的新应力。锤击时要防止损伤钢板，加热时要控制加热温度和范围，防止构件强度减弱。

4）杜绝过度拉伸。

5）按照正确的拉伸校正顺序，做到"先内后外，后进先出"。一般来说，必须先校正车身部件的长度，然后校正宽度，最后校正高度。

6）如图8-30所示，需要在外观上检查各个零件的间隙，无论是校正或维修，还是调整，都需要检查车身各个部件之间的间隙。正常情况下，如果车身间隙异常，说明车身结构存在变形。

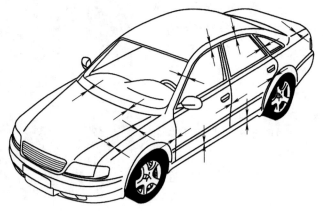

图8-30　车身缝隙检查

7)注意安全操作,做好防护,严禁操作人员与链条或拉具成直线。拉伸时,用钢丝安全绳索将链条和夹具固定在车身的坚固部位。在拉伸时要防止链条断裂、夹具脱落、塔身锁环脱落,造成人员伤害。

8)设备使用后,应将钣金工具和夹具存放到位,并清除碎屑和灰尘。另外,要定期检查液压泵是否缺油,每天检查是否漏油,并及时报修。大梁校正台应定期维护,并涂上防锈油,以防腐蚀。

事故车辆的维修是一项非常复杂的维修工程,每个过程中都会使用到许多工具,这里没有详细列出。无论在维修中使用什么设备和工具,都必须正确使用,遵守安全操作规程,正确对待每一个维修过程,认真对待每一个步骤,确保车身维修质量,保障车辆在维修后的使用性能要求。

重要说明:

在车身矫正之前,应首先检查夹具和链条的状况,如果发现变形或裂纹,则不应使用。此外,必须注意电缆线的安全状态,检查电缆线是否有破损等,以防止意外发生。

关于大梁校正平台力学设计,请参考图8-31中所示的方法。

图8-31 大梁校正台拉伸牵引力设计

思 考 题

本项目的学习目标你已经达成了吗？请思考以下问题进行结果检验。

序号	问　　题	自检结果
1	车身维修测量的步骤有哪些？	
2	车辆损坏评估的方法有哪些？	
3	什么是车身的定位参数？	
4	控制点原则有哪些？	
5	什么是三维测量？	
6	简述米桥式机械测量系统、电子测量系统、专用定位测量系统各自的测量方法与特点。	
7	车身在大梁校正台上固定的要点有哪些？	
8	车身在碰撞中的变形一般可分为哪几种变形？	
9	车身校正维修的原则是什么？	
10	在车身校正时要注意哪些问题？	

项目9

铝合金车身维修

学习目标

1. 掌握铝合金材料的分类类型与基本属性。
2. 掌握车身铝合金材料的维修特征。
3. 掌握铝合金车身外板面的维修方法。
4. 掌握铝合金材料的焊接方法。
5. 掌握铝合金胶粘铆接的维修方法与工艺。

情境描述

铝合金是一种常见的有色金属,它在工业领域,特别是在高新技术领域的应用具有非常重要的地位,被广泛应用于航空、汽车、航海和军事等领域。由于环境保护和能源问题突出,汽车车身的轻量化已成为汽车工业发展的必然趋势。用轻质材料代替传统钢材制造车身是减轻汽车重量的重要途径。轻合金金属主要是铝合金、镁合金和钛合金。如图9-1所示,铝合金常用于车身。钛合金和镁合金的使用成本更高,它们很少用于车辆制造。铝合金车身制造技术日趋成熟,优势明显,铝合金的重量只有钢板的1/2。虽然应用在车身上的铝合金材料厚度比钢板厚很多,但也可以使汽车重量降低30%~40%。大量数据表明,每减少50kg的汽车重量,每升燃油行驶距离可增加2km,每减重1%,油耗可减少0.6%~1%。

图9-1 采用了铝合金制造的奥迪A8车身

汽车车身覆盖件和结构件修复

任务1　铝合金车身维修特性

1. 铝合金板材分类

铝合金车身的钣金件形状复杂、根据车身设计的要求，钣金件的连接主要采用焊接和胶粘铆接的方式，也有使用紧固件连接方式。由于车身上各部分的作用不同，使用了各种不同类型的合金铝材料。

1）合金铝板按主要合金元素分类见表9-1：2×××系—铝铜合金铝板（Al-Cu）；3×××系—铝锰合金铝板（Al-Mn）；4×××系—铝硅合金铝板（Al-Si）；5×××系—铝镁合金铝板（Al-Mg）；6×××系—铝镁硅合金铝板（Al-Mg-Si）；7×××系—铝锌镁合金铝板［Al-Zn-Mg-（Cu）］；8×××系—特殊用途铝合金。

表9-1　铝合金的种类

铝合金系列	合金元素	热处理与否	特征	用途
1×××	纯铝 Al	非热处理型	纯度为99%以上的铝材质材料导电性佳但强度弱。抗蚀、易于焊接，易于成形/加工强度低	用于家庭用品、电气器具等
2×××	铝-铜 Al-Cu	热处理型	一般称为"杜拉铝"，此种合金强度像钢一样，但焊接性较差。此热处理合金的强度是相等或大于软钢	用于飞机的机身
3×××	铝-锰 Al-Mn	非热处理型	当保有其纯铝特性时，强度稍低	此种合金改善纯铝的强度，用于建材、平锅、壶等
4×××	铝-硅 Al-Si	非热处理型	此种合金因为加入硅，所以抗磨损性佳，低熔点，主要因为焊接填充金属	此种合金因为加入铜、锰或镍，所以耐热性佳，为锻造气缸活塞所使用的材料
5×××	铝-镁 Al-Mg	非热处理型	在所有非热处理铝合金中，此种合金强度最强，且焊接性及耐腐蚀性都很好。抗蚀，易于焊接，易于成形/加工	用于建材、船舶和汽车熔接结构材
6×××	铝-镁-硅 Al-Mg-Si	热处理型	此种合金强度强、耐腐蚀性佳且具有抗压性，良好的加工性，防蚀	用于建筑材料中的窗框与汽车外板件
7×××	铝-锌-镁 Al-Zn-Mg	热处理型	此热处理合金是最强的铝合金	用于汽车和机车的车架和保险杠加强梁
8×××	其他铝合金	—	—	特殊用途

2）合金铝板按元素单元可分为二元合金铝板、三元合金铝板、四元合金铝板和多元合金铝板等。

3）合金铝板按照加工工艺的不同可以分为可锻铝合金与铸造铝合金，如图9-2所示。按热处理可否强化分为可热处理强化合金铝板和不可热处理强化合金铝板。不可强化合金铝板，仅冷加工能够强化，而热处理不能表现有明显的强化以及在有必要的情况下通过软化退火再结晶。

铝合金具有良好的可铸性和良好的循环利用性能，这非常有利于通过循环利用铸造合金

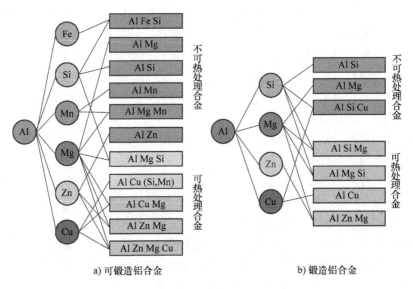

a) 可锻造铝合金   b) 锻造铝合金

图 9-2 可锻铝合金与铸造铝合金分类

的工艺来低成本生产多种铝合金。因此，在汽车制造业中，越来越多的安全零件是由铸铝件制的。与可锻合金不同，铸造合金的成分主要是以流变性、模具性能和凝固过程中的热裂稳定性为目标，并含有较高比例的合金添加剂。当枝晶凝固时，会产生非均匀组织。通过选择合适的铸造工艺，添加微量元素，控制最终热处理，就可以控制这种非均匀组织。

铝合金的主要成分是硅。由于硅在固体固溶体中的溶解度较低，结晶成坚硬的亚晶相。当成分从共晶点以下到达共晶点以上时，熔体具有较高的流变性和冲孔性。添加少量的镁（质量分数 0.3%～0.6%）与相应的二元铝硅合金热处理通过类似于铝镁硅变形合金的时效硬化促进强度增强。此外，在过共晶铝硅合金的情况下，热膨胀将显著降低。尤其是用纯金属冶炼时，铝硅和铝硅镁合金具有良好的耐蚀性。

铝硅铜合金是一种典型的再生合金，是压铸生产的重要基础。铜增加了热拉伸强度，但降低了耐腐蚀性。因此，在关键应用中需要采取防腐措施。

铝镁和铝镁（硅）铸造合金具有良好的耐腐蚀性，在中等强度下具有优异的断裂伸长率和韧性。

铝铜合金是一类具有最高强度特性的铸造合金。只有在原生金属的基础上冶炼，才能满足结构应用所需的延展性要求，在相应的热处理过程中通过时效硬化可获得更高的强度性能。

在特殊应用中，铝复合材料和纤维增强塑料的应用日益广泛。为此，将不同材料的特殊优势适当地结合起来，以达到定制和强化不同特性的目的。该复合材料由金属基体组成，按压铸工艺预埋高强纤维。这些纤维可以提高沿纤维方向的拉伸强度。短纤维提高了铝材料的刚性和耐磨性，可以按照传统的半成品制造工艺加工成板材、挤压型材和模锻件，但成本远高于其他材料。另外，陶瓷颗粒强化的铝成型铸件是向熔体掺入碳化硅，使材料形成较高的耐磨强度，改善抗拉强度，也可以通过粉末冶金来改善材料的性能。

2. 铝合金车身材料维修特性

铝板表面形成的氧化膜使铝板材料具有天然的抗氧化作用，具有许多优点。广泛应用于车身装饰件、覆盖件、结构件等。但铝合金车身材料在维修时需要小心，因为错误的维修方法会带来更复杂的问题和危害；铝合金板比钢板软得多，铝板在成形过程中需要硬化，二次加工性能较差；铝合金具有低熔点特性，但同时又具有高熔点的氧化膜；加热后易产生翘曲变形；铝合金除了加热过程中难以控制外，还需要较高的预处理和焊接要求。

如果铝合金表面打磨后，氧化膜会在较短的时间内逐渐形成（大约30min后氧化膜会再次形成）。但这一层氧化铝会造成实施困难和附着力差。因此，打磨后，必须进行除油、火焰喷涂和保护剂处理。铝板加热后的收缩速度相当快，并且因为氧化膜的作用，铝合金表面本身具有抗氧化性，因此不会生锈。

铝合金具有良好的热源传递性能。即使局部加热，热源也会迅速扩散到铝合金板上。铝合金的熔化温度为660℃，黑色金属加热后会变红，铝合金加热后没有明显的颜色变化。所以加热时一定要注意温度，比如贴上温度试纸或测温枪。

铝合金具有较高的热膨胀系数，但是，在施工过程中，如果不加热，就会很容易引起加工硬化和裂缝。因此，在修复过程中，应当使用加热设备对变形和损伤区域进行适度加热后再平整以恢复原始形状。加热时的最佳工作温度为120~150℃。当加热温度超过200℃时，铝合金板材的性能将逐渐变得越来越差，当超过250℃时其强度将丧失。

提示：铝合金不能像钢板那样修理。铝合金和黑色金属之间的差异见表9-2。维修好铝合金车身，了解铝合金的特性，熟悉铝合金的修复方法是非常重要的。

表9-2 铝合金与黑色金属的区别

铝与铁的区别	铝合金	黑色金属
密度	2.7g/cm³	7.9g/cm³
熔点	660℃	1538℃
腐蚀性	不容易腐蚀	容易腐蚀
外观	容易氧化、没光泽	有光泽
磁性	非磁性	磁性
结构变化温度	200~250℃	从200℃开始变化
能否塑形	不容许重新塑形	容许重新塑形
导电性（铜为100%）	60%~65%	10%~15%

铝材除了具有以上的特点之外，与其他金属不同，存在电化学腐蚀。主要原因是金属之间引起电子流动的电位差，以及铝和铁之间接触产生的电压和电流。

如图9-3所示，空气中电子与氧的反应导致表面氧化，铝合金的电子较弱，自由电子最终被钢的电子捕获并逐渐减少。长时间后，铝板会在铁和铝接触的地方被粉化和腐蚀。

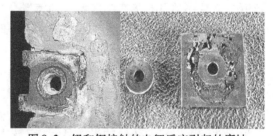

图9-3 铝和钢接触的电解反应引起的腐蚀

表9-3为不同金属的电位，不同的金属有不同的电位强度。

项目 9　铝合金车身维修

表 9-3　贵金属到非贵金属的排列

金属	金	银	碳	铜	氢	铅	锡	镉	铁	铬	锌	铝	镁
电位	+1.50	+0.80	+0.74	+0.35	0.0	-0.12	-0.14	-0.40	-0.44	-0.56	-0.76	-1.68	-2.34

铝板与钢板组合使用时，铝板与钢板之间应涂环氧密封胶隔离两种不同材料，然后用铆接连接。这种方法可用于宝马和奥迪的钢、铝混合结构车身的维修。试验结果表明，胶粘加铆接强度是点焊强度的 4 倍。对于铝合金车身的维修，维修人员不仅要了解铝材料的特性，还要了解铝合金车身的维修工艺、连接方法和连接形式、粘接和铆接工具的性能。

铝合金车身维修工作需要独立的维修空间和防爆吸尘系统，以确保车身维修工作的安全。铝合金板在磨削过程中会产生大量铝粉尘，吸入后不仅对人体有害，而且在一定浓度下容易引起爆炸。铝材料易氧化，导热系数高，能迅速形成氧化层，易与其他金属成分发生反应。这些特性决定了铝制车身的维护环境的特殊要求，如图 9-4 所示。独立的工作区域、用于连接铝件的专用工具和设备对维修场地、维修工具和维修设备有很高的要求。现代铝合金车身维修站经历了几代技术的改进，铝合金车身维修站不仅是一个独立的工作空间，还需要非常全面的维修设备和设施，以及配置有保障操作人员人身安全的相关配套设施。

图 9-4　独立的铝车身维修工作站

为防止铝质车身板在维修后发生腐蚀，应注意以下几点：

1）铝合金修理工具必须要单配，不能用在钢（铁）板上，同理，用于维修钢制车身的工具也不能用于铝合金车身的维修。

2）与铝合金零件连接的零件可以用特殊涂层的钢螺钉固定，这层涂层可以防止电化学腐蚀。

3）铝合金板面在打磨时，如果磨料含有铁粉，则不能用于铝合金的维护。

4）不可以使用普通钢丝刷，只能使用不锈钢刷。

5）使用合适的落地式真空防爆吸尘器。

6）铝合金粉尘除了易燃外，还有多种化学反应。当与空气混合达到一定浓度时，可能会引起爆炸。

7）磨削铝合金时，其3m方圆为爆炸危险区。

任务2　铝合金车身手工整形维修

1. 铝合金车身手工整形维修工作要点

由于铝合金与钢的密度、熔点、比热、导热系数、线膨胀系数、弹性模量等物理性能差异较大，焊接性较差，当两种材料焊接时，界面很可能发生冶金反应，生成硬脆的 Al-Fe 金属间化合物，传统的熔焊很难实现有效的连接。它与钢制车身材料在维修和加工上完全不同。

在不损坏油漆情况下修复铝车身板表面的凹痕时需要使用专用不伤漆修复工具，修理方法与钢制车身相同，此方法仅适用于油漆未损坏的轻微凹痕，常见的维修方法有胶粘拉伸、电磁拉伸、气囊顶压、利用撬镐撬起维修等，具体维护方法请参考后面的课程，这里不再赘述。

铝合金车身板件的传统手工整形维修，需要的手工修形工具与钢板件的手工修形工具基本相同，但铝合金板件表面在修形时，不得使用端部有锯齿的收缩锤和收缩垫铁，防止铝板在成形过程中产生肉眼看不到的裂纹。铝合金手工具不得与维修钢板件的工具混用，它们应单独配置，以防止铝板的电化学腐蚀。

铝合金车身覆盖件的损伤主要分为大损伤和小损伤。对于板的表面修复，通常采用手工工具锤击和铝车身整形机进行修复。如果有大变形或严重裂纹，则需要更换新件。对于不同的损伤程度，应采取适当的修复方法，详见表9-4。

表9-4　铝合金板面修复方法

修理方式	损坏程度	修理方法
整平修护	铝合金表面凹损，但无延展现象	不伤漆修复
	表面凹陷，但不包括内架或加强板	整平作业
	内架或加强板折弯变形	加温整平作业
更换	破裂或穿孔	更换车身板件
	凹陷处在车身线条上，且应力集中	
	铝合金板材扭曲严重且内架处严重受损变形	

当铝合金板严重变形时，必须通过加热来提高铝板的塑性。如果不加热，可能会引起铝板开裂。但是，由于铝的熔点较低（通常为660℃），如果加热过度，会引起铝的变形或熔化。因此，在加热铝板时，应使用红外温度计监测温度。可以用丁烷或乙炔火焰加热，也可以用电热风枪加热。加热温度控制在120~150℃。

由于铝的塑性很强，变形后很难恢复到原来的形状和尺寸。在铝合金面板修复成形过程中，应注意铝合金的塑性。在对铝合金本体进行整形时，可以用木槌或橡皮锤进行错位击打，并对板面凸起部分进行弹性击打，以减少铝的延伸，否则会加重铝板的损伤。

铝板锤击成形的操作与钢板基本相同，但是，铝合金的延伸率很低、材料比较软。采用正托法锤击更容易使铝合金晶粒变形。因此，使用的钢锤和木槌应根据不同的成形条件和范围进行选择，也可以使用塑胶锤。锤子和垫铁的表面必须始终光滑，以避免损坏铝合金板的表面。锤击时，必须尽量减少延伸和冷加工硬化。通常，铝板的整形维修主要采用偏托法进行错位锤击，在锤击时应注意用力要轻。如果恢复困难，可以使用加热工具加热辅助维修，但要控制加热温度。使用打磨机打磨时，转速应低于用于钢板时的转速，施加在铝板上的推力不得过大。否则，产生的摩擦热会使铝合金表面层剥落，从而堵塞抛光轮表面，最终在铝合金表面造成深划痕。铝合金板面修复后，应使用探伤喷剂渗透探伤，不得有遗漏。如果维修区域出现裂纹，应在裂纹最末端用钻头钻一个 2mm 的孔，防止裂纹进一步扩大，然后焊接裂纹和孔。注意，如果在修边过程中使用外力拉伸工具或设备辅助修复板面损伤时出现拉伸裂纹，则应更换整个零件，不应使用焊接方法进行修复。

2. 铝外板手工修复工艺流程

铝外板手工修复工艺流程与方法如下：

步骤 1：评估板面损伤面积及范围。判断损伤面积与普通钢板相似，可以使用视觉和手感的方法来确定损坏的面积和大小（图 9-5）。

步骤 2：确定板面损伤类型和范围后，可以选择工具修复板面。修理时必须使用平面精整锤、木槌、橡皮锤和垫铁（图 9-6）。

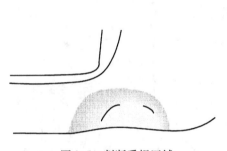

图 9-5　判断受损区域

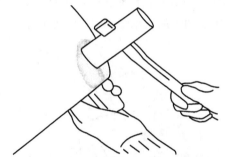

图 9-6　使用整平锤对铝合金板面整形

步骤 3：由于铝合金板变形量较大的部位会变脆，容易产生裂纹，当板料表面出现拉长或塑性变形比较严重的现象时，需要使用专用烤枪对铝板表面适度加热，一旦温度超过 150℃ 或加热过程中油漆变干，则需要停止加热。随着温度的升高，铝合金板的强度会降低。通常铝合金板在 150～180℃ 没有变化，当温度达到 200℃ 时，板面强度逐渐会降低，超过 250℃ 时强度降低严重。因此，修复铝合金外板时需要加热，但必须控制加热温度在 120～150℃ 之间（图 9-7）。

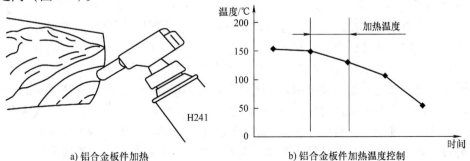

a) 铝合金板件加热　　　　　　　　　　b) 铝合金板件加热温度控制

图 9-7　铝合金板件加热温度控制

步骤4：铝合金冷却速度快，若需锤平、整平、修补，加热后必须立即敲击整平作业。如果角棱线是在初步修复，请注意，表面可能仍然有折痕和应力存在，如图9-8，图9-9所示。

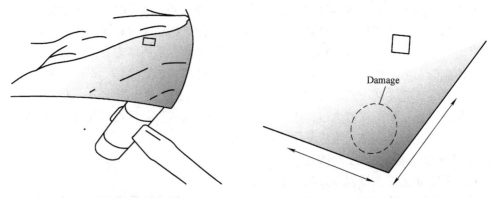

图9-8　加热后敲打整平　　　　　　　图9-9　防止维修带来新损伤

步骤5：反复用平锤和垫铁敲击表面，拐角处也用垫铁修补，如图9-10所示。修理时，应注意在修理过程中，铝板损坏的表面如果弯曲较深，应予更换。

步骤6：对于损伤面积较小的凹陷，用热风枪直接加热，如图9-11所示。加热时间大约是30s。加热后，用平锤进行整平作业，使其恢复形状。

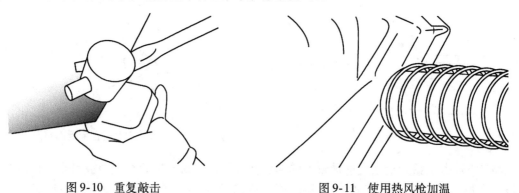

图9-10　重复敲击　　　　　　　　　　图9-11　使用热风枪加温

任务3　铝车身介子整形机使用与铝板维修

1. 铝车身介子整形机使用要点

铝车身介子整形机焊接时间短，基材热影响范围小，能保持原来的形状美观，其工作原理是采用大容量电容器进行充电和储能，在焊接过程中瞬时放电产生电弧。铝车身介子整形机可以焊接铝车身上的铝螺柱。在焊机充放电过程中，采用大功率晶闸管进行控制，充电电压调整非常精确，放电能量连续可调，对焊接母材的热影响小，工件能保持原来的形状，螺柱焊接牢固。铝车身介子机及附件如图9-12所示。

铝板的修理不同于钢板的修理。修理铝板时应小心，避免不必要的维修困难。铝合金车辆的维修设备和工具必须是专用的，车间环境要求较高。有条件时，应设置专用铝合金车身

项目9 铝合金车身维修

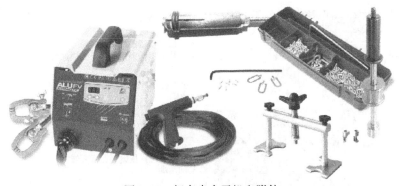

图9-12 铝车身介子机和附件

维修工作站,确保维修安全。铝粉比较轻,在打磨时粉尘会飘到很远的地方。小心不要在工作区喷漆,漂浮的铝合金颗粒会引起严重的油漆质量问题,应引起足够的重视。

修理铝合金车身和部件时,锯切、打磨容易产生铝合金粉尘,对支气管有刺激性,可能会伤肺。因此,必须要做好个人防护,戴好防护口罩、手套和安全眼镜,并使用合适的吸尘器。

2. 使用铝车身介子整形机修复铝合金板面的工艺流程

铝车身介子机维修步骤和工作要点如下:

步骤1:如图9-13所示,从设备面板可以看到该装置操作简单。在使用时,首先按电源按钮打开电源。面板上有一个参数调整开关(选择调整焊接电流范围或微调焊接电流值,选择后可在显示屏下按"+"和"-"进行调整)。

步骤2:打磨待修板的表面。注意铝板的抛光应使用黑胶轮打磨片,而不是砂轮,因为砂轮粗糙的研磨表面会导致导电接触不良,引起大电流聚集并瞬间通过烧坏铝板。图9-14所示为铝车身介子机面板和铝板的打磨片。

显示屏显示最小电流为50V,默认100A,电流档位5档,最大200A

在打磨的时候尽量使用气动打磨工具,气动工具在遇到一定的阻力时会停止转动,是比较安全的,打磨时打磨盘与板面保持一定的角度来降低摩擦力

图9-13 铝车身介子整形机面板操作　　图9-14 铝板打磨工具

步骤3:铝车身介子整形机上装有两根搭铁线,其目的是在焊接过程中能够形成有效的电磁场,并保证电流能正确通过焊接点的中间,因此两根搭铁线应在焊接位置的两端连接。如果电缆搭铁不当,焊接将失效,焊接过程中会出现偏磁现象,导致焊接不良。图9-15显示了铝板导电性和搭铁线连接的要求。

步骤4:焊接前,请检查电极头与铝螺栓的装配位置是否正确。为了确保正确焊接,需

准备铝合金板
- 研磨受损的区域
- 固定搭铁线至受损区域
- 使用不锈钢钢刷研磨受损区域

首先用黑胶轮打磨工具打磨需要修复的表面

在焊接前把搭铁线夹在需要修复的两端

图 9-15　铝板导电要求与搭铁线连接要求

要调整电极头后端的螺钉，如图 9-16 所示。

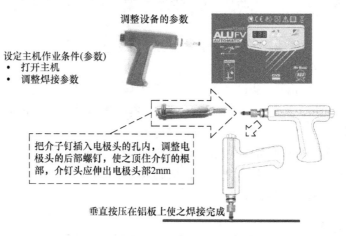

调整设备的参数

设定主机作业条件(参数)
- 打开主机
- 调整焊接参数

把介子钉插入电极头的孔内，调整电极头的后部螺钉，使之顶住介钉的根部，介钉头应伸出电极头部2mm

垂直按压在铝板上使之焊接完成

图 9-16　铝车身介子机参数调整与操作要点

步骤5：如图 9-17 所示，将铝螺栓焊接在板上，用加热器加热要拉伸的部位，注意严

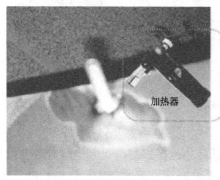

加热器

要注意介子钉的尖头部位，在焊接时要把介子钉放正，在不用时要把介子钉密封保存，防止尖部被氧化

把拉环锁入被焊接的介子钉

图 9-17　铝质介子钉焊接

格控制板的温度。然后将专用拉环拧到螺栓上，并使用专用拉具拉出损坏的零件，其他损坏位置按照同样的方法操作，直到铝板完全修复。

步骤6：如图9-18所示，用专用切割钳剪断介子钉（注意不要旋转介子钉），然后用专用锉刀将其锉平。如果板面需要填平，用专用铝粉填充剂填平，待其干燥后用锉刀修平。注意：铝粉和固化剂的调和比例为5:2，在施涂前铝合金板面应彻底打磨清洁，无须喷涂环氧底漆，但是铝粉填充、打磨后须施涂环氧底漆。

等拉拔结束后检查平正面，修复后用切割钳齐根切除

用车身锉锉平

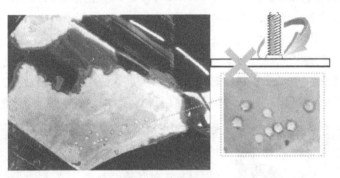
大气对铝的影响与钢相比要小一些，车辆需要避免空气中杂质的侵蚀。杂质主要为空中悬浮的金属碎屑，并且它们能够附着在焊点、板件缝隙和连接点处

图9-18　铝板面修复后板面处理

课堂记录：

使用铝车身介子整形机进行维修时应注意以下几点：

1) 铝合金板材局部拉伸性能不好，容易产生裂纹。因此，在维护过程中，必须确保形状不凸起，以避免出现裂纹。

2) 尺寸精度不易掌握，回弹难以控制。维修时，应采用定位固定和放热应力使其稳定，不引起回弹等二次变形。

3) 铝合金粉尘易燃，有多种化学反应。当与空气混合时，可能会引起爆炸。铝合金粉尘与空气混合时，会产生类似镁合金的剧烈化学反应，需要使用专用的吸尘器与焊烟抽排设备。

4)磨削铝合金时,粉尘易燃易爆,因此,工作时需要做好防范措施。喷漆车间如果与钣金车间离得较近,有可能会破坏喷漆的质量,特别是钢板车身粘附了铝合金粉尘时。

5)铝合金粉尘可干湿储存。采用干储法时,必须迅速将粉尘吸出工作区。储存桶必须由耐压力且不会产生火花的材料制成。储存前,必须清空储存桶,确认没有爆炸的可能。湿型储存方法使粉尘迅速湿润,待粉尘完全组装后,像原子灰一样储存。

6)铝合金工作区必须张贴"禁止火源""禁止吸烟"等标语,并配备干粉灭火器。

3. 铝合金车身快修组合维修方法

铝合金车身外板件快速修复系统与前面钢制车身维修设备的应用相同,在进行铝车身外板件快速维修时,可以参考钢制车身快速维修的设备操作防范。快修组合维修设备是在介子整形机基础上改进的维修系统,在铝合金车身的维修中,设备设施要专用。

采用铝合金快修维修是常用的维修方法,由于铝板维修特性,所以,应注意以下问题:

① 如图9-19所示,铝板的加热温度控制在120~150℃,以防止铝板因过热而引起强度降低。如果铝板的加热温度超过250℃,铝板将失去刚性。

② 如图9-20所示,铝板损坏后,可能存在不可见的裂纹损伤。这些裂纹在维修过程中被忽略后,在长期使用中会变得越来越严重。使用裂纹显示喷剂喷检裂纹,检查是否有隐蔽裂纹。如发现裂纹,为防止裂纹进一步扩散,较常见的做法是效仿维修玻璃裂纹的方法,在裂纹的两端用电钻钻一个2mm直径的小孔,然后再使用焊接设备对裂纹进行焊接修复。

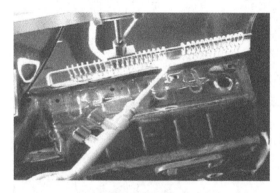

图9-19 铝板加热

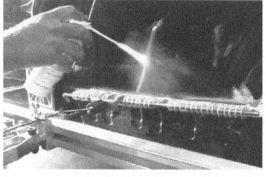

图9-20 铝板裂纹检查

使用快修设备时要注意以下事项:

① 使用设备时必须拆掉车辆蓄电池搭铁线,防止大电流通过时将车上的电子设备损坏。

② 清理车身周围,尤其是工作区域周围,不可有易燃物品,防止火灾。

③ 注意绝缘保护,操作人员应戴绝缘手套、穿绝缘鞋等工作装,不可将线缆放置在有毛刺的金属板断面上。

④ 将需要焊接介子的地方彻底打磨干净,介子的焊接点也要打磨干净,否则可能会造成焊接不实。注意:应在打磨完成后30min内完成焊接,防止生成新的氧化膜。

⑤ 铝车身维修使用的是铝制的介子,不要使用钢制介子焊接铝板。铝制介子在不用时需要使用真空袋密封保存,防止铝制介子钉的头部尖角被粉化。

⑥ 焊接时会产生有毒气体及烟雾,焊接应在通风良好或适于焊接的场所进行。

⑦ 注意防火。金属或电火花易引起火灾,焊接现场应清除所有可燃性材料,不要焊接

曾装过易燃物或油脂的空桶，焊接场地只能允许放置符合要求的防火设备。

⑧ 注意防烫。在整个焊接过程中，必须穿着防火工作服（如护板、围裙、鞋子、护腿等）。

⑨ 注意电击防护。在实际焊接时，电缆不绝缘或佩带金属物件将引起电火花。焊接时决不能用手直接触及潮湿表面。应保持身体及衣物干燥，不要在无防电击（保护）器材的潮湿环境中焊接，在焊接过程中不要触及带电体或任何可导电的金属物，直至焊机关闭。

⑩ 通常应检查电缆是否有磨损折断或其他损坏，当发现有损坏时应立即更换整根电缆，以免产生电火花而引起事故。

任务4　铝合金车身板件的焊接

1. 铝合金车身焊接技术特征

铝合金车身具有重量轻、散热好的优点，与合金钢相比，它在减轻车重方面有很大的优势。由于铝合金导热系数高，电流和接触电阻产生的热量会迅速消散，铝合金板的修复工作不适合使用电阻点焊。另外，因为铝合金材料的导电性能好，使用电阻焊接所需要的焊接电流强度远远高于钢制车身的电阻点焊，没有很好的节能与经济效应。在维修时通常采用MIG气体保护焊和胶粘铆接方法。例如，在奥迪A8车身的维修中，使用MIG气体保护焊来进行焊接修复。

铝合金的焊接是金属熔化再结晶的过程，如果焊前工件表面清理、接头组装、焊接材料、保护气体、电源、环境、焊接工艺等因素不到位，也很难获得满意的焊接效果。在焊接时，操作人员应严格遵守操作规程，熟练焊接技术，以保障铝合金的焊接质量与焊缝美观。

铝焊接设备如图9-21所示。由于铝合金焊接具有较高的技术难度和操作难度，对铝合金焊接设备的选择至关重要。优秀的焊接设备，焊接性能好，电弧稳定，焊缝质量高，焊接过程全自动控制，只需调整设定板厚即可焊接薄铝板。在设备的焊接程序中内置了必备的工作参数与焊接经验参数，因此，设备的焊接功能需要不断地去挖掘与总结。

铝焊接的特点如下：

① 铝合金的导热系数是钢的3倍。

② 如果氢含量过高，焊缝中会出现气泡和气孔，主要原因是水、油和污垢。

③ 铝和氧有很强的亲和力。

④ 氧化铝具有孔隙率和透水性。

图9-21　水冷双脉冲铝焊机

铝焊接是一种难以掌握的焊接技术，铝合金材料对氧气具有很高的亲和力，因此，表面始终具有一个天然的氧化层，该氧化层的熔化温度为2130℃，而铝合金的熔化温度为550～

660℃之间,这给焊接带来了很大的挑战。

在没有氧化膜的情况下,它还表现出良好的导电性,这也意味着比焊接钢更难。因此,铝板焊接前,必须清除表面氧化膜,并保证在30min内焊接。常用的焊接方法有TIG焊(电极材料为钨极,不熔化极)和MIG焊(熔化极)。保护气体是100%的纯氩或氩氦。

焊接铝合金时,耐热铝合金不能用铝硅合金焊丝焊接,否则焊缝会变色。铝合金的导热系数是钢的3倍,因此必须采用较大的热输入。但是,加入的热量越多,晶间腐蚀越严重,晶界阻碍晶间滑动,过热晶粒变粗,强度降低:150℃时降低强度20%,200℃降低强度40%,400℃降低强度90%。

目前,单脉冲和双脉冲焊接应用中,单脉冲主要用于不锈钢和铝合金的焊接,双脉冲主要用于铝合金的焊接。单个脉冲的所有峰值都是相同的。双脉冲相当于两个相同周期、不同相位叠加的单脉冲,即一个周期可能有两个峰值。同理,多个脉冲在焊接过程中可能有多个峰值。一般单脉冲焊接容易变形,双脉冲焊接容易在连续焊接循环之间形成冲击力。在焊接过程中,电弧的温度可以及时调整,从而产生更平滑的焊缝与电弧温度的控制。

双脉冲又称协作模式,主要通过低频来协调脉冲,指在平均焊接电流值附近,焊接电流以脉冲形式上下变化的脉冲电弧。双脉冲焊接过程中几乎没有飞溅,焊接铝板时,高温电弧会产生金属蒸气,当蒸气失去气体保护时,它会与空气中的氧发生反应,形成诸如Al_2O_3之类的氧化物,并形成黑色粉末。在焊接过程中采用脉冲法可以减少焊缝产生的黑色粉末。

氩气可以稳定熔滴过渡,但在焊接强度和防止气孔方面不如氩氦混合气(30%氦+70%氩或50%氩+50%氦)。电压会更高,氩在高温下不会分解,也不会与金属发生化学反应。氩对电弧热收缩的影响较小,氩弧燃烧时电压较低,即使氩弧的长度发生变化,电弧电压也不会发生明显变化,保证了焊接稳定性,适用于手工焊接。

气体流量调整如下:

短路弧:12~15L/min,喷射弧和脉冲弧:15~20L/min。

间断焊接易产生氧化夹渣。为了防止熔透,下部应垫板焊接。铝板具有很强的光、热反射能力,在固、液转变过程中没有颜色变化。另外,焊接设备通常具有焊接参数的编程和存储的功能,例如,这次可以存储1.0mm厚铝板的焊接参数,下次焊接1.0mm厚的铝板时,可直接使用存储的焊接参数,无须其他调整。

焊接电弧的产生过程如图9-22所示。

图9-22 焊接电弧的产生过程

铝车身焊接的焊丝应选择符合焊接质量要求(强度、韧性、耐腐蚀性等)的合适焊丝。铝合金板的焊丝直径范围为0.6~1.2mm。送丝机构的调整方法如图9-23所示。

铝焊时,一定要注意焊接方向,当焊枪指向焊接前进方向时,称为左向焊接,当焊枪指向反向焊接时,称为右向焊接。铝合金的焊接如图9-24所示。因为采用右向焊接时温度过高,容易烧穿铝板,所以铝及铝合金的焊接大多采用左向焊法。

项目 9　铝合金车身维修

图 9-23　送丝机构的调整

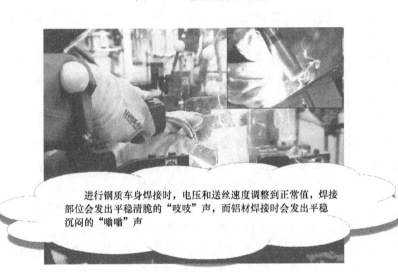

图 9-24　铝合金焊接经验

2. 铝焊机焊接操作

使用铝焊机焊接铝板时，需要对焊机的面板参数进行设置和调整，如图 9-25 所示。对于板材焊接，调整方便快捷，只需调整板材厚度、焊接电流、焊接电压和输出即可，焊丝送出速度自动调整。对于薄板焊接，有时也可以采用脉冲调整程序，以确保良好的焊接效果。焊接薄板时不需要预热，大而厚的铝板需要预热，预热温度为 100～200℃。焊接时，焊件为负极，主要是因为负极具有粉碎金属颗粒的作用，容易破坏其表面形成的氧化膜。

焊接时应注意以下几点，以保证维修质量：

1）铝合金焊接时，除按操作规程对车身进行保护外，在对铝合金车身进行修理前，还应核对相关资料，严格按照厂家要求进行焊接。

2）焊接前，使用石蜡或油脂去除剂清洁焊接区域。对于表面有涂层的零件，应使用黑

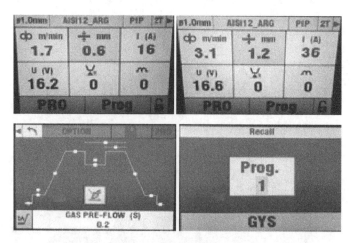

图9-25 铝焊机操作界面

胶轮打磨片打磨干净或专用不锈钢钢丝刷清除旧漆层,露出金属表面,以保证焊接质量。

3)调整电压和送丝速度,维修技术人员应根据自己的经验和实际情况进行相应的调整。

4)铝板焊接时,应使用铝焊丝和100%氩气,气体流量比钢板焊接增加50%。

5)焊接铝板会产生较多的飞溅,喷嘴端部和导电铜喷嘴应涂上防堵剂。

6)注意:不要损坏内部Teflon焊丝导管。

3. 铝合金焊接安全注意事项

1)车辆上安装的电子元器件在焊接之前需要做好防护措施,防止在焊接时损坏。焊接前拆下蓄电池的搭铁线,如果是在蓄电池的附近焊接,则需要拆掉蓄电池。如有必要应当将电子元器件拆除,包括车内可能涉及焊接安全的所有部件。

2)在燃油箱或其他含有燃油的部件附近焊接时要格外小心,如果必须在燃油加注管或燃油管路旁边焊接,则必须拆下燃油箱,排空燃油管内的残留燃油。

3)焊接设备的搭铁线必须与车身牢固连接,可以使用夹力钳夹紧,接触面必须导电良好。注意:必须使搭铁线处于夹力钳的上方,否则会引起电流损耗。

4)在焊接前,准备好消防器材,并保持消防设备处于随时可用的状态,做好车辆的防火措施。

5)必须将附近车辆、易燃物品移除,确认安全才可以进行焊接操作,防止飞溅火花和热量引发其他车辆的损伤或引发火灾。

6)铝合金材料焊接前,应使用不锈钢丝刷清除表面氧化膜,并尽快完成焊接,防止氧化膜再生影响焊接。在焊接时,应打开焊烟抽排设备。

4. 铝合金车身局部更换与矫正

铝合金车身的材料在碰撞过程中容易硬化变形,由于铝合金车身材料的特点,碰撞后很难进行整形。可能会出现裂纹和断裂问题。当铝车身变形大时,应更换损坏的板件,而不是修理。

当铝车身结构件无法修复时,可通过局部或整体更换进行修复。更换铝板的方法与钢板相同。常用的连接方式有平接、插入件平接和搭接。不同的是,铝合金车身结构件通常采用粘铆修复。由于不同厂家或不同车型在制造过程中使用的材料不同，如前所述，铝合金材料包括铝镁合金、铝硅合金、铝硅镁合金等材料，修复方法也不同。注意，含镁元素的铝合金材料焊接时要格外小心，镁是一种易燃金属，在特殊的金属加工中，镁通常被用作燃料，例如切割航空母舰的结构钢，因此焊接含镁金属是危险的操作，应当尽量减少焊接，可以使用胶粘铆接的方法来替代焊接。例如，宝马5系的铝车身采用的是铝镁合金，维修时在严格意义上厂家禁止焊接；奥迪A8使用的是铝硅合金，可以采用焊接的方法修复。

如图9-26所示，当铝合金车身发生碰撞时，整体的吸能性能明显优于钢车身。即使发生严重碰撞，整体结构也不会出现更多类似钢结构特征的变形损坏，但检查时仍不能粗心。铝合金车身材料比钢车身柔软，外观的变形不如钢车身明显，大变形很容易被目测忽略，看不到变形痕迹，因此要用测量方法来识别，尤其是门柱和侧梁、横梁等重要结构构件。如果测量后车身地板有严重扭曲变形，则无法按照正常的保养规范进行维修。通常的做法是更换整个汽车车身。

拉伸时请参考制造商的维护说明。铝合金车身结构变形后，严禁盲目拉伸。如果需要拉伸，应通过加热释放变形区的应力，并随时监测板材的温度。但是，加热容易变形，

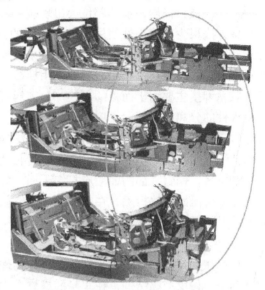

图9-26　铝合金车身碰撞性能模拟实验

拉伸容易引起铝合金零件的裂纹和焊缝断裂，并造成不可见的损伤。注意，在拉伸校正前一定要先阅读维修手册中厂家给出的指导与建议。

铝合金车身的严重变形一般采用截换的方法进行修复。为保证维修数据的准确性，应采用模具组大梁校正平台进行定位和维修。注意，如果车身的损伤过于严重，应当考虑到维修的经济效益，不值得维修的情况下要及时更换。

当结构件被切断时，插入件通常通过胶粘铆接的方式进行修补。分离损坏部分后，将处理后的接头插入接口，精确定位后在切割线两侧钻铆钉安装孔，然后拆下安装件，拆下插入件，插入件去毛刺清理干净后，均匀涂抹专用黏结剂。有关于黏结剂的正确使用应仔细阅读软管上的说明并注意有效期，不要使用过期的黏结剂。安装插入件后，用专用铆接工具固定铆接。车身接合处的黏结剂在室温下的固化时间约为36h。在黏结剂固化过程中，车身尺寸不能移动或改变，粘接后位移的后果非常严重。如果铝板需要焊接，焊接前必须用石蜡或油脂清洁剂清洗焊接部位。为防止熔池温度过高，不能用右向焊法焊接，否则会导致焊缝塌陷或穿孔，应当把焊枪指向左方，从右向左进行焊接。

任务5　铝车身结构件胶粘铆接维修

1. 铝车身结构件胶粘铆接维修要点

铝合金车身结构件的损伤通常需要采用更换的方法进行修复。材料性能决定了铝合金车

身的维修难度,当铝合金车身面板因冲击而无法修复时,应采用局部或整体更换的方法进行修复,更换铝板是铝合金车身修理中较为常见的方法。为了确保修理过程的质量和修理后车辆的可使用性,通常通过胶粘铆接进行修复。如果是铝硅合金的车身,需要焊接的位置可以采用铝焊修复。

铝合金车身在更换铝板时应严格按照厂家的技术要求,使用厂家提供的原厂零部件或总成,并正确选择切割位置和连接方式。铝合金车身结构碰撞变形后,由于加工硬化,很难再成形。如果强行修理,损坏部位会出现裂纹甚至断裂。在铝结构件的更换中,用于钢件修补的焊接方法很少在接头处使用,通常采用的是粘接、铆接或粘接+铆接(胶粘铆接)的混合连接方法,另外,在原厂的连接工艺中,还有一种方法是采用热融螺钉连接,该连接工艺的强度较高,但是在维修中,主要采用粘接、铆接或粘接+铆接的混合连接方法。

胶粘铆接主要用于面板的更换。分离铝板时,可以使用锯、砂轮、錾子等工具。与钢制车身板件的分离差别不大,但铝板分离时禁止氧乙炔切割。此外,由于宝马铝合金车身的铆钉通常是由高强度特殊合金材料制成,传统的钻孔方法无法拆卸铆钉。正确的方法是在铆钉顶部使用专用焊机焊接介子销(不可重复使用),然后使用专用拉拔工具拔出铆钉。在焊接介子销之前,铆钉顶部的油漆应打磨干净。如果是盲铆钉,则使用专用铆钳将铆钉从背面通过冲压或挤压的方法拆除,在安装新的铆钉前用铆钳在铆钉安装孔的正面压边,以保证铆钉在安装时与板面平齐。

2. 粘接工艺

目前在生产上使用的黏结剂被划分为物理连接黏结剂和化学硬化黏结剂。对于化学硬化黏结剂是一种反应黏结剂,在车身的维修中主要使用环氧树脂和聚氨酯基黏结剂。

(1) 环氧树脂

环氧树脂黏结剂是一类由环氧树脂基料、固化剂、稀释剂、促进剂和填料配制而成的工程黏结剂。车身维修用的环氧树脂黏结剂主要为结构胶,通常钢-钢室温抗剪强度大于25MPa,抗拉强度不小于33MPa,不均匀扯离强度大于40kN/m。环氧树脂黏结剂的抗剪及抗拉强度大,而且还应有较高的不均匀扯离强度,使胶接接头在长时间内能承受振动、疲劳及冲击等载荷,同时还应具有较高的耐热性和耐候性。

环氧黏结剂的胶粘过程是一个复杂的物理和化学过程,包括浸润、粘附、固化等步骤,最后生成三维交联结构的固化物,把被粘物结合成一个整体。胶接性能不仅取决于黏结剂的结构和性能以及被粘物表面的结构和胶粘特性,而且与接头设计、黏结剂的制备工艺和储存以及胶接工艺等密切相关,同时还受周围环境的制约。用相同配方的环氧黏结剂粘接不同性质的物体,或采用不同的粘接条件时,不同的使用环境中,其性能会有极大的差别。

(2) 聚氨酯

聚氨酯黏结剂是指在分子链中含有氨基甲酸酯基团或异氰酸酯基的黏结剂。聚氨酯黏结剂分为多异氰酸酯和聚氨酯两大类。多异氰酸酯分子链中含有异氰基和氨基甲酸酯基,故聚氨酯黏结剂表现出高度的活性与极性。与含有活泼氢的基材,如泡沫、塑料、木材、皮革、织物、纸张、陶瓷等多孔材料,以及金属、玻璃、橡胶、塑料等表面光洁的材料都有优良的化学粘接力。

聚氨酯黏结剂具备优异的抗剪切强度和抗冲击特性,适用于各种结构性粘接领域,并具备优异的柔韧特性。具备优异的橡胶特性,能适应不同热膨胀系数基材的粘接,它在基材之间形成具有软-硬过渡层，不仅粘接力强，同时还具有优异的缓冲、减振功能。聚氨酯黏结剂的低温和超低温性能超过所有其他类型的黏结剂。

像所有的塑料一样，该黏结剂具有极宽的特性范围。通过使用不同的单体和预聚体并选用填充料和软化剂，可在高弹性到高强度的范围内调节黏结剂，在有油的钢板或铝板等金属板中，在干燥室内180℃的高温下表现出良好的吸油能力，这种黏结剂的使用能提高车身的整体刚性与碰撞安全能力。在0.6mm厚度的钢板上粘接1.0mm厚的铝板，其粘接强度为15~20MPa，弹性模量可达到2000MPa。在许多技术应用中将环氧树脂黏结剂作为高强度黏结剂，将聚氨酯黏结剂作为硬弹性和高弹性黏结剂。

在汽车制造中，通常使用糊状单组分环氧树脂与双组分环氧树脂黏结剂，在环氧基的黏结剂体系中，常见的黏结剂见表9-5。

表9-5 常见的环氧树脂黏结剂种类

	物理黏结剂
含溶剂的黏结剂	聚合物溶解在溶剂中，在干燥期间溶剂被蒸发掉，必须至少有一个连接件可扩散，干燥持续时间相对较长。塑料可被熔解并与连接件产生化学连接（扩散黏结剂），但溶剂也会导致裂纹的产生
塑料溶胶	固体聚合物颗粒分散在溶剂中；它们在温度的影响下形成胶体，吸收溶剂并随后硬化；其在胶化状态下耐清洗，例如PVC，其作为焊缝密封剂，可用于下底板保护
水基黏结剂/分散黏结剂	固体聚合物颗粒分散在水中，例如丙烯酸酯或者橡胶基黏结剂，聚合物是苯乙烯-丁二烯橡胶，它也称为苯乙烯黏结剂；该过程是基于溶剂的；其不耐冻（存储）且可能导致钢材发生腐蚀
熔黏材料/热熔黏结剂	黏结剂100%由固体组成，其通过加热溶化并在冷却时形成黏结层
	化学硬化黏合剂/反应黏结剂
单组分	单组分环氧树脂需要高温固化的，它里面的固化剂是潜伏型固化剂，当加热到一定温度以后，固化剂被激活，才发生化学反应的。单组分弹性环氧树脂胶是一种改性的单组分环氧树脂黏结剂产品，其主要功能除环氧树脂黏结剂共有的粘接固定功效外还具有一定的防振防开裂的特性。单组分环氧树脂在施工时应在常温下进行，在固化的过程中，受热的影响可能会向下垂流，被粘接位置最好水平放置
双组分	双组分环氧树脂的A剂是环氧树脂，B剂是固化剂，当AB混合以后就开始发生化学反应。双组分环氧树脂黏结剂为常温固化型，透明蜂蜜状，可低温或常温固化，固化速度适中；固化后粘接部位粘接强度高、抗冲击，耐振动，硬度较好，有较好的韧性；固化物耐酸碱性能好，防潮防水、防油防尘性能佳，耐湿热和大气老化；固化物具有良好的绝缘、抗压、粘接强度高等电气及物理特性。双组分环氧树脂在混合后会开始逐渐固化，其黏稠度会逐渐上升，混合在一起的胶量越多，其反应就越快，固化速度也会越快，并可能伴随放出少量的热量。请注意控制一次配胶的量，因为反应加快，其可使用的时间也会缩短，混合后的胶液尽量在短时间内使用完

黏结剂在使用之前，应当将待粘接部件的接触表面清洁干净，保证表面无油脂、无灰尘，通过黑胶轮打磨片的打磨去除氧化层，并进行干燥，为下一步的粘接工作做好准备。金属板件表面预处理的方法主要有水洗、溶剂清洁、喷丸处理、火焰活化处理、电晕法等方法，待清洁预处理完成后，需要在金属材料的接触表面涂覆一层化学涂层，其涂层的化学材料主要包括活化剂、增附剂、底漆、转化层等。

采用黏结剂进行粘接的方法可应用于高强度钢、铝合金、镁合金、钛合金以及增强型塑料、纤维基复合材料等车身材料的维修。

胶接的粘接能力包括机械粘附能力、化学和物理粘附能力。粘接层本身通过内部强度（内聚力）粘合在一起。黏结剂附着在连接材料上，在轻质结构中，附着在金属、塑料或纤维增强塑料上。金属可以有金属涂层、无机涂层或有机涂层。因此，黏结剂必须粘附在涂层上，并且涂层必须牢固地粘附在基材上。在汽车制造过程中，车身所用的钢板是涂有油的钢板，所用的黏结剂必须能够在这个涂有油的表面形成附着力。在结构应用中，主要使用环氧基黏结剂。一般情况下，橡胶基黏结剂用于低强度和较好变形的粘接，丁基橡胶用于底层粘接，塑料溶胶用于压接、折叠、粘接和密封。

粘接工艺适用于连接同类型和不同类型的材料。根据使用的黏结剂，零件之间可以形成高强度或弹性连接。

有效粘接的先决条件如下：
① 黏结剂与基础材料相匹配，满足其对构件的要求。
② 通过清洁或涂覆增附剂，仔细准备部件表面。
③ 计算或测量不同黏结剂在基材上的粘附能力。
④ 为了保证胶水的混合比例，应使用专用胶枪和混合胶管。

3. 铆接工艺

冲压铆接是一种产生松脱连接的变形工艺连接过程。在汽车制造方面，除了大规模生产外，还进行小规模的试制和样车制造。在这种情况下，通常需要冲压铆接方法。在维修过程中，需要更换的铆钉点或铆钉需要用铆接工具冲压或挤压拆下。

（1）铆钉的类型

1）抽芯铆钉。如图9-27所示，抽芯铆钉是单面铆接铆钉的一种，但必须用拉铆枪（手动、电动、气动）铆接。气动和手动抽芯铆钉铆枪如图9-28所示。铆接时，用专用铆枪拉动铆钉芯，使铆钉体膨胀，以起到铆接作用。这种铆钉特别适用于盲铆钉不方便铆接的场合。其中，开式平圆头空心铆钉应用最为广泛。

抽芯铆钉适用于铆接载荷较高、具有一定密封性能的板件。在使用前需要检查铆钉体直径、铆钉体长度、铆钉体厚度和帽直径、抽芯总长度、抽芯外露尺寸、帽尺寸、组装后外径，应当根据铆接板件的总厚度选择适合的铆钉。

图9-27 抽芯铆钉

 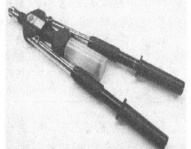

图9-28 气动与手工抽芯铆钉铆枪

使用抽芯铆钉铆接工具的注意事项：
① 抽芯铆钉技术是一种机械连接技术，采用该工艺时，将抽芯铆钉插入预先开的孔，用铆钉枪进行塑性变形。

② 铆钉枪在铆钉芯上施加拉力，导致抽芯铆钉变形。一旦变形完成，铆钉芯将从指定位置（额定断裂点）断裂，这样，两个或两个以上的部件将牢固连接。

③ 每次使用铆枪前，检查枪嘴有无杂物，如果是气动铆枪，还需要向进气口滴几滴润滑油，并检查有无泄漏，在使用时要检查气枪气压是否符合规定的标准。

2）实心铆钉。实心铆钉也称为盲铆钉，如图9-29所示，实心铆钉通过自身变形或干涉来连接铆接零件。实心铆钉一般由铝、铜、钢等材料制成，表面处理为镀锌，锌层可以隔离不同板材之间的电化学反应。维修用气动铆接钳如图9-30所示。用铆钉连接的方法是刚性连接，不能拆卸。小铆钉可以是冷铆钉，大铆钉是热铆钉。

图9-29 实心铆钉

图9-30 用于维修的气动铆接钳

使用实心铆钉连接时，如图9-31所示，首先将实心铆钉插入铆钉的枪口，然后将另一端插入预加工孔中。铆钉钳夹住铆钉芯轴并将其向上拉。在这个过程中，构件被挤压在一起，形成一个铆钉墩头。铆钉头在板上的压力越大，铆钉的变形就越大。

铆接时，应注意铆钉安装孔正确尺寸。铆钉安装时应与面板垂直且不能倾斜，以免损坏铆枪的铆接头。铆钉头必须是平的，不能突出。铆接时，应严格遵守设备操作规程，并注意以下几点：

图9-31 铝板更换维修

① 去除铆接孔边缘的毛刺。

② 铆接前检查铆钉型号与直径大小，表面光滑无缺陷，铆接孔中心对准，接触面无毛刺。

③ 每次使用液压铆接钳前检查液压油位。如果油位低，加AW46液压油，接通电源，等待3min，起动铆枪按钮，检查油缸行程是否正常。

3）环槽铆钉。如图9-32所示，环槽铆钉分为大直径环槽铆钉、小直径环槽铆钉、连续槽环槽铆钉和短尾铆钉。

使用环槽铆接工具前（图9-33），应检查铆枪是否完好，气枪气压是否符合规定的最低标准。钻孔时应正确选择钻头尺寸,安装铆钉时与板面应垂直,不得歪斜,不得有铆接间隙。

图9-32 环槽铆钉

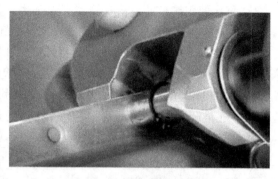

图9-33 环槽铆接工具

环槽铆钉操作注意事项:

① 拉铆枪头时,拉铆枪头应与工件表面垂直,并施加足够的压力使钉套与工件靠紧。

② 铆接环槽铆钉时,动力部分和拉铆枪头的功率必须符合铆钉的规格和形状要求。

③ 拉铆抽芯铆钉动作必须轻、稳。

④ 铆接开始时,将拉铆枪头推到底,并将拉铆枪握紧。

⑤ 拉铆钉后,若钉头与构件不配合,钉头不得再碰。

⑥ 钢环钉铆接时,拉铆枪调压阀必须调整到高压位置。

⑦ 铆接环槽铆钉时,注意选择合适的铆接头,否则钉套扣不好。

⑧ 注意防止钉子在钉杆折断时被拔枪反弹伤到或击中。

⑨ 开孔后,必须用夹层厚度尺检测铆接件的夹层厚度,选择合适的铆钉长度。

(2) 铝合金车身结构胶粘铆接施工原则与维修工艺要求

1) 胶粘铆接施工原则

① 注意施工温度。专用黏结剂对施工温度有要求(有的对湿度有要求),必须按照使用说明在适宜的温度(湿度)范围内使用。

② 表面应保持干燥、清洁、无油脂和灰尘,表面粗糙度应适当。

③ 参照黏结剂使用说明书,确保施工和干燥时间合理,并在规定的时间内完成操作,确保粘接效果。

④ 车辆维修手册对胶接范围和宽度有要求,不合理的范围和宽度可能会导致修补缺陷。

⑤ 连接工件安装要求精确,结合可靠。注意施工顺序,避免影响粘接后粘接强度的操作,如高热、过压力铆接等。

⑥ 铆接时,铆钉不得歪斜,铆钉不得成形不良。拉铆钉后,用手检查是否松动,铆钉不能有间隙。

⑦ 当铆钉有问题或需要更换铆钉时,拆卸要非常小心,不要损坏安装铆钉的孔,以便使用相同直径的铆钉。

2) 胶粘铆接维修工艺要求

① 板件胶粘铆接前要进行预处理。首先清除原车身件和新件上的氧化层,露出裸露的金属,同时进行灰尘和油污清理作业。所有接头应具有明亮的金属表面。在抽芯铆接的情况

下，需要在预处理前进行开孔操作。在去除氧化层的过程中，严禁使用砂带或砂纸进行打磨作业，因为这会导致板材过度打磨变薄，并且可能会产生粉尘。

② 结合面要进行火焰清洁，这种特殊的火焰加入硅烷，喷射出来的高度氧化的火焰能促进表面的化学转化，形成 20~40nm 厚的不可见薄涂层，使板材表面具有更大的表面附着力。必须使用特殊的火焰喷射灯和匹配的燃料，同时必须使用高度氧化的外部火焰，每平方厘米至少烘烤 3s。

③ 挤胶操作应使用特殊的挤压设备，采用"Z"形涂覆的方法在接合面涂满胶。

④ 铆接操作前，必须根据维修手册选择正确的铆钉，并调整铆接设备。应调整压力和铆接头。在正式铆接前，应先进行试铆，并微调设备参数。铆接操作必须在结构胶开始固化之前执行，在结构胶完全固化前应进行辅助固定。

⑤ 胶粘铆接操作完成后应将多余的挤出胶清洁掉。

4. 宝马胶粘铆接修复方法与工艺流程

宝马 5 系采用混合钢铝结构（图 9-34）。与修复钢制车身相比，更换铝制车身部件的定位更为重要。铝车身粘接部位的黏结剂需要更长的固化时间，25℃下 36h。如果在固化后车身尺寸发生变化，可以说是灾难性的。因此，在测量后，必须使用定位件或通用夹具来定位更换件。

在修理铝合金车身时，有许多注意事项需要认真对待。为了避免焊接引起的缺陷，采用铆接技术进行连接。例如，铝车身上的一些特殊颜色的螺栓在拆卸后应根据制造商的要求进行更换。更换时，还应充分了解黏结剂和各种专用工具的性能、注意事项和使用方法。

以宝马钢铝混合结构轿车车身为例，胶接技术是利用黏结剂将同一或不同零件或材料连接成一个连续、坚实、稳定的整体的工艺方法。为了解决铝合金车身或钢铝混合结构车身的整体强度问题与钢铝连接问题，为达到原工艺焊接的质量标准要求，方法是在胶接位置增加铆接点（图 9-35），这弥补了胶接接头高温性能差、长期强度低、胶层老化、性能分散性大等缺点。

铆接接头中的黏结剂降低了铆接点附近的应力集中，提高了接头强度，特别是疲劳性能（机械性能和声学性能）有了很大的提高。胶层还防止了腐蚀介质与铆接点区域的接触。

根据固化过程的变化，黏结剂可分为反应型、溶剂型、热熔型和压敏型。按基本用途分为结构胶、非结构胶、特种胶和固体胶。按固化方法可分为室温固化型、中温固化型、高温固化型、紫外光固化型、电子束固化型。

图 9-34 宝马结构件连接

图 9-35 胶粘铆接的接缝

(1) 胶粘铆接操作过程

步骤1：标记切割点。首先在维修手册中找到原来标记的切割位置，标记切割线，根据原生产厂家的要求，车身任何部位都不能随意切割和更换，必须在原切割修理的指导下进行，如果没有维修指导手册，则需要按照安全操作、施工方便的原则选择切割点，具体可以参照前面介绍的钢制车身的分割方法。注意：不要切割加工孔的位置和应力变形区。为保证切割顺利，请选用24齿气动锯片。

步骤2：清除氧化层。用不锈钢丝刷清理切割铝板表面的氧化膜。

步骤3：加强板的制作。用气动锯在旧件上切割一块宽度为40~50mm的垫板，并将垫板表面打磨干净，以备使用。然后将要更换的新零件与车身进行对比，确定定位后钻铆接孔，用专用铆接钳将铆接形状压出。

步骤4：胶接。用清洗剂清洗保养界面的端面，然后用火焰加热器适度烘烤保养界面的位置，使铝板表面迅速形成包括抛光垫在内的优质氧化膜。清洁和烘烤工作完成后，使用特殊的双组分环氧聚氨酯黏结剂挤出黏结剂。注意，为了保证胶的质量，将50mm混合胶挤出并报废，然后正式修复接触端面。挤在上面。

步骤5：铆接。用铝车身用铆钉铆接新零件，直至最终完成。铆接后，清除溢出的黏结剂。

步骤6：固化。用烤灯烘烤胶水，加速胶水固化至90%。第二天，继续加热和烘烤，直到完全凝固。胶凝固后，用专用工具和打磨工具清理固定螺母和接口处多余的胶。

注意：当温度低于15℃时，黏结剂不能固化。如有必要，可用红外线加热灯加速固化，固化时间缩短至30min（目标温度85℃）。

步骤7：铝粉填充。制备铝粉及固化剂，按比例混合铝粉，按硬化工艺硬化。如果不注意，有可能导致铝板裂缝。

注意：铝粉填充时应涂在上下接缝处，比整个平面应高出30%，因为受热的金属腻子会下沉。

(2) 粘合连接工艺流程

步骤1：表面处理。粘合部位的清洁如图9-36所示，粘合部位表面处理的目的是用物理和化学方法对被粘物的表面进行净化、粗化、活化和钝化，使黏结剂在固化后能更好地润湿被粘物，胶粘接头可以形成良好的性能。具体方法包括表面清洗、脱脂、除锈和粗化、清洗和干燥、化学处理和电化学处理。一般用途零件不需化学处理，也可根据具体情况采用防护处理。

步骤2：选择并混合胶水。选择黏结剂是确定胶接性能，明确胶接目的和应用，掌握胶粘接头使用条件，慎重考虑工艺实施可能性的关键问题，确保安全是选用黏结剂的基本原则，用于配制的容器和工具必须干燥清洁。如图9-37所示，从双管复合胶头部挤出的5mm长的混合物应丢弃。

步骤3：胶粘和固化。车身上的粘接方法如图9-38所示，粘接的工艺包括粘接、干燥、层压、清洁和固化等几个步骤。所谓涂胶，就是用适当的方法和工具将胶涂在被粘物表面，干燥目的是使溶剂挥发，增加黏度，促进固化。黏结剂湿润固体基质后，通常必须将其变为硬化状态，以便接头具有所需的承载能力。粘着硬化是指通过化学反应或物理效应（如聚合、氧化、凝胶化、水化、冷却、挥发等）获得和提高粘接强度的过程。另一个术语"固化"仅指通过化学反应（聚合、交联等）获得和提高粘接强度等性能的过程。

图 9-36　表面处理

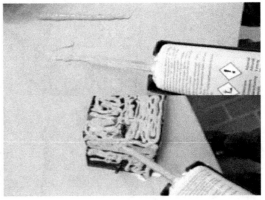

图 9-37　选胶与配胶

黏结剂的界面如图 9-39 所示。胶粘接头由两个或多个粘合在一起的粘接件组成。粘接部位待干燥固化后，需要检查粘接的质量。在试验中，粘接强度是通过对接头施加荷载来评估的。接头性能的改善可能只是反映了粘合层内部消耗了更多的机械能。因此，了解待胶接构件的性能指标和界面的力学行为对胶接接头强度的影响是非常重要的。

图 9-38　在车身上面进行粘接

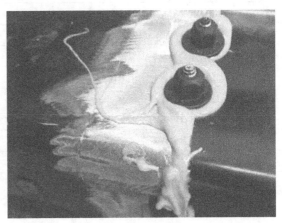

图 9-39　粘接后的质量检查

步骤 4：检查。修补后，应检查胶接处的质量，如图 9-40 所示。检验内容包括金属材料、胶料检验、切割后构件尺寸精度、表面处理质量、叠合尺寸精度、固化夹紧条件。

步骤 5：油漆保护。保护表面，防止腐蚀，使结构美观。

图 9-40　黏结剂胶接接口

思 考 题

本项目的学习目标你已经达成了吗？请思考以下问题进行结果检验。

序号	问题	自检结果
1	可锻铝合金与铸造铝合金的特点分别是什么？	
2	汽车车身上常用的铝合金材料有哪些？	
3	铝合金车身材料维修特性有哪些？	
4	简述铝合金板面加热对材料性能的影响。	
5	简述铝合金车身手工整形维修的操作要点。	
6	简述铝合金车身介子机维修的操作要点。	
7	简述铝合金车身快速维修的操作要点。	
8	铝合金车身焊接的工艺要求与操作要点分别有哪些？	
9	简述铝合金焊接安全注意事项。	
10	简述铝车身胶粘铆接的工艺流程与操作注意事项。	

项目 10 不伤漆修复技术

学习目标

1. 掌握不伤漆维修的意义。
2. 掌握不伤漆修复工具的使用方法。
3. 掌握判断各种小损伤使用灯光辅助进行维修的方法。
4. 掌握汽车凹坑胶粘修复技术。
5. 掌握使用各种撬镐修复汽车凹坑的技术。

情境描述

随着现代生活水平的提高，汽车制造技术日新月异，消费者也非常重视新车的使用。在实际使用中，飞石、冰雹等会对汽车造成不同程度的损伤，但是没有引起漆面损坏。传统的修维要求对车辆进行喷漆修复，这样不仅耽误车辆的使用，而且维护成本也很高。从车身损失的角度来看，原车出厂时的质量是无法挽回的，无论是漆膜的固化和耐磨性，还是漆膜的附着力都会大大降低。此外，无论涂层表面如何着色，都不会与原色相同，并且会产生不同程度的色差。维修采用的喷涂工艺和方法不同，喷涂效果也不同。相似但不同品牌的涂层也会影响最终的涂装质量，因此，在不损坏涂层的情况下修补凹坑是最明智的方法。不伤漆维修成本较低，维修速度快，省去了喷漆工序。但是，至于维修的结果，要看维修技师的技术能力。

任务1 使用粘接拉拔法对凹坑进行修复

1. 汽车凹陷修复技术简介

汽车凹坑修复技术起源于20世纪80年代的欧洲。车身表面的凹坑如图10-1所示，可使用特殊的镐、胶粘拉拔和其他方法，在不损坏涂层的情况下，将损坏恢复到完好状态，这是一种非常有意义的修复方法。

传统的维修方法是复杂的钣金成形、腻子刮涂、喷漆、烘烤、拆卸，但也无法恢复车漆的原始状态。客观地讲，无论采用何种方法，修补后的涂层固化强度和质量要求均不能达到原厂要求的标准。不伤漆修复可以从外部直接修平凹坑而不破坏涂层，通过维修，车身凹陷可以很快恢复如新，修复的凹陷处不需要对金属板喷涂，也不损坏原车漆，使车辆原值得以保留和体现。采用不伤漆的维修方法，维修的时间可以大大缩短，无须喷涂，不用对车身上面的饰件与其他零部件进行拆装。但是，车身上的塑料零件、车门边缘、涂层腻子太厚的地

图 10-1 车身表面的凹坑

方,以及车身严重变形的零件无法采用不伤漆的方法进行修复。在修复的过程中,若不小心引起漆面损坏,即使采用无损喷漆技术进行修复,也需要重新喷涂。

在不损坏车漆的情况下,修理工作可以无污染地完成,不损坏车身的防腐,安全可靠。不伤漆修复技术主要利用力学、热力学和光学等原理实现修补,如图 10-2 所示,在维护中有效地使用了光的折射率。在其他情况下,人们通过光线折射的视觉可以判断不同的损伤和深度,如图 10-3 所示,在光照的指引下,维修人员很容易找到凹陷的位置,用镐反复撬动车身表面凹陷的位置,利用金属记忆特性逐步恢复和消除损伤区域的内应力,然后通过抛光,就能将车的表面恢复得像新的一样。

图 10-2 表面光的反射

图 10-3 凹痕修复

这项技术只能通过特殊的局部工艺来修复汽车的凹面部分来保持车辆的原厂质量。同时,该技术也大大缩短了维修时间,降低了维护成本,并保持了原漆的完整性。不伤漆修复需要专用工具，根据修复方法的不同，不伤漆修复工具通常包括撬起工具和胶粘工具的组合，如图10-4所示。

不伤漆撬镐组合　　　　　　　胶粘拉拔组合

图10-4　不伤漆修复工具介绍

2. 小损伤表面修复要求

（1）小损伤表面修复条件

1）必须熟练使用胶锤和胶木点冲来压平车辆表面，锤子的重量要轻。使用锤击时，锤子的端面必须光滑，击打时一定要轻。反复轻轻地击打，不能急于求成。点冲的材料应该是胶木的，不能用金属冲维修，防止损坏油漆。

2）金属板损坏时如有不能通过抛光处理的折痕和褶皱，且受损区域出现硬化变形、尖峰和死褶，在不损坏油漆的情况下无法修复，只能通过常规钣金技术进行修复。

3）金属板的表面应保持清洁，以便于修理。

4）采用胶粘维修时，车身板面的表面温度在20℃左右，胶粘效果最好。

5）维修环境的光线要好，能很好地反射受损区域。人们对光的视觉判断非常重要。修复后表面折射的光线应为均匀的直线。如果您看到的灯光包含破碎和不规则的阴影，则表示修复的曲面不均匀且尚未完全修复。

（2）胶粘拉拔技术修复凹痕的技术

汽车冰雹损伤表面凹痕可以采用胶粘拉拔修复技术进行恢复。例如，汽车的前舱盖可以用专用快速拉具进行修理，应用简单方便，修复的流程如图10-5所示。

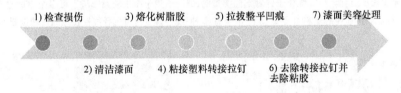

图10-5　胶粘拉拔修复的流程

胶粘拉拔常用工具如图10-6所示。

3. 胶粘拉拔的修复方法

胶粘拉拔的修复方法与步骤见表10-1。

汽车车身覆盖件和结构件修复

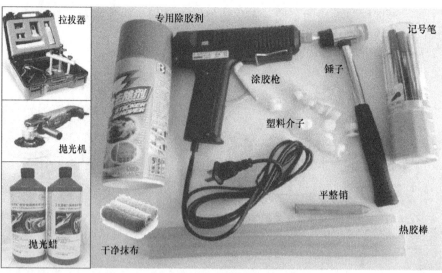

图10-6 胶粘拉拔常用工具

表10-1 胶粘拉拔修复步骤

步骤	步骤说明	
步骤1	清洁待修表面： 用灯光辅助确认钣金变形区域，清理灰尘杂物，对变形区域用带有颜色的记号笔做好标记。用专用清洁剂或者除油剂清除钣金表面的残留胶或其他杂质。调整钣金表面温度，可用吹风机等对钣金表面进行加热。不能使用溶剂或稀释剂，否则涂层将受到破坏	
步骤2	选择适当的塑料介子： 适用于面积较小凹坑。小凹坑介子针对不同类型的凹坑，选择不同大小型号的塑料介子，塑料介子有多种型号 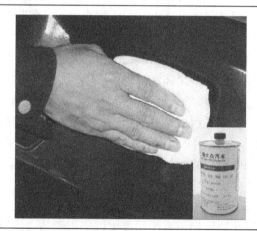	适用于面积较大凹坑。可多个串联在一起同时拉拔，线性修复时可选择线性拉拔涂胶转接器 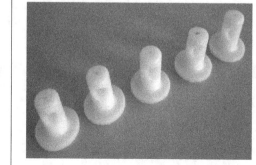

(续)

步骤	步骤说明
步骤3	通过热胶粘接塑料介子： 观察凹坑受损位置，用彩笔作出标记（比如打叉）。将已经加热的胶涂到塑料介子上。胶枪加热，将胶涂在塑料介子上，5~8s后将塑料介子粘接于受损凹陷处，将涂过胶的塑料介子放到凹坑上，向下按压。确保塑料介子粘附在钣金表面。粘结后间隔30~60s，胶体凝固。塑料介子涂胶之后粘附到凹坑的时间最多大约8s，否则粘附效果不好  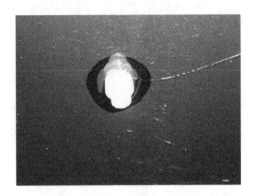
步骤4	小凹坑损伤——单点拉拔： 将快速拉拔工具前端焊头卸除，安装专用转接器，与塑料介子连接，修复凹陷损伤。紧握快速拉拔把手进行拉拔作业，将受损部位钣材轻轻拉起。可多次拉拔作业，直至凹坑被完全修复。拉拔过程中如拉力过大，致使凹坑上拱，必须再用锤子和销子进行平整修复   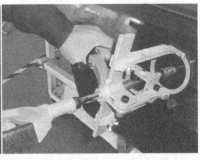 大凹坑损伤——线拉拔： 将多个塑料介子粘接至钣金表面，穿入拉拔销，选择强力拉拔修正工具组，可多次拉拔作业，直至凹坑被完全修复。拉拔过程中如拉力过大，致使凹坑上拱，必须再用锤子和胶木冲子修整 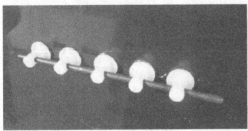 

(续)

步骤	步骤说明	
步骤5	取下塑料介子： 如果在拉拔的过程中没能取下塑料介子，则使用专用的脱胶剂，将脱胶剂喷在胶体上，等几秒钟后用专用的塑料铲协助取下塑料介子，用专用清洁剂，清洁钣金表面	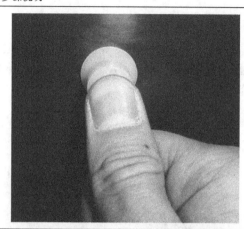
步骤6	最终处理： 通过灯光或良好的光线观察修复结果。用锤子和胶木点冲销消除高点，大多数情况下需要多次重复，处理完凹坑之后对涂层表面进行抛光处理	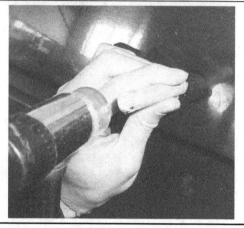

注意事项：

① 新塑料介子需要用热风适当加热，以优化其功能（气温低的环境）。

② 如果塑料介子上的残留胶很难清除，可以用热风加热清除残留胶。

③ 在塑料介子上涂胶时，应考虑凹坑的形状。

任务2　使用撬镐对车身凹痕进行修复的技巧

不伤漆修复技术中最主要的技术是利用专用撬镐来修复凹痕，实际上胶粘技术只是有限度地修复了部分凹痕，对于比较严重的凹痕则必须通过撬镐来修复。在维修中如何有效地利用光线来辅助维修是非常关键的。

为能更好地将光线定位，移动投影灯，需要将投影灯定位到正确的位置，如图10-7所示。可以看到一条黑线，黑色光线反映的位置应该是凹痕的中间，注意凹痕必须始终出现在反射的黑线上，然后根据凹痕的深度来调整投影灯，为方便维修中观察，凹痕越深投影灯需放得越近，这样可以看到凹痕的底部，黑色带与凹痕的底部保持平衡。确定后固定，作业时应当位于黑色带的正对面。

项目 10　不伤漆修复技术

 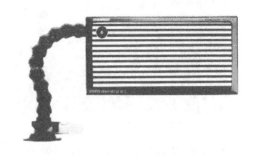

图 10-7　利用投影灯光线查看板件表面

在维修中根据撞击的深度调整投影灯的距离从而能够看到凹痕的底部，在凹块的橙色表面进行操作，这样能在任何状况下修改。凹坑的修整既不能太低也不能过高，必须修到不小于 80% 的平整度。如图 10-8 所示，使用撬镐撬起的时候，被撬起的点的中间会高起，这时表面的黑色光线带会随着凹痕点的高起逐渐变亮。

注意反复撬起的凹点应尽可能地与平整面的光线平衡，不能用力过度，防止出现鼓包，被撬起的点从中心的点开始顺序地（后撬起的点应紧挨着之前撬起的点）撬起，也就是说从中间的点先修，然后往四周慢慢地修，再修旁边，第一次维修的时候应把这个凹痕修到 50% 以上，因为凹痕的维修是一项需要细心操作的、循序渐进的过程，不可能一下就修到 100%。在修复的过程中，应根据不同的凹痕程度更换不同的撬镐镐头，如图 10-9 所示。注意在撬起的时候，另外一只手应该把持在撬镐端部的位置，这样可以更好地定位与移动点的顺序位置。

图 10-8　撬镐的使用　　　　　图 10-9　根据不同的凹痕程度更换不同的撬镐镐头

撬镐在使用时运用的是杠杆原理，可以使用挂钩以及链条固定在车身的维修工艺孔上来做撬镐的支点。撬起的维修要点参考图 10-10 ~ 图 10-13。

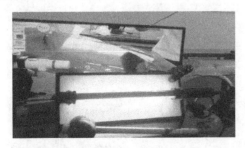 

图 10-10　维修前准备　　　　　图 10-11　撬镐撬起位置定位与固定

图 10-12　被撬起前的状态

图 10-13　被撬起后的状态

当修理达到 50% 时，将灯换到另一个位置，然后按原顺序修理。首先找到中间点，重复上述步骤。请注意，修理这部分时需重新定位投影灯位置，因为凹痕已经变浅。快修好时，再把灯转过来，把灯放远一点检查，若没有完全恢复，重复撬动过程，直到完全修复。纵向光线定位如图 10-14 所示。

当修复后发现高点时，需要用胶木点冲轻轻敲击，如图 10-15 所示，不断地在多个方向上改变投影灯的位置，而不仅仅是在水平和垂直的位置目测检查修复后的表面。

图 10-14　纵向光线定位

如果是长凹痕，投影灯的位置应与长凹痕的直线平行。操作时，撬起点应接近前一撬起点，就像焊接时出现的鱼鳞线一样。维护方法如图 10-16 ~ 图 10-19 所示。

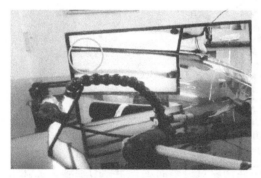
图 10-15　修复后的光线状况

图 10-16　长条形凹痕

图 10-17　凹痕撬起修复

图 10-18　使用胶木点冲还原第一次维修点

项目10 不伤漆修复技术

在维护车门时，为了防止玻璃受损，在操作过程中应插入一个衬垫，如图10-20所示。当撬起门上的凹痕时，选择一个能轻易产生扭转力的工具。当门的凹坑较大时，可以先用空气吸杯吸出大部分的弹性变形凹陷，然后修复剩余的塑性变形。

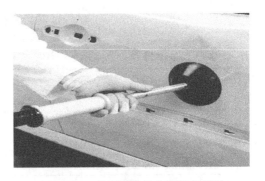

图 10-19　使用吸盘拉出弹性变形区

以上是钢板表面凹痕的修复技术。如果是铝合金车身，可以用同样的工具和方法进行修理，但铝合金的屈服强度比钢更高，需要更用力地撬起，另外，在撬起时，可以使用专用加热枪进行适度加热，控制温度不得超过120℃，并且不得损伤铝合金车身表面涂层。在凹痕修复的难易程度中，同位置第一次维修相对要容易一些，但是在被维修过并且没有恢复的情况下，第二次重新修复时需要将原先状态先还原，然后再重新修复，其难度要大一些。表面被修复完成后如果需要抛光，使用抛光蜡处理一下表面即可，如果效果不满意可以使用专用沙皮适当研磨一下再抛光，注意研磨时要适度，避免涂层的表面被磨漏，如果涂层被破坏，需要点漆处理或补漆甚至重新喷涂修复。

图 10-20　利用撬镐在车门上对凹痕修复

进行不伤漆修复时，需要考虑以下因素：

1）车身板的材料通常为钢板或铝合金板，不同的材料在维修过程中有不同的难度，维修过程中施加的力也不同。

2）在维修之前，要确定维修位置是否已经有过损坏，有没有喷过漆，如果有这种情况，不要试图在不损坏涂层的情况下进行修理。漆膜可使用膜厚仪直接测量，并检验漆面的颜色以确定被涂表面是否存在色差。

3）凹痕的直径大小与凹痕的数量。

4）需要考虑被维修的区域是否可以插进工具，如果可以插进工具，维修的工作将变得很容易，如果不能，可以试图从已有的孔中插入，没有孔可以采用胶粘拉拔的方法维修。

5）凹痕是否在一个平整的位置上，是否在加工硬化区上。

6）特殊位置需要先在里面夹层处打一个孔，以能够伸进去工具，完成维修后可以使用车身密封胶密封或使用胶堵塞严，防止进水与锈蚀。

思 考 题

本项目的学习目标你已经达成了吗？请思考以下问题进行结果检验。

序号	问题	自检结果
1	不伤漆修复的优点有哪些？	
2	不伤漆修复的适合范围？	
3	简述胶粘拉拔维修的工艺要点与操作流程。	
4	简述光照在不伤漆维修中的作用。	
5	小损伤表面修复条件有哪些？	
6	使用撬镐修复板面的操作要点有哪些？	
7	在维护车门时需要注意哪些问题？	
8	进行不伤漆修复时，需要考虑哪些因素？	

参 考 文 献

[1] 戴冠军. 最新客车与轿车车身维修手册 [M]. 北京：中国物资出版社，1996.
[2] Thomson Delmar lEarning. 汽车车身修复教程 [DK]. 北京：机械工业出版社，2006.
[3] 理查德，等. 现代汽车技术 [M]. 杨占鹏，梁桂航，于京诺，等译. 机械工业出版社，2010.
[4] 李新起. 汽车车身修复技术 [M]. 北京：中央广播电视大学出版社，2010.